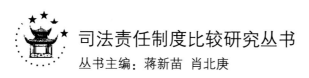

司法责任制度比较研究丛书

丛书主编：蒋新苗 肖北庚

湖南师范大学法学学科经费资助出版

法国司法责任制度研究

孙祥　著

WUHAN UNIVERSITY PRESS
武汉大学出版社

图书在版编目(CIP)数据

法国司法责任制度研究/孙祥著.—武汉:武汉大学出版社,2020.1
(2022.4 重印)
司法责任制度比较研究丛书/蒋新苗,肖北庚主编
ISBN 978-7-307-20941-1

Ⅰ.法…　Ⅱ.孙…　Ⅲ.法律责任—研究—法国　Ⅳ.D956.56

中国版本图书馆 CIP 数据核字(2019)第 099977 号

责任编辑:林　莉　沈继侠　　责任校对:李孟潇　　　版式设计:马　佳

出版发行:**武汉大学出版社**　　(430072　武昌　珞珈山)
　　　　　(电子邮箱:cbs22@whu.edu.cn　网址:www.wdp.com.cn)
印刷:武汉邮科印务有限公司
开本:720×1000　1/16　　印张:15.25　　字数:219 千字　　插页:1
版次:2020 年 1 月第 1 版　　2022 年 4 月第 2 次印刷
ISBN 978-7-307-20941-1　　　定价:48.00 元

总　序

丛书主编　蒋新苗

　　司法责任一般是指司法责任主体违反其职业操守和背离司法权运行基本规律而需承担法律方面的不利后果，乃至遭受惩处的法律责任。早在我国西周时期《尚书·吕刑》中的"五过之疵"就可视为古代对判官追责的萌芽，而唐朝《唐律疏议·名例》所规定的"出入人罪"则更加明确了对司法官员追责的依据和标准。宋元明清在司法责任追究方面除沿袭唐制外，并无新的建树。1949年中华人民共和国成立初期全面废除旧法统，加之一些历史原因，导致我国的司法责任制度在很长一段时间内处于缺位状态。从20世纪80年代开始，一些地方法院开始试行"错案责任追究制"，以结果责任模式为逻辑建立法官责任制。我国《宪法》第126条明确规定"人民法院依照法律规定独立行使审判权"，但司法权作为一种权力，也会被滥用甚至导致腐败，因而必须通过责任追究等措施对司法权进行控制。中国有近20万名法官，掌握着司法权。法官在什么程度上承担责任，如何承担责任对人民群众的日常生活有重大影响，影响人民群众对依法治国的信心，影响人民群众能否在每一个案件中感受到公平正义。而1995年《法官法》的颁行是我国司法责任制建立的标志，该法于"惩戒"一章规定了对法官的追责事由与惩戒方式。此后，党中央与最高人民法院制定了诸多关于法官责任制的政策性文件与规定。1998年，最高人民法院颁布了《人民法院审判人员违法审判责任追究办法（试行）》和《人民法院审判纪律处分办法（试行）》。1999年《人民法院五年改革纲要（1999—2003）》（《"一五"改革纲要》）要求"对法官担任审判长和独任审判员的条件和责任做出明确规定"。2005 年《"二五"改革纲要》要求"建立法官依法独立判案责任制,强化合议庭和独任法官的审判职责。院长、副院长、庭长、副庭长应当参加合议庭审理案件。逐步实现合议庭、独任法官负责制"。2009 年《"三五"改革纲要》要求"建立体现宽严相济、促进社会和谐稳定的办案质量考评制度和奖惩机制,改进办案考核考评指标体系,完善人民法院错案认定标准和违法审判责任追究制度"。2010 年最高人民法院发布了《法官职业道德基本准则》和《法官行为规范》。同年,全国政法工作会议提出了"四个一律"的要求。最高人民法院还发布了法官"五个严禁"(2009 年)、"十个不准"(2013 年)等禁令。

　　2013 年 11 月 12 日,党的十八届三中全会通过了《中共中央关于全面深化改革若干重大问题的决定》,标志着我国改革进入了新的历史时期。十八届三中全会决定提出:"完善主审法官、合议庭办案责任制,让审理者裁判、由裁判者负责。"2014 年 6 月 6 日,中央全面深化改革领导小组第三次会议通过了《关于司法体制改革试点若干问题的框架意见》,标志着我国开启了新一轮司法改革。该意见要求主审法官、合议庭法官在各自职权范围内对案件质量终身负责,严格错案责任追究。2014 年 10 月 23 日,十八届四中全会通过的《中共中央关于全面推进依法治国若干重大问题的决定》进一步强调:"完善主审法官、合议庭、主任检察官、主办侦查员办案责任制,落实谁办案谁负责。……明确各类司法人员工作职责、工作流程、工作标准,实行办案质量终身负责制和错案责任倒查问责制,确保案件处理经得起法律和历史检验。"而《四五改革纲要》则更具体地提出:"按照权责利相统一的原则,明确主审法官、合议庭及其成员的办案责任与免责条件,实现评价机制、问责机制、惩戒机制、退出机制与保障机制的有效衔接。主审法官作为审判长参与合议时,与其他合议庭成员权力平等,但负有主持庭审活动、控制审判流程、组织案件合议、避免程序瑕疵等岗位责任。科学界定合议庭成员的责任,既要确保其独立发表意见,也要明确其个人意见、履职行为在案件处理结果中的责任。"2015 年 9 月 21日,最高人民法院发布了《关于完善人民法院司法责任制的若干意见》，该意见规定了审判责任的认定与追究，包括审判责任范围、审判责任承担、违法审判责任追究程序等。该意见第 25 条规定："法官应当对其履行审判职责的行为承担责任，在职责范围内对办案质量终身负责。法官在审判工作中，故意违反法律法规的，或者因重大过失导致裁判错误并造成严重后果的，依法应当承担违法审判责任。"2015 年 9 月 28 日，最高人民检察院发布了《关于完善人民检察院司法责任制的若干意见》，2016 年 7 月 22 日，中央全面深化改革领导小组通过了《关于建立法官、检察官惩戒制度的意见（试行）》，2016 年 10 月 22 日，最高人民法院和最高人民检察院联合将该意见发布。这标志着我国的司法责任制在全国范围全面推行。

习近平总书记指出，司法责任制改革是全面深化司法体制改革的"牛鼻子"。司法责任制改革在全面深化司法体制改革中具有基础性、全局性地位，是本轮司法改革的重要内容。当前，司法实践中依然存在冤假错案，有损司法公正和司法公信。导致错案的原因很多，但审者不判、判者不审、权责不清无疑是重要原因。司法责任制改革对于完善中国特色社会主义司法制度，促进司法公正高效，提高司法公信力具有十分重要的意义。如何科学界定法官的审判责任，构建符合权责一致性规律的法官责任追究机制，是当前人民法院深化司法责任制改革的一个重大课题。为此，习近平总书记还特别强调，全面深化司法体制改革，"要紧紧抓住司法责任制这个牛鼻子，凡是进入法官、检察官员额的，要在司法一线办案，对案件质量终身负责。法官、检察官要有审案判案的权力，也要加强对他们的监督制约，把对司法权的法律监督、社会监督、舆论监督等落实到位，保证法官、检察官做到'以至公无私之心，行正大光明之事'"。

虽然《关于完善人民法院司法责任制的若干意见》、《关于完善人民检察院司法责任制的若干意见》以及《关于建立法官、检察官惩戒制度的意见（试行）》已经发布，但这不是我国司法责任制度改革的终点。司法责任制度的建立和完善是一项长期工程，不可能一蹴而就。域外一些法治比较发达的国家依然在通过推进司法制度改革不断完善司法责任制。比如，美国的司法责任追究制以美国联邦《宪法》第 2 条第 4 款和第 3 条第 1 款的"弹劾"为基础，而为完善司法惩戒机制进行的司法改革就从未停止过，2015 年 9 月美国联邦司法中心就对《联邦司法改革纲要》进行了新一轮修订。加拿大 1971 年设立了负责司法惩戒程序的司法理事会，但此后一直在对司法惩戒程序进行修正和完善，2016 年 10 月加拿大司法理事会又发布了《关于改革对联邦任命法官的司法惩戒程序的建议》。德国曾在 1851 年就设立了法官纪律法院（Dienstgericht），随后又通过《德国基本法》和《德国刑法典》等不断健全和完善法官的弹劾与惩戒机制。由此可见，域外司法责任制的推行是一个长期的、不断探索发展完善的过程。要在我国科学构建和完善司法责任制度并使其在实践中发挥应有的作用，在上述关于司法责任制和惩戒制度的意见颁布之后，还有很长的路要走。除了上述意见本身还需要解释细化之外，我国司法责任制的基本原则、司法责任制的适用范围和标准、司法责任追究的程序和承担形式等都还需要进一步完善。

　　法治是人类智慧的结晶，是人类文明的共同财富。不能因法律的政治目的不同而抹煞其具体功能上的一致性，更不能以政治体制的不同而否认不同法律制度间相互借鉴的可行性和必要性。我们要积极借鉴人类社会创造的一切文明成果，不管是哪种社会制度下创造的文明成果，只要是进步的优秀的东西，都应积极学习和运用。① 各国司法制度在回应社会需要和自身的发展规律等方面已有趋同之势。一些国家的司法责任制度已经比较成熟，司法惩戒程序已经运行多年并积累了丰富的案例。我国的司法责任制改革应该树立现代司法理念，勇于冲破思想观念的障碍和利益固化的藩篱，直面改革中的深层次问题，积极借鉴国外司法责任制度发展的经验。尽管司法更多地体现了一种地方性知识，但司法改革也要尊重司法

---

① 《深刻领会和全面落实邓小平同志的重要谈话精神，把经济建设和改革开放搞得更快更好》（1992 年 6 月 9 日），载中共中央文献研究室编：《十三大以来重要文献选编》（下册），中央文献出版社 2011 年版，第 2068～2069 页。

自身的规律。考察不同国家的司法责任制度及其演变过程，有助于总结司法责任制改革中的司法规律，有助于理解当前中国司法责任制改革面临的问题和使命。

目前，我国的司法体制改革已进入深水处，司法责任制的建立和完善已到了全面推行的阶段，仅仅靠自己摸着石头过河还不够，在某些方面也许还需要借鉴和参考具体细致的域外经验。理想的状态是，针对一项改革措施，能够尽可能全面地收集域外做法，包括一项制度的演进脉络、配套措施、实施效果和不利影响等。然而，现有的对域外司法责任制进行研究的比较法资料不够全面、系统、深入和具体。为此，我们选择了英国、美国、加拿大、德国、法国、澳大利亚、日本以及我国香港特别行政区、澳门特别行政区等能够代表英美法系和大陆法系主要国家和地区的司法责任制度为研究对象，对这些国家或地区司法主体的职责、行为规范与惩戒程序等进行分门别类、全面系统的研究，力图将各个法域关于司法责任的立法、理论和司法实践图景完整展现，使国内读者能够直接、全面地掌握相关资料。通过对司法责任制的比较研究，有利于厘清司法责任制的内涵与外延、司法责任的范围和法律依据，有助于借鉴国外司法责任制在具体内容和形态(如惩戒责任和刑事责任)、责任追究程序(例如惩戒诉讼)等方面的先进经验，为我国的相关制度构建提供理论支撑，为司法责任制度的进一步完善提供参考资料。

比较法研究应当是问题导向和功能主义的，本丛书不拘泥于其他国家或地区包括"司法责任"的概念或法条，而是关注我国司法责任制改革所需要解决的问题，探究其他国家为了达到相似的功能所采取的制度安排以及背后的成因。需要说明的是，我们清醒地认识到，域外关于司法责任制度的实践经验并不是解决中国问题必然可行的"灵丹妙药"。因此，这一套司法责任制度比较研究丛书提供的是一种视角、一种思路、一种启发，而不是一种答案。对于中国的司法改革来说，无论是本土资源，还是域外经验，都是一种视角，还需要通过进一步研究转化为可操作的改革措施。在本丛书的基础上，可以进一步研究不同法律制度下司法责任制度之间的相同和差异，以及差异形成的原因，探讨我国借鉴的可能性与限度。

当前，党中央高度重视全面推进依法治国，加快建设社会主义法治国家，这是一个千载难逢的伟大时代。我国的司法改革面临前所未有的发展机遇和挑战，司法改革中有大量的问题需要理论研究支撑，司法改革方案在实施过程中也会遇到新的问题需要理论研究来解决。希望本套丛书的出版，可以为解决中国司法问题，为推进全面依法治国，为建设社会主义法治国家提供域外经验参考。正如邓小平同志所言："我们的制度将一天天完善起来，它将吸收我们可以从世界各国吸收的进步因素，成为世界上最好的制度。"

蒋新苗

教育部长江学者特聘教授

第五届全国十大杰出青年法学家

第七届国务院学位委员会法学学科评议组成员

国家万人计划哲学社会科学领军人才

中国国际私法学会副会长

湖南师范大学副校长、教授、博士生导师

2017 年 3 月 1 日

目　　录

绪　　论

在现代社会中，司法作为一种纠纷解决机制在定纷止争、调整利益冲突、保护公民的合法权益以及促进法治等方面具有重要的价值和作用。为了更好地发挥司法的积极作用，世界上大部分国家十分重视本国司法制度的建设与发展。作为具备悠久法治与民主历史传统的法国，也不例外。在法国，司法一直被认为是公民个人自由权利的根本保障，是公民个人权利不受非法侵犯的最后一道防线，更是现代民主制度的基石。长久以来，法国司法不断适应社会现实的发展变化，在保障人权、维护公平、促进民主等方面发挥了积极作用。

正如有学者所指出的，"在法国，司法官们的角色在我们民主社会得到了最重大的修正这一点已经不证自明，其中主要的就是司法官们的作用被无限扩大了"。① 的确如此，随着社会经济情况的发展变化，法国司法近年来在社会生活中发挥了更加重要的作用，法国司法官们也日益有机会就公共事务作出具有法律效力的决定，比如针对战争罪犯以及恐怖分子的审判，针对重大金融腐败、公众健康、生态灾难、大公司控制者或者牵连政治家、政党财务的审判，等等。今时今日，法国司法的管辖范围更是进一步拓展，司法官们拥有权力来作出更加深远的决定，而这些决定对社会事务影响深远。有关难民、移民、环境保护、安乐死、信息技术和网络服务器、生物伦理、转基因食品、市场规制等议题无不受到法国司法权的调控。而其中很多争议已经无法适用传统法律分类，比如公法与

---

① Andra PURAN, "Brief considerations on the disciplinary liability of the French magistrates", *Journal of Law and Administrative Sciences*, Issue 5, 2016.

私法的制度框架来获得解决。同时，由于欧盟法的优先地位，由《欧洲人权公约》第 6 条所建立起来的"任何人都有获得公正而又公开之审判的权利"也被提高到法国宪法原则的地位。由于这些因素的积累，在法国出现了一种所谓的社会"司法化"的现象。"司法化"意味着法律特别是司法机关可以对社会、经济领域中的更多争端具有管辖权，可以调控社会生活中的更多问题。此外，随着司法逐渐可以进入那些从传统上相对来说属于政治范围的领域如社会权利、选举结果监控以及社群关系等，有人甚至将法国政府称为"法官政府"。①

当然，法国社会的这一"司法化"进程并不意味着司法是万能的，司法它仍然要遵守自身的边界与限制。② 但不得不承认，社会"司法化"在法国的影响是巨大且多方面的，它不断重新定义着法国司法官这一群体的角色、行为与活动，其中最重要且不言自明的一点便是司法官权力的巨大增长。毫无疑问，司法官们权力的巨大增长的后果之一，便是引起了社会大众以及精英们对司法责任的关注。

其实，司法责任（Judicial Responsibility）是一个很模糊的说法。它既意味着司法权力（Power），也意味着司法归责（Accountability）。前者涉及司法权威以及司法职责，而后者则指的是司法官一旦违反法律就必须承担的法律后果。可以说，权力（Power）与归责（Accountability）是司法责任的两张面孔。对司法责任问题的关注，不论中外，古今有之。③ 在现代社会中，司法官在行使权力的同

① 《学者解读法国"司法化"现象，重视"司法化"不迷信"司法化"》，载《中国社会科学报》2016 年 1 月 11 日第 003 版；还可参见 John Bell, Sophie Boyron, and Simon Whittaker, *Principles of French Law*, Oxford University Press, 1998, pp. 78-79.

② 朱苏力：《司法的边界》，载《人文与社会网》，http://wen.org.cn/modules/article/view.article.php/1385，2016 年 6 月访问。

③ 王广彬：《中国古代司法官责任制度探究》，载《政法论坛：中国政法大学学报》1998 年第 5 期；李麒：《中国古代司法官责任制度探析》，载《兰州大学学报（社会科学版）》2003 年第 6 期。

时，也必须承担责任。有权无责和一个民主社会所倡导的权力制衡理念是绝对水火不容的。因此，在一个理性的社会中，司法官们的权力与责任之间肯定会有一个合理的比例。权力越大，责任就越大。

在法国，追究司法官们的责任在很长一段时间内都十分困难。这是因为，首先，法国作为欧洲大陆曾经最典型的绝对主义国家，长期秉持着"国王没有错"的君主专制观念。作为国王的代表，司法官们的行为受到国家主权的庇护，承担的责任非常有限。其次，作为大陆法系的典范，法国司法受到既判力理论影响较大。所谓既判力，是指确定判决之判断内容的拘束力。如果加以简约，也可以理解为"一事不再理"原则。假如对于司法判决的结果不满，愤愤不平的当事人可以上诉。尽管上诉意味着当事人针对司法错误有着足够的渠道来保护自己，然而根据既判力理论，一个司法判决被认为是最终的，它一经作出就被赋予了司法拘束力的权威，即所谓的"判决即出，黑白立现，曲直分明"。换言之，哪怕司法判决在事实上或者法律上是错误的，一个终审的司法判决还是能够创造出它自身的"真理"——既判力。既判力理论曾长期是法国司法官无责的最重要的理论基础，成为追究司法官责任的重要障碍。最后，随着第五共和国的建立，法国独立行使主权不再受到外国干预，司法独立逐渐在法国成为重要的宪法原则。司法独立要求司法官在行使司法权时不受任何外部力量的干扰与压迫，公正地作出裁判。为了保障司法官的充分自治和独立，法国司法官们被赋予了很大的司法豁免特权。在这种情况下，司法豁免就成为了司法独立的伴生物，司法无责就成为了法国民众为了保障司法独立所付出的代价。故此，司法追责与司法独立之间的紧张与平衡也成为构建追究司法责任时不得不考虑的重要因素之一。

古希腊民主时期就盛行过这样的观念：任何执行公共职能的人都必须对自己的行为负责。而在民主已经成为世界潮流的今天，曾经的法国司法归责哲学已经日益不再适应历史的发展。于是乎，作为民主发源地的法国在当代也逐渐建立了一套司法责任制度。现如今，法国司法官们有可能就自己的行为承担包括惩戒责任、民事责任以及刑事责任在内的各种责任。就惩戒责任而言，其实早在16世纪，法国皇室就非常注重司法官美德的形成，并曾经出台法令规定：负责司法的皇室官员不能从当事人那里接受礼物，并且禁止司法官赌博等行为。随后，针对法国司法官的纪律惩戒制度不断得到强化。直到在法国大革命前的旧政权时代，法国法官协会还严格遵守着一项内部纪律，即法官必须审慎控制自己的言行举止，否则就可能失去职位。① 当下，以法国1958年《司法官地位组织法》为依据，法国建立了一套较为严格的司法惩戒制度。法国司法官也可能承担民事责任。按照法国《司法官地位组织法》第11-1条的规定，所有司法系统内的司法官仅得因个人过错承担责任。承担司法公职的司法官存在个人过错的，仅得由国家提起司法官追偿之诉。国家对司法官提起的民事诉讼，由最高法院民事法庭审理。除此之外，法国司法官们还必须就自己的犯罪行为承担刑事责任。在1810年之前，司法官们出现挪用公款、贪污或其他不当行为，可能会被解雇，但是并不会承担刑事责任，但在1810年拿破仑主持制定的刑法典中，规定了司法官的刑事责任，并且，自从1993年1月4日的法律②通过后，法国司法官不能再享受刑事诉讼法方面的特权，必须作为一般法国公民和公共雇员的双重身份服从于一般法律。因此，法律面前人人平等这个原则在法国得到了更为有效的贯彻。基于司法官的特殊责任，法国司法官们甚至还成为了刑法典中诸如腐败、拒绝裁判或者滥用权力等特殊条款的打击目标。总体而言，当前法国司法官的责任主要是纪律惩戒，民事责任则更主要是某种理论的创设，几乎不具有实践意义，承担刑事责任的案件在现实中也比较少。

　　法国的司法责任制度在今天则面临着巨大的挑战。21世纪初，法国司法机关发生了一起骇人听闻的重大错案，即在法国轰动一时

---

① 　[法]皮埃尔·特鲁仕主编：《法国司法制度》，丁伟译，北京大学出版社2012年版，第8页。

② 　1993年1月4日的法律删除了法国原刑事诉讼法中第679—688条的"司法官及某些官员所犯的重罪与轻罪"。

且被称为"司法系统切尔诺贝利事件"的乌特罗案。乌特罗案的发生，在法国引发了一场关于司法责任制度的重大讨论。该案从2001年2月22日预审法官开始审查到2004年5月4日一审、2005年11月7日二审直到2005年12月1日最终结案，历时近5年时间。乌特罗案引起了法国社会的广泛关注，并且推动了法国司法责任制的改革。

这是一起对未成年人进行性侵犯的刑事案件。当时，滨海布洛涅市的社会服务机构接到有关人员报告，位于乌特罗（滨海布洛涅市附近）雷纳德旅游区的一些孩子遭到家长和邻居的殴打、强奸和性虐待。当地的儿童权益保护部门向滨海布洛涅市的检察官作了报告，检察官启动公诉程序，警察开始介入调查。随后预审法官对该案进行审查，案件正式进入侦查阶段。涉案的一些家长陆续被拘留，有些家长承认了部分指控。法国的新闻媒体也对该案进行了广泛的跟踪报道。案件随后被移交到加来海峡省圣奥梅尔的重罪法庭审理。庭审过程中17名被告人中的13人一直坚称自己是无辜者。由于一些被告人坚称自己无罪或主张其他被告人无罪，所谓的"未成年被害人"的证词显得既模糊又矛盾，心理专家的独立性又面临质疑，新聘请的专家也不敢肯定未成年被害人的证言是否可信。经过法庭审理，一审判决10名被告人有罪，7名被告人被宣告无罪。一审宣判后，6名被告人提出上诉。上诉审在巴黎市重罪法院进行，经过讯问上诉人、分析心理专家的意见，法院认为未成年被害人撒了谎，最终判决6名上诉人无罪。该案一开始认为有17名未成年被害人遭到侵犯，但最后确认的只有德拉夫妇的4个孩子受到了侵犯。由于涉案面广、社会影响大，该案被称为"司法系统的切尔诺贝利事件"。诉讼结束1小时后，时任法国司法部部长的帕斯卡尔·克雷蒙召开了一个新闻发布会，应法国总统要求，以司法机构的名义向无辜者道歉，承诺查找司法系统的缺陷和不足。[①]

乌特罗案发生后，法国社会对以法官和检察官为代表的司法部

---

① 肖军、刘静坤：《从乌特罗案看法国预审法官制度改革》，载《中国检察官》2012年第8期。

门所完成的工作质量产生了诸多怀疑。无论是议会调查委员会，还是司法服务监察总局，都对司法工作提出了诸多批评。一方面，由议会调查委员会所作出的调查报告中，对乌特罗案中存在的种种司法错误进行了全方位的检讨与反思，并提出要"从司法惨败中吸取教训"；另一方面，司法服务监察总局在后续调查中也认为乌特罗案件中的法官与检察官工作都存在着不足之处。乌特罗案的发生，使得法国司法的公信力大打折扣。

在事后的调查报告中，议会调查委员会羁押时间过长、阻碍辩护权的行使、过高评价（或者说过于信赖）专家意见、法律适用的标准不同、媒体施加的压力过大等原因合力促成了这一冤案的发生。乌特罗案件导致的司法信任危机对法国司法官提出了更为严格的责任要求。[①] 为了防止今后类似案件的发生并恢复对司法的信心，议会调查委员会在未来司法改革的构想中把建构一个更为严格的司法责任制度作为努力的方向之一。确实如此，一个完善健全的司法责任制度是防止司法错误、杜绝司法腐败、提升司法公信力、增强司法责任心、规范司法行为、保障司法质量的重要保障。试想，如果存在着一个更为严格的司法责任制度，发生在法国的乌特罗案在很大程度上是可以避免的。今天的法国社会普遍认为，司法官们的权力在不断膨胀的同时，他们的责任承担并没有与时俱进。当前的法国社会，对司法责任制的改革方向正在进一步探讨当中，有关讨论涉及制度目标制定，到制度内容安排，到实施程序设计，等等，其总体方向是在朝着实现更为严格的司法责任方向发展。

其中，关键是如何设计一个权责一致的司法责任制度。一方面，法国司法官确实应该就自己的违法犯纪行为承担更为严格的责任以重新获得民众的信任；另一方面，对司法官的追责又不能触犯司法独立这一法国宪法的根本原则，而这决定了必须对司法官要实行一定程度的豁免。确实有点难。不能既要马儿跑，又不让马儿吃

---

① ［法］丹尼斯·萨拉斯：《法国的司法与民主：一个尚未实现的法治国家》，李晓兵译，载周建华等主编：《法国司法前言（专号）》，厦门大学出版社2013年版，第24页。

草。必须在司法独立与司法追责之间保持一种适当的平衡。如果说法国的司法官群体构成了一个法律人的自治城邦，那么，这个城邦不能是法外之地，他们不能在这个城邦内肆意妄为，必须接受司法责任制度的制约。因此，法国司法责任制度的建设与完善，在未来依然任重而道远。

第一章　法国司法体制概述

第一节　法国司法制度的历史发展

特殊的历史文化孕育了独树一帜的法国司法制度。作为大陆法系发源地的法国，其司法制度历经约 2000 年的发展历程，无论在理论上还是实践中，都以一种特殊甚至例外的方式在记录着其制度变迁的复杂性、曲折性与多重性。作为大陆法系的发源地，法国的法制文明起源于罗马法。公元前 1 世纪左右，罗马征服了高卢，罗马法律制度随即传入高卢。统治者依据罗马法行使司法权。公元 4 世纪，随着被称为"蛮族"的日耳曼人的入侵，高卢又受到了日耳曼法的影响，其司法权由议会执掌。从公元 5 世纪起，欧洲大陆的西部大多处在法兰克君主的专制统治下，领主封建制也成为法国这一时期的基本政治社会结构。直至 1789 年的大革命洗礼及近代历史上为适用社会经济发展而展开的一系列司法改革后，法国建立了较为完善的现代司法体制，成为世界范围内首屈一指的先进司法文明之典范。当代法国司法，虽保留着旧制度中所留下来的痕迹，但仍然在不断创造与突破中维护着司法独立、公正与自由的基本价值，展现出了法国司法面向未来的开放胸怀。从封建时期至今，法国司法制度的历史发展大致可以分为以下几个阶段。

一、封建时期的司法制度

这一时期，国家权力经历了从分散的领主权力到中央集权的发展过程。伴随这一进程，法国司法也由领主司法向王室司法过渡。在封建社会早期，虽然国王在名义上是最高权力的象征，但由于领主制所形成的所有制与附庸关系，王权被大大小小的领主所分割和削弱。从基本面来说，这一时期的司法是世袭的，地方领主自封为司法裁判官，在自己的领地内建立了领主法庭，拥有着连国王也不可染指的裁判权力。10世纪时，司法组织盘根错节，除领主法庭外，教会法庭负责处理涉及宗教的犯罪，城镇法庭负责维持公共治安，平民法庭负责处理小偷小摸等轻罪案件。

13世纪起，中央集权加强，国王逐步收回司法权，领主法庭开始走向没落，并逐渐从属于王室法院：案件要向国王派遣的执行官和司法总管上诉等。同时，王室法院通过建立"滥用则上诉"原则，削弱了宗教法庭的司法权力。这一时期，国王开始亲自审理案件。但为了应付大量的诉讼，国王又将司法权委托给身边官员来行使，只有在其觉得有必要时才亲自提审，形成了"委任司法"与"保留司法"并存的局面。

15世纪初，巴黎最高法院成为处理司法事务的常设机构。其起初称之为巴黎上诉法院，受理一部分国王司法管辖内的上诉案件。随后，它发展为由三个庭组成，即诉状审理庭、查案庭和审判庭。巴黎最高法院作为最高一级的司法机构，它不仅审理初审案件，也审理终审案件，涉及王权的案件也在其管辖范围之内，其判决具有终极效力。从15世纪开始，各省相继参照巴黎最高法院的模式建立起各省的上诉法院。① 与此同时，国王参事院作为辅助国王的司法机构也随之出现，其为对其他法院作出的终审判决提供了复核审的救济途径。

这一时期，司法职位越来越具有职业化倾向。14世纪，专门的王室法官出现，由一名执行官顾问和一名王室检察官协助。15世纪开始，在执行官之下开始设置刑事副手，而王室检察官具有追诉一切犯罪的职权。王室法官群体在14世纪中期随着各地最高法院的逐渐发展而迅速壮大。② 封建时期司法官已经因其职能的区别

① 金邦贵主编：《法国司法制度》，法律出版社2008年版，第6~7页。
② [法]皮埃尔·特鲁仕主编：《法国司法制度》，丁伟译，北京大学出版社2012年版，第4页。

而有法官与检察官的分别。法官的职能在于审理和判决，他们处于社会的中心阶层，是最有权力的群体。在路易十四时期，法国大约有 7 万名法官，他们最初是由国王任命，以后则世袭或捐纳。当时的法官薪俸都很低，所以多数法官来自于贵族家庭，背后有强势家族的支持。他们都属于某个司法组织或协会，加入组织必须要由同僚作出评价并进行有力推荐。法官协会往往还有着严格的内部纪律，比如法官必须审慎控制自己的言行举止，否则可能失去法官职位。① 而最早的检察官则是司法附属机构，起源于为国王提供私人法律服务的"国王的检察官"和国王的律师。随着历史的发展，这一职能逐渐演变成为保护公共利益和社会最高利益的国家司法权力的组成部分。在 16 世纪时，法国的检察官已经具有相当的独立地位，为现代检察制度的发展奠定了基础。

二、大革命时期的司法制度

在法国大革命前的近两个世纪里，国家权力就是国王权力，王权是立法、行政与司法的直接权力渊源。以"朕即国家"为典型表达的绝对专制在 18 世纪末受到了以卢梭为代表的启蒙思想家的革命思想和政治实践的巨大冲击，法国封建制度在 1789 年大革命中土崩瓦解。法国制宪会议以《人权宣言》作为革命时期的纲领，废除了原有的封建司法特权，简化了司法机构，并通过选举法官和设立陪审团，革命时期的政府建立起了在司法面前人人平等的近代司法制度。

封建社会后期，法国司法已经腐败不堪。1789 年 8 月，制宪会议取消了国王和所有封建领主的司法特权。随后，《人权宣言》的制定，确立了一些影响深远的司法基本原则，比如"法律面前一律平等""法不溯及既往""无罪推定"等。为落实上述原则，法国革命者不仅在刑事诉讼法中引入了新的条款，并且暂停了原有上诉法院的职能。在 1789—1799 年间，以制宪会议为核心的革命时期政

---

① ［法］皮埃尔·特鲁仕主编：《法国司法制度》，丁伟译，北京大学出版社 2012 年版，第 8 页。

府重新建立了一整套独特的、等级观念弱化的司法机构。

首先是对民事司法制度的重建。制宪会议的成员确立了一些主要的民事法律原则，但在卢梭思想的信奉者看来，民事司法只是一种辅助救济手段，只有仲裁才是真正解决争议的途径。此外，调解也被重视起来。因此，在民事方面，新制度在原来地方总督管辖的地域设立近民法官，负责辖区标的较小、案情简单的调解或仲裁；原来司法执行官管辖的领域设立区法院，负责审理民事和刑事诉讼案件。

在刑事领域的改革远远超过民事领域。革命者对于刑事旧制度的打破十分彻底。法律将违法犯罪行为根据情节轻重分为三种：违警、轻罪和重罪，并分别设立违警法庭、轻罪法庭和重罪法庭；在预审程序中，刑讯逼供、严刑拷打、被告人宣誓等都被废除；恢复了曾经消失的刑事辩论，被告人可以选择一名辩护人；全盘引入英国的陪审制(包括审判陪审团及控诉陪审团)，由此掀开了法国陪审制发展的序幕；制宪会议没有废除检察院，但把它归属为政府特派员管辖，只负责刑罚建议，起诉权交由一个选任的公诉法官负责。

这一时期，还确立了法官选任制度。包括从最基层的治安法官直到 40 名最高法院法官在内的各级法院法官，都是由公民选举产生。担任司法官，必须具有 5 年的司法职业经验，由辖区中有选举权的公民选举产生，并且每 6 年重新选任一次。这样做的目的是禁止国王选择法官，而只有形式上的授予资格证书的权力。但第一共和国因为对于这些选任法官的怀疑与不满，导致了第一次司法大清洗，而国民公会的整肃使选举法官失去威信，使得法官任命制成为必要。①

大革命后期的司法随着革命激情的不断爆发而最终走向了异化。1792 年至 1793 年间，国民公会在没有经过法定程序的情况下，就先后对路易十六及其众多所谓的政治犯处以极刑。1793 年，革命法庭出现，国民公会授权革命法庭和"爱国者陪审团"负责镇

---

① [法]皮埃尔·特鲁仕主编：《法国司法制度》，丁伟译，北京大学出版社 2012 年版，第 12 页。

压所有反对革命的企业、所有危害共和国的行为以及所有企图复辟王权的阴谋。随后，国民公会于同年9月制定《嫌疑犯法令》，并明确规定，只要言论、著作不利于当局，未表现出忠于当局的贵族及其亲属，和未证明忠于当局而被免职的政府人员，都是嫌疑人，必须逮捕，从而加大了对保王党派反革命分子的镇压。随着革命政府的建立和巩固，恐怖逐渐正规化和合法化。1794年6月10日，革命政府颁布《牧月法令》，规定：凡被指控为搞阴谋的犯罪嫌疑人，全国各地一律送交巴黎的革命法庭审判。法令颁布后，恐怖统治更进一步加深。嫌疑人的辩护权和预审均被取消，陪审员仅凭精神方面的证据就可以定罪，法庭只能在开释和死刑之间作出选择。大革命之敌的定义被大大扩展。法令的第6条列举了人民之敌的各种类型："凡以践踏、诽谤爱国主义来赞助法兰西之敌者，凡图谋降低士气、败坏风俗、改变革命原则的纯洁性与活力者，凡以任何手段和披着任何伪装来危害共和国的自由、统一与安全，或力图阻挠共和之巩固者。"从1793年3月到7月22日期间，在巴黎被处死的有1250人。可从大恐怖法令颁布到热月9日的一个多月里，竟有1376人上了断头台。据革命法庭公诉人富基埃·坦维尔描绘，"脑袋如板岩似地纷纷落地"。革命法庭的出现，造就了马拉和罗伯斯庇尔这样的卡理斯玛领袖，彻底摧毁了本应作为社会平衡器的司法制度，标志着法国大革命期间的恐怖统治达到了顶峰。直到1795年热月政变，革命政府垮台，历史才又翻开了新的一页。

三、拿破仑时期的司法制度

1799年拿破仑上台执政，这是法国司法制度史上具有里程碑意义的时期。拿破仑不仅废除了包括旧有罗马法和习惯法的封建法律，而且非常器重司法人才，并委以重用。"他器重那些在法国革命期间有过行政经验的人，不时地请教他们，并善于使用他们。安排他们有的负责立法，有的负责内务。"[1]这一阶段，著名的《拿破

---

[1]　谢东慧、雷金火：《浅论拿破仑的法治思想与司法实践》，载《法学评论》2005年第1期。

仑民法典》(1804年)和其他法典如《民事诉讼法典》(1806年)、《商法典》(1810年)、《刑事诉讼法典》(1808年)、《刑法典》(1810年)等相继出台,法国这种以成文法典为主、政令为法典补充的法律体系得以建立。这不仅标志着法国资产阶级法律体系的形成,也为大陆法系的许多国家提供了民商法分立的立法模式。

拿破仑在强化中央集权的思想下和在制宪会议期间形成的成熟的民事司法机构的基础上,统一了民事和刑事司法制度,并对司法组织进行了严格的等级划分。民事法院的金字塔按照行政区划设立,包括县、市、省。在县法院,近民法院负责处理民事和轻微刑事案件,将裁判的上诉提交到各市法院。在受理刑事案件时,市法院又称之为刑事轻罪法院,废除上诉案件循环制度后,对轻罪案件的上诉依照层级向省一级的上诉法院提出,1810年统一为29个上诉法院。近民法官受理违警罪案件;轻罪法院受理轻罪案件;重罪案件由1811年取代省重罪法庭的重罪法院受理,并在案件审理中引入了陪审团。① 最高法庭摆脱了立法机构的附属地位,更名为最高法院,对各个法院进行监督实现对法官的纪律考核,其处于司法系统的最顶端。刑事方面不仅采取了纠问式与控告式的诉讼程序,确立了起诉、预审和审判职能分立的原则,而且赋予检察院主动提起公诉的权力。此外,劳动仲裁法庭、商事法庭等特别法庭也先后成立。

这一时期最重要的是最高行政法院的建立。大革命时期的法律严格禁止普通司法干预行政争端,这一原则在拿破仑时期得到深入发展。1790年8月16日法令和1790年9月6日法令规定"行政职能应与司法职能相互区别","由行政权力引起的争议应该由行政机关加以解决"。于是,1799年12月13日的宪法第53条规定:"国家参事院由执政官领导,负责起草法令和行政命令草案,并解决行政领域中出现的问题。"第53条规定:"国家参事院的成员始终在立法机构前享有发言权。"上述规定奠定了国家参事院(后来统

---

① [法]皮埃尔·特鲁仕主编:《法国司法制度》,丁伟译,北京大学出版社2012年版,第13~14页。

称为最高行政法院)在法国司法体制中的地位。就职能来看，国家参事院除了起草和审查法律、法规外，还受理公民对行政机关的申诉案件，并解决行政上发生的疑难案件。这时，国家参事院事实上成为了行政案件的专门裁决机构，从而使行政案件初步脱离行政管辖，行政法院的雏形已经形成。

四、后拿破仑时期至 1958 年以前的司法制度

拿破仑以后的一个半世纪中，法国政局动荡不安，政府更迭频繁，其司法制度并没有太大的变化。但是也有重要举措，比如，1872 年 5 月 24 日法令确认了以最高行政法院为代表的行政法院体系，这个文件也是越权之诉的源泉。与此相关，还成立了一个权限争议法院，裁决行政法院和普通法院之间的管辖权争议。不过一切行政案件除依法向最高行政法院提起外，必须先由部长裁决，不服部长的裁决才可以上诉至最高行政法院。至此，法国形成了普通法院和行政法院并行的双轨制司法模式。稍后的 1889 年 12 月 3 日，最高行政法院在"卡多案"的判决中明确规定了当事人不服行政机关的决定，可以直接向最高行政法院起诉，无须首先经过部长的裁决，这使得行政法院最终取得了对于行政诉讼的普遍管辖权。此外，1883 年 8 月 30 日关于肃清运动的法律中规定，所有上诉法院归于同一审级(巴黎上诉法院除外)，形成了三级审判制度，从而简化了普通司法体系的法院组织。

"二战"以后的法兰西第四共和国初期，维希政府的统治对司法的影响尽管在一定程度上仍然存在，但是司法行会的建立，对刑事诉讼和行政诉讼的改革以及对反叛活动的镇压成为当时司法制度发展的主流。①

五、1958 年以后第五共和国的法国当代司法制度

随着法国 1958 年宪法的出台，一场声势浩大的改革在司法领域展开。改革不仅形成了现行司法机构的组织模式，大幅度提高了

---

① 金邦贵主编：《法国司法制度》，法律出版社 2008 年版，第 15 页。

司法官地位，并再次在宪法中重申了司法的独立地位，建立起违宪审查机构，实现了宪法司法化，从而将法国一步步推向了完善的法治国家道路。①

一是司法机构的改革和法官地位的提高。1958年普通法院系统的改革首先取消到了每个区原有初级民事法庭的设置，改由大审法院作为初级法院。初级法院的地域管辖范围从而在原有基础上得以扩大，地方治安法官的作用不再突出，逐渐被小审法院所取代。此外，在每个省建立省级法院，并在人口众多或者交通枢纽省份建立数个省级法院也是这次司法机构改革的重要举措。普通司法系统中有上诉法院的地位在改革中得到提升，成为在该系统中唯一的上诉审法院。在行政法院系统方面，从20世纪70年代开始，行政诉讼案件数量激增，大量的行政上诉案件使得最高行政法院一时应接不暇，于是1987年创立的上诉行政法院作为行政诉讼二审法院以减轻最高行政法院的负担。为了保证司法独立性，1958年宪法规定由共和国总统保证司法机关独立。根据宪法规定的1970年7月通过的法官组织法，法官待遇和培训条件得到了大幅提高，法官这一职业摆脱了长期以来人员短缺的局面。参照国家行政学院建立的国家司法学院，取代了律师公会选拔司法官的传统，它通过全国统一考试自上而下录取考生作为实习法官。最高司法委员会的地位得到进一步加强，它不仅对最高法院和上诉法院法官的任命可以提出意见，同时也是在最高法院院长主持下的法官纪律监督委员会。②

二是刑事法律制度改革和法典的重新编纂。在刑事诉讼制度方面，自1957年的刑事诉讼法出台后，没有特别重大的变动，但也进行了一些改革。比如，立法者吸收了15年以来的实践经验，采取半自由的服刑制度和缓刑，提高法官在刑罚执行时的权力，设立专门的"刑罚适用法官"来监督刑罚执行并根据具体情况调整刑罚的适用。在刑事实体法方面，最大的改革莫过于死刑的废除。1981

---

① 金邦贵主编：《法国司法制度》，法律出版社2008年版，第15页。

② 金邦贵主编：《法国司法制度》，法律出版社2008年版，第17～18页。

年，新上任的社会党人总统密特朗实现其竞选总统时的诺言，颁布法律废除了死刑。①

　　三是宪法委员会的产生和发展。第五共和国之前，1946年宪法规定的宪法委员会只能从形式上行使宪法监督权，几乎没有发挥过实质作用。1958年审理的关于1956年选举丑闻的案件点燃了建立现代宪法委员会的导火索。为了保卫大革命以来的民主成果，法国第五共和国宪法建立的真正宪法意义上的现代宪法委员会取代了第四共和国形同虚设的宪法委员会。建立之初，宪法委员会解决议会选举争议，并行使对涉及政府及权力机关组织法及议会议事规则的违宪审查权。宪法委员会管辖权在1971年得到进一步扩展，它在一项决定中认为委员会可以对60名国民议会议员或60名参议员提出违宪审查申请，对已经制定但尚未颁布实施的普通法律进行审查。因此，宪法委员会的违宪审查成为立法的最后一道程序，通常也被用来抵御具有较强政治目的的法律文件。一旦经过审查并认为违反宪法的法律条文或文件，将不能予以颁布，并且此决定具有终极效力。至此，宪法委员会成为一个真正的宪法司法机构，经它形成的判例影响深远，被视为法国宪法性法律规范的重要渊源。②

　　四是政治司法机构的发展。1958年宪法废除此前由参政院行使的对共和国总统及各部长危害国家安全进行审判的权力，专门设立特别高等法院。该法院由数目相同的参议院议员和国民议会议员组成，负责审判共和国总统及部长等政治人物的犯罪行为。成立初期，由于特别高等法院负责审判共和国总统的叛国行为、政府高级官员在履行职务时的违法犯罪行为以及部长及其共犯危害国家安全的行为，因而对一些违法犯罪的审判难免与最高法院的重罪法庭形成管辖权之争。鉴于此，1993年7月27日通过修改宪法设立共和国法院，负责受理对部长在行使职权过程中犯有轻罪或重罪行为的

---

　　①　金邦贵主编：《法国司法制度》，法律出版社2008年版，第18页。

　　②　金邦贵主编：《法国司法制度》，法律出版社2008年版，第19~20页。

案件，而特别高等法院成为专门审理总统所犯叛国罪的机构。①

第二节　法国司法体制的组织架构

法国司法体制的确立是在法兰西第一到第四共和国（公元1789—1958 年）期间。近代法国的历史是一部革命史，相对应的司法制度也有很大的革命性，集中表现在近代法国的法院组织的设置上。这时的法院制度在传统的基础上主要吸收了 17—18 世纪法国、英国的古典自然法学以及 19 世纪发生的法典化运动产生的思想，为现代法国双轨制的法院制度的确立、大陆法系法院制度的形成奠定了坚实的基础。这一时期法院体系总体上可以分为司法法院以及行政法院两大系。它的主要特点为司法法院与行政法院分立，民事法院与刑事法院合一。司法法院受理民刑案件，行政法院受理行政诉讼案件，两者皆有不同层级的机构设置，对各自管辖的诉讼案件拥有终审权，行政法院系统由初审法院、上诉法院和最高行政法院组成，普通法院系统由初审法院（包括小审法院、大审法院、轻罪法院、重罪法院、商事法院等）、上诉法院和最高法院组成，此外，在普通法院和行政法院系统之间还有一系列特殊司法机构，比如法国专门设置权限争议法庭受理两个法院系统的案件管辖权争议，而法国宪法委员会独立于立法权行政权和司法权之外，其裁决对所有公共权力机构包括立法行政司法机关均具有约束力。法国不独立设置检察机关，检察官配属一定的法院，由司法部管辖。作为欧盟和欧洲理事会成员国，法国也属于欧盟司法体系的一部分，法国公民在某些情况下可向欧盟法院欧洲人权法院提起诉讼。

一、普通法院体系

法国法院制度的最大特点是采用司法法院与行政法院分立的双轨制，即审理民事、刑事案件的司法法院与审理行政案件的行政法

---

① 金邦贵主编：《法国司法制度》，法律出版社 2008 年版，第 20 页。

院是两个不同的各自分立的法院体系。① 这里所说的普通法院就是通常所说的司法法院，主要包括最高法院、上诉法院和初审法院。

（一）最高法院

法国最高法院（Cour de Cassaiotn）是司法法院系统最高级别的法院，也称"最高上诉法院"或"撤销原判法院"，设立于 1790 年，是法国唯一一所对全国有管辖权的司法法院。最高法院对上诉案件只复议法律问题，审查原判适用法律是否正确，诉讼程序是否合法，不审理案件的事实，因此其职能是法律审。最高法院对上诉案件一般不自行改判，不制作新判决，原则上只宣告撤销原判或维持原判。在撤销原判时，一般将案件发交与原审法院同一审级的另一法院重新审理，也可以部分维持原判、部分发交重审。在特殊的情况下，也可以撤销原判，不发回重审。②

依据法国《司法组织法典》和 1996 年 5 月 31 日第 96-482 号法令的规定，最高法院设 6 个审判庭，其中包括 1 个刑事审判庭和 5 个民事审判庭。5 个民事审判庭分别是第一、第二、第三民事审判庭，经济和金融事务审判庭，社会保险事务审判庭。③

最高法院设院长 1 人，庭长 6 人，法官 85 人，助理法官 43 人，此外还设有一些办案助理员。最高法院院长虽然没有任何审判职权，但他是法院的最高领导，从事重要的行政职能，特别是主持大法庭和混合法庭作出驳回上诉的决定。院长还领导最高司法委员会，决定现职法官的纪律惩戒问题。如果院长认为合适，自己也可以担任一个审判庭的庭长。庭长的主要职权是负责在法官之间分配案件，参加最高法院大法庭和混合法庭审理案件。最高法院法官的职务实行终身制。根据 1992 年的组织法，允许遴选部分具有 25 年以上法律职业经历的人，作为特别事务法官到最高法院工作，为期

---

① 张卫平、陈刚编著：《法国民事诉讼法导论》，中国政法大学出版社 1997 年版，第 12 页。

② 刘新魁、张凝：《法国最高法院的机构设置与职能》，载《法律适用》 2003 年第 12 期。

③ 刘新魁、张凝：《法国最高法院的机构设置与职能》，载《法律适用》 2003 年第 12 期。

5 年，以弥补最高法院法官数量的不足。最高法院助理法官的职权近些年有些变化，受院长指派他们也可以协助审理案件。办案助理员一般从事法院的行政事务工作，特别是文件资料工作。不过其中部分人的工作性质也发生了变化，有 18 人从事原来由助理法官从事的工作。

法国最高检察院设在最高法院，因此也可称作最高法院检察院或驻最高法院检察院，是最高法院的组成部分，但相对独立，不直接隶属最高法院院长。最高法院检察院设总检察长 1 人，首席总检察官 1 人，总检察官 22 人。另有 2 名总检察官在巴黎上诉法院工作，但隶属于最高法院检察院。最高法院设有书记室，有书记员200 余人，由主任 1 人领导。

最高法院院务会议由院长、各审判庭庭长、总检察长、首席总检察官组成，书记室主任协助工作。院务会议的主要职能是研究院长提出的建议，拟制法院内部规定，确定庭审的数量和审限，制定国家级鉴定专家名单。

最高法院的具体审判组织为审判合议庭，一般由 5 名法官组成。为加快某些上诉案件的审理进度，1979 年 1 月 3 日的法律规定，最高法院各审判庭均设置一个由 3 名法官组成的"有限人数合议庭"处理案件。但撤销原判的决定，只能由 5 名法官组成的审判合议庭作出。

最高法院另设混合法庭及大法庭，负责审理不宜由普通合议庭审理的民事与刑事上诉案件。混合法庭由 1967 年的一项法律设立，负责解决跨数庭管辖范围的问题以及判决发生解释矛盾的问题。如果必要，由院长签署指令，召集至少 3 个相关审判庭的代表出席。混合法庭由最高法院院长主持，各有关审判庭的庭长及 2 名法官参加，一般可以有 13—25 名成员。大法庭管辖最高法院相关审判庭已经作出裁判，相同当事人以同一理由再次提出上诉，并且最高法院依法应当受理的案件。大法庭由院长或者最资深的庭长主持，6个审判庭的庭长及每庭 1 名法官参加，共有 19 名成员。由于大法庭包括各庭庭长及法官代表，因此也称"最高法院全体代表会议"。大法庭取代了原来有 35 名成员的"会审庭"。最高检察院总检察长出席最高法院混合法庭和大法庭开庭，但可以由首席总检察官或其他总检察官代替。

无论针对普通法院或特别法院的裁判决定，均可以向最高法院提出上诉。但最高法院只负责监督司法系统法院作出的判决。国家"最高特别法庭"的判决不受最高法院的监督；行政法院系统作出的处罚性裁判决定也不受最高法院的监督，而是受国家行政法院的监督。①

（二）上诉法院

在法国司法法院体系中，原则上实行二审终审制，上诉法院是司法法院体系中主要的二审法院，负责对一审案件的事实和法律进行重新审理，在法国司法体系中占据着举足轻重的地位。上诉法院的判决是终审判决，当事人不能提出上诉，但可以向最高法院提出法律复核审。最高法院仅仅进行法律审查，而不进行事实审查，除一审终审案件或存在特别上诉机构之外，凡是未经过上诉法院审理的案件，都不能向最高法院提起法律复核审。②

上诉法院院长是上诉法院的首席司法官，在法院审判管理和行政管理中扮演着重要角色。同时，上诉法院院长还是最高法院大法官。院长在一个上诉法院的任期最长为 7 年，在其任期届满前 6 个月，可申请司法服务副总视察员职位。院长负责保障法院工作的正常运行，在征求全体法官大会意见后，有权分配法官到具体的审判组织工作，还可以对辖区内的所有法院工作进行定期检查，确保司法工作的正常运转。此外，上诉法院院长认为有必要时，可以主持上诉法院一个审判庭的审判工作。

上诉法院司法机构内设审判庭和特别审判组织。每个上诉法院里设立的审判庭数量由法院的重要程度决定，例如巴黎上诉法院有 25 个审判庭，艾克斯普罗旺斯上诉法院设有 16 个审判庭。每个法

---

① 刘新魁、张凝：《法国最高法院的机构设置与职能》，载《法律适用》2003 年第 12 期。

② 金邦贵主编：《法国司法制度》，法律出版社 2008 年版，第 113~114 页。

庭由 3 名法官组成，由庭长主持庭审。根据上诉案件的性质，审判庭可以分为民事法庭、社会法庭、轻罪法庭、未成年人法庭、刑罚适用法庭等。上诉法院原则上实行合议审判制，合议庭由 3 名法官组成。但考虑到某些案件的重要性，采用更加庄严的庭审形式，例如两个庭或者三个庭联合审理。根据审理案件的种类，又可以分为重要庭和联席庭，前者主要负责审理法律明确规定的重要案件，由两个庭组成合议庭，后者管辖范围基本以司法职业为主，例如接受法官宣誓、新法官的任命等，由两个庭或者三个庭组成合议庭。

上诉法院有多个全体大会，例如法官全体大会、检察官全体大会、公务员及书记员全体大会，规模最大的是由全体司法官、公务员及书记员组成的全体大会。一些行政管理的决定，需要全体大会作出或者征求全体大会的意见后作出。

（三）初审法院

大审法院(Tribunal de Grande Instance)。大审法院是审理民事案件的第一审法院，法律没有明文规定由其他法院管辖的全部民事案件都可由大审法院管辖，其主要审理合同案件和家事案件，也审理部分商事案件(商事案件一般由专门的商事法院审理，没有设立商事法院的地区，则由大审法院审理)、民事责任案件、身份关系案件、物权关系案件等。但离婚案件、知识产权案件、不动产拍卖案件则专属于大审法院管辖，大审法院审理民商事案件有一整套专门的诉讼程序，称为大审法院民事诉讼程序。①

小审法院(Tribunal d' Instance)。小审法院也是审理民事案件的第一审法院，但它只受理 3 万法郎以下的民事案件，其实小审法院相对于大审法院来说，其规模、受理案件的标的额较小，它的诉讼程序比大审法院要简单。

劳动法院(Conseil de Prud' Hommes)。它是审理劳动契约纠纷的专门裁判机关，最早起源于法国大革命前在法国里昂的劳动法院，在当时主要解决纺织行业的劳动纠纷，后来逐步扩大到其他领

---

① 曾涛、梁成意：《法国法院组织体系探微》，载《法国研究》2002 年第 2 期。

域，形成现在的劳动法院，其法官是由劳资双方代表构成的，劳动法院的法官审理劳动争议案件是没有报酬的，审理案件的工作属于义务性质。

商事法院(Tribunal de Commerce)。它是审理裁判商人之间在实质上或形式上所涉及的商事行为，以及有关商事公司职员诉讼和商人破产案件的专门法院。商事法院在进行商事诉讼的过程中，其程序与小审法院有许多相似之处，较之大审法院的诉讼程序更为灵活。

农事租赁法院(Tribunal Partaires des Baux Ruraux)。它简称农事法院，它是专门审理关于农地租佃纠纷案件的机关，由于土地所有人与佃农之间的纠纷常常很难与劳动纠纷区分清楚，因此，有的案件由劳动法院管辖，故其审理案件数量逐渐减少，在诉讼程序方面更强调简易和低成本，而且特别重视当事人之间的调解，为了使当事人在诉讼中达成和解，原则上要求当事人有出庭的义务。

社会保障法院(Tribunal des Affaires de Sé Curité Sociale)。它是专门审理有关社会福利案件的机关。当事人在向该法院起诉前，必须先向有关的社会保障机关提出解决的请求，只有当事人对保障机关的解决不服时，或保障机关没有在规定的期间内作出处理决定时，才能向社会保障法院起诉。

违警法院(Tribunal de Police)和轻罪法院(Tribunaux Correctionnels)。它是部分刑事案件的第一审法院，主要管辖程度不等的刑事案件的第一审。

重罪法院(Cours d' Assises)。也称巡回法院，审理5年以上徒刑或苦役的案件，它不是常设法院，而是定期(一般一个季度)开庭。重罪法院的判决为终审，但可就法律问题申请最高法院复议。

其实上例举证的仅仅是常见的初审法院，在法国还有很多专门初审法院，如：少年法庭、军事法庭等。

二、行政法院体系

法国为现代行政法的发源地，素有"行政法母国"之称。在法国行政法的发展过程中，行政法院发挥了重要的作用，甚至可以说

行政法院造就了行政法。① 其产生的理论根源便是孟德斯鸠在《论
法的精神》一书中所提的三权分立，但是对司法权的理解法国与其
他国家并不一致，法国人认为司法权仅仅是解决民、刑纠纷的，而
裁决行政纠纷属于行政权的范围，故在普通法院之外，应该设立行
政法院专门解决行政纠纷。与普通法院体系类似，法国行政法院体
系也呈现一种金字塔结构，最高行政法院处于金字塔顶端，上诉行
政法院和初审行政法庭构成金字塔底部，此外，还有若干专门行政
法院。

(一)最高行政法院

最高行政法院(Conseil d'Etat)前身是国家参事院，在拿破仑上
台后，为加强中央集权，让行政机关不受牵制的实施行政权力，并
继承了大革命时期提出的禁止普通法院干涉行政诉讼的指导思想，
在制度上加以落实的成果，其创立之初，主要是为政府起草和审查
法律草案，受理公民对行政机关的申诉案件，但参事院的裁决必须
由国家元首作出，所以国家元首保留行政裁判权。② 普法战争后，
参事院一度被废除，直到 1872 年才恢复。同时法兰西第三共和国
颁布专门规范行政法院制度的法律《参事院法》，该法赋予国家参
事院以法国人民的名义行使行政审判权，从此，为国家参事院行使
行政审判权在法律上提供了依据。

最高行政法院顾名思义是行政诉讼案件的最高审判机关，也是
全部行政法院的共同最高法院，它具有初审管辖权、上诉审管辖权
和复核审管辖权。最高行政法院同时还为中央政府提供咨询，在立
法和行政事务上给予意见，国家总理是法定的院长，但不参加最高
行政法院的活动，最高行政法院由内阁任命的副院长负责。

最高行政法院成员受司法部领导。在理论上，和其他文职行政
官员一样，由公务员一般地位法支配，但是行政法官又受该职位地

---

① 何勤华主编：《法国法律发达史》，法律出版社 2000 年版，第 167
页。

② 周佑勇、王诚：《法国行政法院及其双重职能》，载《法国研究》2001
年第 1 期。

位法的管理，在职位保障上比一般行政官员更优越。行政法官是不能被罢免的，这条规定已经被承认具有宪法规则效力。宪法委员会在 1980 年 7 月 22 日的一个判决中宣称行政法官独立的原则是共和国法律所承认的基本原则之一。

为了避免外界对行政法官处理案件的干扰和压力，使行政法官更好地独立行使其行政权力，最高行政法院法官的晋升采取年资制，其职位的提升不受主管上司的影响，是按照工作年份的提高而晋升。一级助理办案员必须工作满 8 年才能晋升为查案官，查案官晋升为普通职最高行政法官必须在最高行政法院服务至少 12 年以上。但也有例外，一些重要职位由政府选任，例如任命政府专员和组长，先由副院长或司法部部长推荐，再由总理或部长会议的命令任用。最高行政法院成员的纪律也很公正严明，在对成员纪律处分时，要由纪律委员会讨论并提出意见，纪律委员会的成员囊括组长、秘书长、普通职最高行政法官、查案官和助理办案员的各级代表，纪律处分时必须说明理由，受处分人有权阐述自己的意见。

（二）上诉行政法院

1987 年 12 月 31 日在通过的《行政诉讼改革法》中，创设了上诉行政法院（Cours Administratifs d'Appel），其建立是为了缓解最高行政法院的上诉审的负担。它只有上诉管辖权，没有初审管辖权，一般来说它可以受理所有地方法庭的上诉案件和法律明文规定的专门行政法院的上诉案件，最高行政法院保留上诉审管辖权的除外。

上诉行政法院首先在巴黎、里昂、南锡、南特、波尔多这 5 大城市设立，后来又在马赛、凡尔赛和杜埃增设。其相关法律在 1989 年 1 月 1 日实施。上诉行政法院适用行政法院法（Code Justice Administratif，简称 CJA），此法典适用于全部行政法庭和上诉行政法院，它对行政诉讼程序作出了规定，包括最高行政法院的诉讼程序和各行政法庭的诉讼程序。

上诉行政法院的成员和行政法庭的成员共同形成一个群体叫作"行政法庭和上诉行政法院群体"，对比全国普通法院成员同属一个群体，具有同等地位，行政法院系统是截然不同的。行政法庭和上诉行政法院组成的群体和最高行政法院成员的形成界限分明，前者进入后者是需要循序渐进的。上诉行政法院招聘的正常途径是从国家行政学院毕业的学生中筛选，但是由于上诉行政法院成立初时，需要扩充大量的行政法官，所以放宽了进入的条件和途径。行政法庭和上诉行政法院群体的成员是遵循等级制的，只要达到一定等级的成员才有权利进入上诉行政法院，同普通法院一样，上诉行政法院的成员也实行终身制，未经本人同意，不得调动职位，只有临时调到政府部门和国营企业除外。行政法庭和上诉行政法院成员的提升和纪律处分是由行政法庭和上诉行政法院高级委员会决定的，后来从 1990 年开始，最高行政法院总秘书局对该群体进行管理。

（三）初审行政法庭

行政法庭（Tribunaux Administratifs）是最普遍的审理行政案件的初审法院，其包括法国本土行政法庭和海外省行政法庭。行政法庭对法律未规定由其他法院管辖的所有行政案件享有初审管辖权，行政法庭可分为三种：巴黎行政法庭、外省行政法庭和海外行政争议庭。行政法庭和行政争议庭对行政争议有普遍管辖权。

在法国本土共设有 28 个行政法庭，海外省和海外领地有 9 个，每个行政法庭又分成 2—8 个分庭，由一名特级庭长和一名或数名副庭长组成。每个行政法庭可以全员参加审判，即组织所有分庭一起审理案件，根据行政诉讼法典，有些诉讼案件是可以由行政法庭庭长一人审理，或由为此委派的一名法官来审理。这说明，行政裁决越来越倾向于由一名独任法官审理，而不是以前的合议制形式。

前面提到，行政法庭和上诉行政法院是由成员组成的一个群体，根据级别和年限晋升。行政法庭成员分为 7 级，包括：最底层的二级行政法官、一级行政法官、特级行政法官、行政法庭庭长、行政法庭特级庭长、巴黎行政法庭副庭长、巴黎行政法庭庭长。所有人员由最高行政法院的秘书长领导。应当指出的是，行政法庭法官的独立性在法国逐渐受相关人士的关注，1990 年 6 月 25 日法律和 1997 年 3 月 25 日法律的完善和修改，制定了一系列的相关法规，旨在确定行政法官职业的终身性，未经法官本人同意，不能对其工作进行调动，即使是晋升也不行。

（四）专门行政法院

在法国还有几十种专门的行政法院，比如战利品委员会、卫生法院、社会救助国家委员会、难民救济委员会、审计法院、大区审计法庭以及财政与预算纪律法院，等等。但实际上，无论是从职能还是从人员结构上，这些专门的行政法院与通常所说的法院有很大的区别。从职能上讲，这些专门的行政法院在某些领域同时被赋予了司法职能和行政管理职能，既是司法机构也是行政机构，具有职能的双重性；从人员结构来讲，专门的行政法院的人员并非全部由职业司法官组成，为了保证审判治理，立法者在专门的行政法院中增加了部分职业法官参与审判活动。

三、特别法院体系

法国法院体系总体上分为普通法院和行政法院，但是在这两个体系之外还存在着一些特殊的法院，例如宪法委员会、权限争议法庭以及特别政治法院。由于这些特殊法院不能被普通法院与行政法院体系所涵盖，故为特殊法院体系。

（一）宪法委员会

法国 1958 年宪法因具有颠覆以往宪法的制宪理念而极富创造性，在戴高乐"贝叶演说"所提出的"强政府、弱议会"原则的指导下，"议会制度合理化"成为了此次制宪的重心，在一系列的措施安排中，制宪者最终选择了"宪法委员会"这一特殊的机构来承担平衡政府与议会关系的职责。因此有学者将宪法委员会形象地称作"一门对准议会的大炮"。[①] 设立初期，宪法委员会的主要功能是改变第五共和以前议会无所不能，致使内阁频频倒台，政局不稳的状况，对议会的立法权进行监督。经过 55 年短暂的发展，法国宪法委员会却同德国的宪法法院一道作为专门机关宪法监督模式，与以英国为代表的立法机关监督模式和以美国为代表的司法机关监督模式共同构成了代表各国典型的宪法监督模式类型。

---

① 朱国斌：《法国的宪法监督与宪法诉讼制度》，载《比较法研究》1996 年第 10 期。

根据法国宪法的规定，宪法委员会的职权范围包括以下几方面：法律和条例立法范围划分上的冲突；选举问题的裁决，包括国民议会议员、参议会议员和总统选举的合法性，全民公决的合法性问题，议会两院规则的合宪性问题；国际条约的合宪性问题；普通法律的合宪性问题，以及在特定情况下的咨询权等。

宪法委员会由 9 名任命制委员和若干法定委员组成。宪法第 56 条、57 条，1958 年 11 月 7 日的宪法委员会组织法和 1959 年 11 月 12 日的法令规定了委员的任命方式、权利和义务。宪法第 56 条规定，任命制委员由 9 名成员组成，任期 9 年，不得连任。9 名委员每 3 年更换 1/3。任命权属于共和国的最高国家领导人：由共和国总统、国民议会议长和参议院议长分别任命 3 名委员。法定委员是指除上述规定的 9 名委员之外，历届前任共和国总统均为终身当然委员，其依据是宪法第 56 条第 2 款的规定："历届前任共和国总统均为宪法委员会终身当然委员。"法定委员无须宣誓，但是他们同样不得另外担任与宪法委员会委员相冲突的其他职务。从 1962 年到 2004 年，宪法委员会实际上没有一位法定委员。可见，法定委员只是一种荣誉性头衔，其是宪法委员会的"不确定成员"或者说是"缺席委员"。①

（二）权限争议法庭

1848 年法国宪法首次设立了权限争议法庭，但 4 年后该法庭被废除，直至 1872 年被恢复。该法庭是法国司法法院体系和行政法院体系二元分离的特殊产物。它设立的初衷是为了解决普通案件管辖权和行政案件管辖权之间的冲突，但随着社会的发展，其功能也逐步被加强完善。

权限争议法庭由 9 名法官组成，庭长由司法部部长兼任，3 名法官由最高法院选举产生，3 名法官由最高行政法院选举产生，这 6 名法官分别在最高法院和最高行政法院再各选举 1 名法官和 1 名候补法官。法官的任期为 3 年。在实践中，司法部部长很少审理案

---

① 钟国允：《论法国宪法委员会的组织及其合宪性审查程序》，载《清华法学》2006 年第 1 期。

件，一般由其他 8 名法官通过投票在内部选举一名副庭长来主持日常工作，副庭长由最高法院和最高行政法院的法官通过选举的方式轮流任职。权限争议法庭每年审理 60 件左右案件。庭审为公开审理，判决为终审判决，司法法院体系和行政法院体系必须执行判决。目前，权限争议法庭具有两项职能：处理两个法院体系的管辖权争议；在两大法院体系就同一案件作出相反判决时，可对该案件直接进行实体裁决。[①]

（三）特别政治法院

特别政治法院主要包括特别高等法院和共和国法院。特别高等法院的前身是高等法院，主要对共和国总统在履行职位期间的"严重叛国"行为具有管辖权。2007 年，宪法将国家元首的刑事责任修改为纯粹的政治责任，同时将高等法院改为特别高等法院。从管辖对象来讲，特别高等法院仍然只对在任总统具有管辖权；从管辖范围来讲，其对总统在职期间与其职责不相符的重大失职行为进行管辖，原有的"严重叛国"罪名被宪法修正案取消。宪法第 68 条规定，只有议员才能介入特别高等法院针对总统的审判，特别高等法院院长由国民议会议长担任。

为审理政府成员，1993 年 7 月 27 日宪法修正案设立了共和国法院。共和国法院只对政府成员具有刑事管辖权。政府成员只限于总理、部长、部长级代表以及国务委员，对部长办公室成员不具有管辖权。共和国法院负责对政府成员在履行职务中的重罪和严重轻罪进行审理，也就是说政府成员对其职务行为应承担相应刑事责任，这些行为必须与国家事务直接相关，涉及私生活和选举的案件由普通法院管辖。此外，与特别高等法院不同，共和国法院只能对《刑法典》所规定的犯罪进行审判。

四、检察院

现代检察制度发轫于法国，后被德国等欧洲国家引入，为其他

---

① 侯伟：《法国两套法院体系的"平衡器"》，载《检察日报》2007 年 9 月 24 日第 004 版。

大陆法系国家继承。从这点来看，英美法系国家现代检察制度的发展与大陆法系国家并无不同。关于检察制度，各国均取范于法国，故其间则无在自由主义诸国各种法制中所见之两大法系——大陆法系与英美法系——之对立。① 因此，了解法国检察体制，对于研究现代检察制度是十分必要的。法国检察院设在法院中，但这并不表示检察系统依附于法院。在法国普通法院系统中，检察院只设在最高法院、上诉法院和大审法院。但在商事法院、社会保障法院等民商事法院中，检察院职责同样得以体现。在普通行政法院系统中，严格来讲并没有设立检察院，由政府特派员履行检察院的职责。在专门行政法院中情况则更为复杂，审计法院和财政与预算纪律法院中设有类似驻普通司法法院的检察院，而在行业协会的纪律惩戒法院等另外一些专门行政法院中，检察院职责由政府特派员行使。

（一）驻最高法院检察院

最高检察院，又称为驻最高法院检察院，设在最高法院。由 1 名总检察长，首席总检察官和总检察官组成，其中 6 名总检察官由总检察长指派在最高法院刑事审判庭。驻最高法院检察院职责十分特殊，与驻上诉法院及大审法院检察院有所不同，它并不行使实质意义上的公诉职能。其首要任务是保证全国范围内法律解释以及法律适用的一致性，同时符合立法原意以及公共利益和公共政策。

（二）驻上诉法院检察院

驻上诉法院检察院由 1 名检察长、人数不等的若干检察官和代理检察官组成。驻上诉法院检察官负责本辖区内所有上诉案件和重罪法院审理的案件。检察长代表驻上诉法院的检察院以及驻上诉法院所在地的重罪法院的检察院。上诉法院检察长授权任何一名属于本上诉法院管辖区的检察官，在重罪法庭行使职权。检察长有责任保障在上诉法院辖区内适用刑事法律以及该辖区内检察院的运作情况，是本辖区内所有检察官的上级，有权指派任何检察官的工作，并对其进行评估。同时，司法警察警官和司法警察警员也受上诉法

---

① 黄东雄著：《中外检察制度之比较》，中央文物供应社 1986 年版，第 28 页。

院检察长的监督。

（三）驻大审法院检察院

驻大审法院检察院由 1 名共和国检察官领导，全国共设有 181 个驻大审法院检察院。根据法院规模不同，由人数不等的助理检察官以及代理检察官协助。共和国检察官隶属于上诉法院检察长。大审法院处理刑事案件时，相应的法庭称为"轻罪法庭"。因此，驻大审法院检察院在预审、轻罪法庭开庭时行使职能，必要时出庭大审法院民事庭。由于重罪法院也可以设在有大审法院的城市，共和国检察官或代理检察官也代表其辖区内设立的重罪法院的检察院。另外，在违警罪法庭，由于第五级违警罪必须有检察官的参与，驻大审法院的共和国检察官行使职权具有强制性。对于其他违警罪，如果其认为有必要替代在通常情况下履行此种职责的警察分局局长，则可在各种案件中行使检察院职权。在警察分局局长因故不能行使职权时，检察官的职权由共和国检察官交给居所所在大审法院辖区内的一名警察局局长或者一定级别的警官行使；或者在该地没有警察分局局长的情况下，共和国检察官则可以指定大审法院辖区内的警察警官或正、副督察行使检察官职责。

在违警罪法院或者邻近法院，不存在真正意义上的检察院。依照案件性质，检察院的职能分别由不同机关或专业人员行使，除了驻大审法院检察院和警察分局局长外，还包括林木水道工程师、违警罪法院所在地的市镇行政区的市长、镇长或者其助理等。例如，如果是涉及国家道路的违警罪，检察院的职能则由道路桥梁管理部门的行政官员行使。

第二章　法国司法责任制度概述

第一节　法国司法责任制的内涵界定

在全面介绍法国司法责任制度之前，有必要厘清何谓司法责任制度以及法国司法责任制度的内涵。按照笔者的理解，法国司法责任制度的内涵可以从四个维度去分析，分别是法国司法责任制度的"责任"之维、"司法"之维、"制度"之维以及"法国"之维。

一、法国司法责任制度的"法国"之维

法国司法责任制度的"法国"之维指的是法国司法责任的承担主体是仅仅包括法官和检察官两者在内的司法官。这也是法国司法责任制的特殊之处。

司法责任的主体自然是司法官。司法责任是对违法司法行为的制裁，而这种违法行为只有司法官的行为涉及司法权时才能产生。与此相适应，对这种职权行为所产生的法律责任也只能是由司法官承担，而不能由其他无权行使这种职权行为的机关和个人承担。在法国，法官自然是司法责任的承担主体，这无须赘述。但除法官外，检察官也是司法责任的承担主体之一。这就决定了法国司法责任并非仅仅只有审判责任，也包括了检察责任。

现代检察官制度是法国大革命的产物，被誉为"革命之子"，法国亦因此成为现代检察官制度的滥觞地，并奠定了现代检察官制度的基本框架。不过，法国检察官自创设以来即恪守上命下从的等级制传统，并在组织上隶属于行政机关，遵循所谓的"检察一体"的组织原则。根据1958年制定并沿用至今的法国《司法官地位组织

法》第 5 条的规定，检察官受其上级及司法部部长的节制与指挥。这意味着，法国检察官被置于以司法部部长为顶点的上命下从的阶层监督之中。法国的司法部部长虽然不具有检察官身份，但却是法国检察官的最高行政首长，对全体检察官享有外部指令权，包括一般指令权和个案指令权。

那么，在这种情况下，法国检察官属于司法官吗？法国检察权属于司法权吗？有些学者据此认为法国检察权不属于司法权而是属于行政权的范畴。[①] 因此，按照这一逻辑，法国检察官在履职过程中因过错而承担的责任并自然不属于司法责任了。但是，这种观点值得商榷。

首先，"检察一体"虽然限制了检察官执行职务的主体性，但并未否定检察官的主体性。也就是说，检察一体制与检察官的主体性相互设置了制度边界，二者之间取得协调。在法国，检察一体并不排斥检察官的主体性。其一，法国检察院行使的也是检察一体化原则。司法警官、检察官、检察长间是上命下从的关系。司法部行使对最高法院总检察长和上诉法院检察长的领导权，两检察长定期向司法部部长汇报所有重要的案件。根据法国《刑事诉讼法》第 37 条、第 38 条规定，检察长对上诉法院辖区内的所有检察官都有支配权，检察长指挥、监督司法警官和司法警察。其二，检察官职权范围较大。法国《刑事诉讼法》第 31 条、第 32 条规定了检察官的职责，检察官的具体职权有：在诉讼程序开始阶段，指挥、监督司法警察的活动；在刑事法庭上，提起刑事起诉并出庭，检察官还可适用追诉替代程序，并且所有裁决必须在检察官在场时才能宣布；提起上诉的权力；在刑事诉讼结束阶段，负责保证判处的刑罚得到执行。由此可见，法国检察官参与诉讼全过程，检察官的职权范围较大。其三，检察官、检察院独立办案。尽管法国检察院隶属于政府，属于行政机关，但是检察院在行使检察职权时是独立的，检察官在办案时也是独立的。比如上诉法院检察院的构成，它是由 1 名

---

① 陈瑞华：《司法权的性质——以刑事司法为范例的分析》，载《法学研究》2000 年第 5 期。

检察长、检察官和助理检察官若干名组成的,检察官和助理检察官主要工作是代表起诉,检察长的主要工作是行使行政职权。检察官除了依法办好案件,不用去为办案、开会、公务接待等问题耗费精力。最高法院的总检察长对上诉法院的检察长不行使任何领导权,直属司法部部长领导。根据法国《刑事诉讼法》第 36 条"司法部部长有权就其知悉的违法情况向检察长揭露,可通过书面的形式指示检察长接受案件"。这表明,司法部部长作出的指示必须是书面的且归入诉讼案卷。2004 年 3 月 9 日法国《刑事诉讼法》改革,制定了"使司法适应犯罪发展的法律(又称为贝尔本第二号法律)",根据该法律规定,司法部部长有权发出有关公诉的一般性指示,但对于个案,司法部部长只能要求检察机关提起公诉,而不得要求检察机关放弃公诉。检察官主体地位进一步得到加强。

此外,《法国宪法》第 66 条规定:"没有任何人可以被任意地拘禁,司法权是个人自由的维护者,确保尊重此一法定原则。"而法国宪法委员会在 1993 年 8 月 11 日的解释中则明确指出:"《法国宪法》第 66 条所规定的司法权,确保尊重个人自由的大原则,同时对于法官与检察官一并适用。"[1]而法国 1958 年的《司法官地位组织法》第 1 条便开宗明义:"司法官包括:最高法院的法官和最高法院检察署的检察官、上诉法院的法官和上诉法院检察署的检察官、地方法院的法官和地方法院检察署的检察官以及在司法部履行行政职能的法官和检察官。地方法院的法官和地方法院检察署的检察官、上诉法院的法官和检察官等司法官,其上分别设有法院院长和总检察长。各级司法官分别行使按照其等级所属的职权。地方法院以及地方法院检察署在审级上隶属于上诉法院以及上诉法院检察署。"故此,在法国,检察官与法官同属司法官,其承担的检察责任与法官承担的审判责任同属司法责任范畴。

其实说到底,法国之所以将检察官定位为司法官,主要原因和逻辑在于,其认为司法权的基本功能在于维护个人自由,而法国检

---

① 万毅:《法国检察官的身份之谜》,载《检察日报》2015 年 8 月 4 日 03 版。

察官作为《法国宪法》看守人，正是为保障民权而设，因而检察官也是司法官。根据上述逻辑，独立性或许并不是司法权唯一甚至是最重要的特征，维护个人自由或者说致力于实现公正，才是司法权最重要的功能性特征。基于此，检察官在独立性上虽然较之法官有所不足，但在公正性上，即维护个人自由的功能上，两者并无差别，皆属司法权的范畴。因此，法国司法责任的承担主体除了法官外，当然包括检察官。

二、法国司法责任制度的"司法"之维

法国司法责任制度的"司法"之维可以从以下三个方面来理解。

其一，"司法责任"是司法官行使司法权力不当所要承受的负面后果，其前提是司法权的行使，明确司法责任的根本目的就是为了规范司法权力。因此，在界定司法责任时必须考虑司法官的行为是否涉及司法权的行使，又或者是否对司法权的权威造成了负面的影响。这意味着司法责任不仅是一种工作过错责任，即司法官在行使司法权过程中出现过错所应承担的责任。它也是一种角色责任，即司法官并非在行使司法权之中而是之外，如在私人生活中违反了某些职业伦理义务也应该承担相应的司法责任，这在法国司法最高委员会的很多惩戒案例中都得以体现，即只要司法官的"不良行为有损名誉，属于特别严重的不守尊严和无礼的行为，与司法官的身份和职责不符；根本来说，这些不良行为严重和持续损害着司法机构的信誉和形象"，那么，该司法官就必须承担司法责任。

其二，司法责任不是一种责任形式，而是一种责任体系。与法律责任、行政责任等内涵相对明确的法律术语相比，司法责任并不是规范意义上的法律术语，它是由对司法官严格追责的目的衍生出来的特定词汇，其内涵边界较为模糊；不过，这一术语强调的重点始终在于"司法官"这种特殊主体和"司法权"这一特定事项范围，而不在于责任承担的具体形式。因此，司法责任本身不是一种责任形式，其外延要有别于法律责任、行政责任等概念。司法责任是因司法官身份的特殊性和司法权的特殊性而形成的一种由轻到重、层层递进的违法违纪追责体系。

其三，司法责任的归责原则不是结果责任原则，而是行为责任原则。就司法责任的追究而言，主流观点认为存在结果责任追究和行为责任追究两种理论倾向。结果责任追究指的是只要司法官在认定事实或者适用法律过程中出现了错误，导致明显的危害后果，都要追责。而行为责任追究强调的是行为责任，即不以结果为衡量标准，只对司法官在关涉司法权的行为过程中的过错或者违法行为进行追责，即使有错案发生但司法官履行了应尽义务，没有行为过错的，就不承担司法责任。理论上说，行为责任原则较之结果责任原则对司法官的要求更严，最严重的情况是出现因司法官的行为过错而导致冤假错案，较轻的情况则是司法官履行职责过程中存在违法违纪行为，但并未造成危害后果。从法国司法责任制的惩戒制度来看，"司法官因欠缺尊重自身责任、荣誉、高尚、尊严，均构成受惩戒事由"，实践中，一些法国司法官因为在私人生活中的不良行为损害了司法权的威严与形象，由此在法国社会造成一些对司法的负面舆论，其也难逃纪律惩戒。这一规定显然是希望通过保障司法权的独立行使和严格责任追究来实现司法官在履职过程中或私人生活中对司法的责任担当，其对司法官有着很高的要求和期望，因此，行为责任原则更加符合法国司法责任制的追究原则。

三、法国司法责任制度的"责任"之维

法国司法责任制度的核心是"责任"。就"责任"一词而言，它在日常生活中通常有多种含义，人们也总是在不同的语境中使用该词，因而首先有必要对"责任"予以说明。"责任"一词经常被翻译成汉语，"责任"的英语词汇一般有 Duty、Responsibility、Culpability、Liability。其中 Duty 常被翻译成"义务、职责或责任"；Responsibility被译成"责任，责任感，负担，职务，任务，能力，可靠性"；Culpability 翻译为"应受处罚，有罪(行为)"；Liability 翻译为"责任，义务，负担，不利，缺点，(复数)债务，负债，赔偿责任"。[①] 在现

---

① 刘作翔、龚向和：《法律责任的概念分析》，载《法学》1997 年第 10期。

代汉语中通常有两个含义：一是分内应做的事，如尽责任；二是没有做好分内应做的事，因而应当承担的过失，如追究责任。① 在现实生活中，责任主要指行为人对于自己先前的过错行为所应承担的不利后果。"责任"一语在法律领域通常是有其特定的指称，有其特有的确定性，责任也即指称法律责任。"法律责任是指由于违法行为或不属违法的某些法律事实的出现而使责任主体应对国家社会或他人承担的否定性法律后果。"②对于司法官而言，这种后果往往体现为其不履行义务时，由某一专门机关强制性施加于义务人的法律上的负担。严格地讲，司法责任制度所使用的责任应属于一个法律责任。这种责任应是从规范司法官依法行使职务的角度来规定其基本含义，即这种责任应是对从事司法事务的司法官在履行职务的过程中由于失误或过失而违反法律或职业道德要求从而应由国家有关机构给予的否定性评价。

因此，法国司法责任制度的责任，可从三个层次来理解其内涵：一是法国司法官依法应当承担的法定职责以及职业道德义务，属于角色或者身份义务。这些司法官的义务分别规定在法国的宪法、刑事诉讼法、民事诉讼法、司法官地位组织法以及最高司法委员会的惩戒判例之中；二是因司法官职业行为不当引起的依法应当承担的不利法律后果。换而言之，"责任"就是指的职责和任务，职责由国家机关的法律规定，任务依法定程序落实。有权力必有责任。司法官行使司法权力，就必然承担如影随形的司法责任。简单来讲，司法责任制就是要确保司法官履职尽责；不尽职尽责的，要承担不利的法律后果。此外，司法责任的构成必须具备主客观两方面的要件。客观方面，司法官存在违法行为；主观方面，司法官要有过错。司法官故意违法的，无论后果的有无，司法官都应当承担责任；司法官过失违法的，只有造成较为严重的后果的，才承担责任。就法官司法官要承担的这些不利法律后果而言，分别为刑事责

---

① 《现代汉语词典》(第 5 版)：商务印书馆 2005 年版，第 1702 页。

② 卢云主编：《法学基础理论》，中国政法大学出版社 1994 年版，第 354 页。

任、民事赔偿责任以及惩戒责任，这些责任都代表了法国法律对司法官的否定性评价。三是，法国司法责任制度的责任是一种法律责任，即司法官超越法定职权或滥用职权，或不按照法定程序司法，都是违法的，为法律所不容许的、要受到法律制裁的。因此法国司法官承担的是法律责任，既非政治责任①也非道德责任，故其责任追究必须依法进行，不仅要有法定的追责主体，也必须要有法定的责任追究范围，不仅必须依法定程序进行追究，更要具备法定的责任形态。

四、法国司法责任制度的"制度"之维

任何一项法律制度都不可能孤立存在，一方面，它必须以整个社会的历史文化为背景；另一方面，它还必须与其他的法律制度相吻合。具体的法律制度是社会法律制度的有机组成部分，并且只有在社会法律体系中才能找到自己的存在。制度在发生学上的伟大意义往往是后人回头展望之际构建起来的，在后来者总体历史观的观照下和理性塑造下才有了神圣的光环；而这种光环常常使我们不能也不敢以一种经验性的求知态度来"凝视"(福柯语)它和凝视我们自己。还必须指出，所有制度的这些构成性因素只是在我们今天回头之际才能辨识和理解，判定其为一种必然。② 从谱系学的视角看，在历史地考究一项制度的当下功能时，不能仅仅把目光集中于制度本身，而必须将目光拓展到那些细微的、不起眼的甚至是卑微的技术细节，因而常常是它们决定了制度的成败。而在考察司法责任制时，也同样如此。因此，不能将司法责任制度看作是一种只注重"责任"的制度，必须对那些影响"责任"因素的其他制度保持敏锐。司法责任制度的目的在于规范司法官行为，确保司法权的公正行使。而涉及司法权的运作，可谓牵一发而动全身。如果说整体的

---

① 张贤明：《政治责任与法律责任的比较分析》，载《政治学研究》2000年第1期。

② 苏力著：《制度是如何形成的》，北京大学出版社2007年版，第52页。

司法制度呈现出一个格式塔的结构，那么仅仅强调追究司法官责任的追责制度并不是孤立存在的，它和司法制度中的其他子制度相互衔接、互相配合、环环相扣。认为仅仅依靠建立与完善司法追责制度就能实现司法权的公正，实则一叶障目。这种观点忽视了司法责任制度与司法追责制度之间的区别，将司法责任制度作出了最为狭隘的理解。公共选择理论认为，处于制度中的行动者都是假设的经济人，即理性的自利主义者，他们会在制度约束条件下千方百计采取各种策略使自身利益最大化。按照这种理论，如果仅仅将归责理解为司法责任制度建设的全部要旨，或者说只注重对司法官进行追责，忽略其他配套制度特别是激励性因素的作用，不但不赋予司法官独立且尊荣的地位，也不为司法官的履职提供充分的保障，那么就会导致司法责任制度在权责利三者之间的严重失衡，结果就很可能使得司法官们不仅千方百计逃避责任，其更可能在正式制度之外寻求各种好处与利益，从而使得责任制的目的落空，沦为中国古代历史上重在吏治的司法追责制。

　　实际上，司法责任制度是一个系统工程，其中，司法追责虽然是司法责任制的重点，但绝非全部。必须明确，权力、责任（义务）与利益（权益）是司法责任制建设的三大要素，三者构成一个司法责任制的完整体系。权力包含司法权限的独立享有和行使以及确保司法权独立行使；利益指与司法官们息息相关的一系列履职保障制度，具体又可以分为权力保障制度、身份保障制度、收入保障制度以及教育培训保障制度，等等；责任指与独立权限相匹配，以职业能力为基础、以职业保障为前提、以相关法律为依据的司法问责。在这个完整的体系中，司法问责制作为一个子制度，仅仅是司法责任制一个层面的内涵，而不是、不应该是、也不可能是司法责任制的全部内涵甚至重心。因此，在建构司法责任制时，必须遵循权责利相统一原则，使得司法官在行使职权过程中，其义务（职责）、权力和权益内在相关，不允许有责无权，有责无利或者有权无责、有利无责，并且应当责字当先、以责安权，以责定利、责到权到、责到利生。权力、利益、义务和职责三者必须相一致，不应当有脱节、错位、不平衡现象存在。一个比较完善和健全的司法责任制度，必然要从整体与全局出发，以制度建设为主要抓手，在完善司法权运行机制、明确司法官职责与权限、司法责任的认定与追究、加强司法官的职业保障等方面，较为完善地明确司法责任的前提、基础、范围、规则、程序、保障等主要问题，建立科学的奖惩机制，真正实现司法权的独立、公正行使。

就法国而言，其虽然建立了一套严格的司法追责制度，但远不止于此。以司法追责制度为中心，法国通过建立一系列作为配套措施的子制度，来实现司法官们在权力、责任与权益之间的平衡，促进司法权的公正行使。比如，法国保障司法独立，法国宪法规定总统是司法机关独立的保障者，并由最高司法委员会协助保障司法独立。司法官的地位由组织法规定，法官终身任职。不仅法官，而且检察官都具备很强的主体地位，独立行使职权；法国建立起一套比较健全的司法官选任制度。法国司法官肩负着重要的职责，他们被誉为"社会的良心"。只有高素质、充分职业化的司法官队伍，才能良好地行使自己的司法职责，满足法国社会对于公正司法的需求；法国也建立起了一套司法官任职保障制度。按照有关规定，法国司法官一经任职，非因法定事由，非经法定程序，不得随意更换，不受免职、撤职、调任、停职，或者降职、降薪等处分，只有依据法定条件，才能予以撤职、调离或令其提前退休等惩戒；法国建立了一套司法官考评制度。通过定期考评，使得考评的司法官在一定阶段内职业能力的变化、职业强项及需要再改进和提高的方面都得以体现，有助于准确评判该司法官在其组织中的工作、在其部门中的职能及其完成的工作中所体现出来的职业潜能，对提高司法官的职业素养和工作效率等发挥了极大的作用。总之，一系列配套制度的建立与完善，保证了法国司法责任制度的有效实行。

第二节　法国司法责任制的理论基础

一、司法独立

对于司法而言，独立就意味着责任。法国司法责任制以司法独立为前提。在法国，司法独立并非司法的目的，而是实现司法公正的手段，也即通过保障司法官免于外来不当干预、仅以事实和法律为依据作出裁判来实现司法公正。司法独立并不排斥司法责任，它能使司法官免于对不该负责的主体负责、承担不应该承担的责任。司法过于独立而缺乏问责机制的制衡，容易失去社会公信力；过于重视司法问责，又难免侵蚀司法官的独立性。[1] 事实上，法国司法界也一直在"过分独立"与"过度负责"之间挣扎。

司法的独立地位在法国这一现代民主法治国家，无论在理论层面还是实践上，受重视的程度都在不断提高。由于历史原因，法国大革命时期的立法者强调行政权不受司法权的干预，强调行政权的独立行使，因而诞生了独立于普通法院系统之外的行政司法系统，形成了行政权在三权格局中处于强势的法国三权理论实践。现行宪法第 64 条规定，"共和国总统保障司法机关的独立"，并强调总统的这一宪法职权通过法国最高司法委员会协助行使。法国理论界对司法独立的普遍定义为"无论在组织结构方面还是在司法官行使司法权方面，司法均不受来自外部任何力量压迫的状态"。[2] 由此可见，法国司法独立的定义中包含了法官独立和审判机构独立这两方面的定义。审判机构的独立状态在一定程度上决定了法官的独立地位，同时也影响着法治社会所追求的司法公正之价值的实现。这里需要注意的是，司法独立在法国这个实行双轨制司法体系的国家，主要涉及普通司法系统的独立，并不包括行政司法系统。因为从严格意义上来说，行政法院并不是 1958 年宪法意义上司法机关的审判机构。该宪法所指的司法机关仅指普通司法系统的法院，行政法院的独立地位来自于长期形成的判例，宪法委员会的判例以及保证行政法官独立的各种规定等。因行政司法系统无论是初级行政法

---

① 司法独立可以潜在地让法官有机会去隐瞒自己不道德的行为。对司法权腐败的讨论，Richard J. Scott, "Towards an Ethic to Control Judicial Corruption", in Strengthening Judicial Independence, Eliminating Judicial Corruption, CIJL Yearbook, 2000, p. 117.

② 金邦贵主编：《法国司法制度》，法律出版社 2008 年版，第 73 页。

院、上诉行政法院还是最高行政法院，相对于普通司法系统而言，相互独立，互不干涉。事实上，行政司法系统在长期实践和实际运行过程中已经形成了保持其自身司法独立地位的行之有效的方式和途径。这不仅与行政司法系统垂直管理的结构模式有关，也是由行政法院本身职能的特殊性决定的。

在法国，关于司法独立引起争议最多的莫过于对宪法中"共和国总统保证宪法独立"这一规定的理解。从宪法第 68 条的规定，可以看到总统通过对最高司法委员会的间接任命干预了对最高法院法官的任命，从而其对高层法官的决定权似乎有行政权控制司法权之嫌。虽然在程序上总统经民选产生，但在复杂的议会选举和数轮选举之后，总统已经成为政党之间相互妥协的产物。而设立最高司法委员会的初衷便是为了避免司法受到外界力量，尤其是来自政党的干预。对于从一产生便带有政党色彩的总统作为最高司法委员会的主席，能否真正抵御来自政党对司法的干预确实是一个考验。这也是 1995 年改革最高司法委员会的原因所在。为了提高最高司法委员会的独立性以最终提高司法机构的独立地位，1995 年的改革增加了法官在该委员会中的比例。

有学者从三权分立的角度分析，法国有别于美国运行的严格意义上的三权分立之处在于，法国的三权分立更侧重于不同的权力职能在各种机构中的分配协作。总统身负公共行政职能和作为国家元首的特殊权利，肩负保障司法独立的职能，这实际上是行政和司法合作的行为，即孟德斯鸠对三权分立论证的精髓——"三权职能上的合作"。这种合作并不会妨碍司法独立，也不会影响法国司法界对司法独立的追求，况且总统的任命权是有限的，无论如何，他也无法对审判进行直接干预。司法官虽然也属于公务员中的一类，但较于其他普通公务员而言则发挥着特殊的职能。对法官而言，独立意味着责任，意味着由此赋予法官以普通公务员不同的地位，即不依附于任何国家机构的独立地位。

近年来，司法独立是法国司法界矢志不渝的追求目标，司法权在社会生活中不断扩大自身势力范围，司法独立的地位得到了显著提升和强化。一方面，随着宪法委员会的地位不断巩固和提升，该委员会通过适用三权分立理论，在实践中不断突出司法的独立地位。宪法委员会的决定、意见以及最高司法委员会职能的实现，也在推进司法独立的过程中一直发挥着不可忽视的作用。另一方面，司法权的行使者自身也通过种种措施，比如组成司法工会、提升最高司法委员会的地位、加强对司法官的职业培训，等等，抵制来自立法权与行政权的干预来提升自己的独立性。

一言以蔽之，司法独立带来的不仅是司法公共服务的质量，它还是司法官专业能力的体现，独立的判决是对理性力量的确认，更是审判者思想高度及其所持有的不偏不倚的立场的体现。

二、司法公正

在一个实行法治的社会里，司法公正将是一个为社会公众关注的永恒话题。人们对法律是否公正的认识主要是在法律的适用过程中，法治所要求的法律的普遍适用和至高无上，以及法律面前一律平等的原则和精神，必须依靠公正的司法才能得到贯彻实施。法律依靠司法人员来操作，所谓"徒法不足以自行"。为了保障司法公正，法律赋予法官以独立的地位，使其在行使司法权力时免受外界的不当干扰和影响；法律还通过对法官任职条件的限制来保证法官的高素质。此外，法律也通过陪审、合议、上诉等制度来制约法官个人的权力，防止审判权的滥用。但经验表明，这些保障措施并不足以完全杜绝法官司法不公的现象。因此，唯有真正落实司法责任制，才能从制度上倒逼司法人员公正司法。

在法国，司法责任制度的推进与落实也来自于司法公正这一价值需求。据此，法国诸多法律渊源都明确确认了司法公正的原则。首先，经法国批准认可的《欧洲人权公约》第6条规定，"在决定某人的公民权利和义务或者在决定对某人确定任何刑事罪名时，任何人有权在合理的时间内受到依法设立的独立而公正的法院的公平且公开的审讯"。法国相关法典无不重申了这一原则，比如《刑事诉讼法典》第668条规定了法官应当回避的各种情形；《新民事诉讼法典》第339条、第341条规定了法官应当自行回避的情形，第341条规定了申请法官回避的情形；《行政司法法典》第L721-1条规定，如对行政法院的一名法官的公正性存在严肃的质疑理由时，应一方当事人要求应裁判该名法官回避。

可见，根据法国的法律规定，实现司法公正的具体措施主要有两项。一是当事人提出回避申请。法治社会中，所有的法官都被推定为是公正的。因此，当事人认为可能存在影响案件公正判决的情形时，对法官缺乏公正性而提出的回避申请及证明责任自然而然地由该当事人承担。《欧洲人权公约》第 6 条对司法公正的适用情况作出了宽泛的规定：当事人认为可能产生不公正的所有情况都可以对其提出质疑。但是为了防止当事人为了赢得胜诉出于恶意采用程序手段，避免对法官施加额外的压力，公约不仅对当事人行使申请回避权的条件作严格的限制，同时也规定当事人如果滥用申请回避权，则要接受相应的罚款和承担民事损害赔偿责任。

在申请回避权适用的期限上，当事人须在得知具备回避的情形时马上申请，除非存在当事人不能认知回避情形，即不了解审判人员的组成的特殊情况，如当事人没有律师、当事人在国外工作等。法庭辩论结束以后不得再提出回避申请。回避申请由上诉法院审理，被确认与案件审判有利害关系的法官须退出本案，其工作由其他法官接任；在采用合议制审理的案件中，如果数名法官都符合回避条件，则应另行组成合议庭审理。

二是法官根据职业道德要求，认为自己与案件当事人、当事人的律师或该案的检察官存在利害关系的情况下，自行提出回避，由其他法官接替，或在合议审理的案件中，由合议庭庭长批准后退出对该案审理的情形。这种来自于职业道德的要求是保证司法公正成为法官执业时必须遵守的义务。司法公正不仅是对司法系统中法官的要求，对检察官也不例外。法国最高司法委员会曾宣布："法官可以有正当理由质疑检察官的公正性，也可以在检察官履行职务不充分时，怀疑其可能构成特别严重的纪律错误。"在最高司法委员会的监督下，不论是法官还是检察官，如果违反司法公正，损害了司法机关的形象或者降低了司法的信誉，该司法官将受到最高司法委员会的纪律处罚。

第三节　法国司法责任制的法律依据

司法责任制度的运行以法律为依托,作为典型的大陆法系国家,法国的司法责任体制建立在以成文法为主要渊源的法律体系上。这些形式多样的法律渊源大体主要有宪法及宪法性法律、议会通过的法律、行政机关制定的行政法规和规章、最高司法委员会在惩戒实践中形成的判例等。它们共同构成了法国司法责任制度赖以存在和运行的法律依据。

首先是宪法以及具有宪法效力的法律文件与原则。法国 1958年宪法第八章第64—66条对法国司法制度作出了纲领性规定,包括对司法独立的保障、司法官地位及最高司法委员会的职能及其组成的规定,自然也涉及司法责任制度部分的内容。比如宪法第64条规定:"共和国总统是司法机关独立的保障者;共和国总统由最高司法委员会协助;司法官的地位由组织法规定;审判官是终身职业。"最高司法委员会作为对司法官的惩戒机构,在司法责任特别是惩戒责任的追究中扮演了重要角色。因此,法国宪法第65条对最高司法委员会的主席及副主席的任职、委员会成员及其职能作出了规定:"最高司法委员会由共和国总统任主席,司法部部长任当然副主席。司法部部长可以代替共和国总统任主席。最高司法委员会除上述两人外,还包括由共和国总统依照组织法规定的条件任命的9名委员。最高司法委员会提出关于任命最高法院审判官和上诉法院院长的建议案。最高司法委员会依照组织法规定的条件就司法部部长关于任命其他审判官的建议案提出意见。最高司法委员会依照组织法规定的条件就赦免问题接受咨询。最高司法委员会作为审判官纪律委员会进行裁决。此时,最高司法委员会由最高法院院长任主席。"除此之外,宪法委员会的裁决对所有公共权力机关、行政机关和司法机关均具有约束力。因此宪法委员会在司法领域作出的裁决所确认的原则,也构成法国司法责任制度的宪法渊源。其中最具有影响的是 1970 年 7 月 9 日作出的关于司法官独立地位和审判官职务终身性案的判决。

其次，法律与行政法规是有关法国司法责任制度的最主要的法律渊源。这一部分的法律规范主要被编入各相关的法典之中。在法国，法典通常是由法律和条例(即行政法规)两部分组成。值得一提的是法律不限于议会通过的法律，它还包括行政机关在议会的授权下，在其授权的领域和期限内对特定事项制定的、后又被议会所认可的具有与法律同等效力的文件。由于这种文件最初的制定主体是行政机关，所以又被称为法令-法律。法国的法律和行政法规对法国司法责任制度作出了比较系统和全面的规定。

法国《刑法典》作为司法官承担刑事责任的法律依据，规定了对司法官在履行职责过程中的腐败行为、拒绝审判或者权力滥用行为进行刑事处罚。比如法国《刑法典》第434-9条规定，司法官在任何时候，直接或者间接地索要或者认可本人或他人利益之奉送、许诺、赠礼、馈赠或其他任何好处，以完成或放弃完成属于职责范围之行为的，处10年监禁并处150000欧元罚金。司法官意图利于或损害受到刑事追究的人，犯第一款所指犯罪的，所受刑罚加重至15年徒刑并科225000欧元罚金。法国《刑法典》第432-1条规定，行使公安司法权力的人，在其履行职务中，采取旨在使法律无法执行之措施的，处5年监禁并科欧元罚金。法国《刑法典》第432-2条规定，犯第432-1条所指之罪，已产生后果的，处10年监禁并科150000欧元罚金。法国《刑法典》第432-3条规定，行使公安司法权力的人，或者负责公共事业服务任务的人，经公众选举受任职务的人，在其已得到正式通知终止其职务的决定或事由之后，仍继续行使其职务的，处2年监禁并科300000欧元罚金。法国《刑法典》第434-7-1条(1992年12月6日第92-1336号法令)规定，司法官，司法建制中任职的任何人，或者任何行政当局，在其受到请求之后，拒绝作出公正裁判，或者在其上级发出警告或命令之后，仍拒绝作出公正裁判的，处7500欧元罚金并且在5年至20年之内禁止担任公职。2007年11月13日，法国又颁布了《反腐败法》，增设了"为自己及为他人"谋利益以及"司法人员利用影响力交易的行贿及受贿犯罪"。这一法律也为打击法国司法官作为国家公职人员犯下的腐败行为进而追责确立了重要的法律依据。

　　法国《民法典》《刑事诉讼法典》《司法组织法典》等法律规定了司法民事赔偿责任。比如《民法典》第 473 条规定，在履行对无能力人的监管职能时，对任何过错造成的损害，国家都具有赔偿责任。《刑事诉讼法典》第 622 条及随后条款规定被认定无罪的被判刑人，有权按照判刑对其造成的物质与精神损失得到全额赔偿金。《刑事诉讼法典》第 149 条涉及了先行羁押的赔偿责任，规定：在不影响适用《民法典》第 505 条及随后条款的情况下，在以最终确定的不起诉，免于起诉或者宣告无罪之决定终结的诉讼中受到先行拘押的人，如拘押对其造成了明显不正常且特别严重的损失，可得到赔偿。《司法组织法典》第 L781-1 条规定，国家对由于执法缺陷造成的损失负责赔偿。只有在重大失误和拒绝受理案件的情况下，国家才承担此项责任。对于法官的个人错误，将根据法官团的条例和组成裁判审理权限分配机构的特别法律，判定法官应承担的责任。国家保证对由于法官个人所犯错误给受害人造成的损失给予赔偿，但针对法官和大法官提出的上诉除外。然而，民事诉讼法第 505 条规定的条款继续执行，直至有关大法官对个人错误应承担责任的立法条款生效为止。1972 年 7 月 5 日法律宣布国家有义务"对司法公共服务不善所造成的损害进行赔偿"，但同时强调"（国家）只有在严重过失或者拒绝审判情况下才承担此责任"。

　　此外，法国《民法典》也有涉及法官责任的规定。《民法典》第 4 条规定，审判员借口没有法律或法律不明确、不完备而拒绝受理者，得依拒绝审判罪而被追究法律责任。该条在赋予法官充分自由裁量权的同时，旨在树立司法裁判在民事矛盾和纠纷处理中的权威。如果法官没有合理且充分的理由而拒绝裁判，也会被依法追究惩戒责任。

　　法国 1958 年 12 月 22 日的《司法官地位组织法》是现行的针对司法官作出的最为集中和系统规定的法律文件。该法令分为 10 章，共计 85 条。该法令对法国司法官的招聘、任命、地位、职务以及纪律等方面作出了全面系统的规定，其也是法国司法责任制的最重要的法律依据。该法令第一章"总则"部分对司法官作出了诸多禁止性规定，比如第 6 条规定了司法官在任职前的宣誓义务以及保守审判秘密与司法官尊严的义务，第 8 条规定了司法官的禁止兼职以及不得额外受薪义务，第 9-1 条规定了司法官的竞业禁止义务，第 10 条规定了司法官的禁止介入政治义务，第 11-1 条规定了司法官因过错造成损害而承担的民事赔偿责任，等等。该法第 7 章专章规定了"司法惩戒"，对司法官因犯纪律过错而承担的惩戒责任相关内容作出了较为详细的规定，包括惩戒事由、惩戒机构、惩戒方式、惩戒程序等。

最后，判例也是法国司法责任制度的重要法律渊源。严格来说，判例是英美法系国家的基本法律形式，而法国这一大陆法系国家是以成文法为主要法律渊源。但如此笼统地认识判例在法国法中的地位稍有不妥。正如约翰·亨利·梅利曼在其《大陆法系》一书中指出："大陆法系的传统观念是，任何法院都不受其他法院判决的约束……但这仅是理论上的要求，实际上并非如此……事实上大陆法系法院在审判实践中对于判例的态度同美国的法院没有多大的区别。"①在法国，虽然法官没有创制或制定法律规则的权力，但是司法判例在实践中对司法的指导作用不容忽视。可以说，法国没有判例法制度，但是判例却真实存在。这些关涉司法责任的判例主要是最高法院、最高行政法院、宪法委员会特别是最高司法委员会所公布的司法官惩戒相关判例，它们共同形成并勾勒出了法国司法责任制的大致轮廓，构成法国司法责任制的重要法律渊源。

---

① ［美］约翰·亨利·梅利曼著：《大陆法系》(第二版)，顾培东、禄正平译，法律出版社 2004 年版，第 47 页。

第三章　法国司法责任主体制度

在法国，司法一直被认为是公民个人自由权利的重要保障，是公民个人权利不受非法侵犯的最后一道防线，是现代民主政治制度的基石。为了确保司法公正，严格的司法责任制就像悬在法国司法官头上的一柄利刃，起到防范与警示司法懈怠与滥权的作用。不过，就司法责任所作用的方式而言，它更多是从消极的层面来对那些犯下过错的司法官进行追责，以防止他们误入歧途。而一支公正、廉洁与高效的司法官队伍并非仅仅可以依靠司法责任制得以养成，它必须通过一系列健全的有关司法官的选任、培训、考评、晋升和任职保障制度来得以实现。只有通过从一系列正面积极的司法官制度，辅之以严格的司法责任制，才能真正选拔和培养出一批高素质的司法官，从而满足法国社会对司法公正的需求。

就法国的司法官而言，大致可以分为三种：一是普通法院系统内的司法官，包括法官与检察官，他们具有司法官身份，隶属于司法部；二是行政法院系统内的司法官，他们也由司法部管理，但不具有司法官身份，而是国家公务员；三是既不具有司法官身份，也不具有公务员身份的法官，比如商事法院的裁判官和劳资纠纷调解法庭的调解官。因此法国司法官制度可以作广义和狭义的理解。广义司法官制度的概念包括职业司法官和非职业司法官两部分，其中职业司法官又包括普通法院的司法官和行政法院的司法官；而狭义的司法官则单指的是普通法院的司法官，即法官与检察官。就普通法院系统内的司法官而言，因法官在整个庭审中始终坐着，又被称为"坐着的司法官"，而检察官在法庭上发言时要站着，又被称为"站着的司法官"，两者在选任、培训、晋升以及任职保障等方面大致相同，但又略有差异，因此本章将从这一狭义的司法官制度入手，考察法国司法官的选任、培训、晋升以及任职保障等制度。

第一节 司法官的选任

法国大革命之前，司法官职位是可以捐纳和世袭的。但 1789 年 9 月 4 日宪法废除了此种做法，以司法官的遴选制度取而代之。经过一系列发展完善，1958 年 12 月 22 日的《司法官地位组织法》对司法官遴选制度作出了详细的规定，该条例同时适用于法官与检察官。按照此法，有两种遴选职业司法官的方式：一是进入国家司法学院学习后经选任为司法官，二是直接被任命融入司法团体的方式。

第一种遴选方式是进入国家司法学院学习后经选任为司法官。进入国家司法学院分为两种情况：考试进入和凭资格直接进入。招考司法学员的工作由国家司法学院承担。考试进入国家司法学院又分为三种会考：学生招考、公务员招考和其他在职人员的招考。根据 1958 年 12 月 22 日的《司法官地位组织法》第 16 条的规定，成为司法学员应当具备以下共同条件：拥有法国国籍；行使公民权并且心智健全良好；遵从国家服务规定，品行端正；具备执行司法官职务工作所需的身体条件，或可给予长病假后被权威机构认为痊愈的。第一种会考为学生招考。考生在考试当年 1 月 1 日必须尚未满 27 周岁，在高中毕业后进行了为期至少 4 年的高等院校学习，并具备毕业文凭。这一文凭可以是法国的，也可以是法国认可的，或者欧盟成员国颁发并由法国司法部部长根据专门委员会意见承认其具备同等效力的。政治学院颁发的文凭和巴黎高等师范学院颁发的文凭也可以接受。需要注意的是，1958 年 12 月 22 日法令第 17-1 条并未要求高中毕业后在高等院校为期至少 4 年的学习必须是法律专业。第二种会考为公务员招考。这种考生不需要具备学生招考中所要求的文凭，但是必须在国家、地方行政单位或者公共事业团体法人单位工作 4 年以上，并且年龄应在 27 周岁以上 40 周岁以下。法令规定这种会考与学生招考必须是"同等水平"，其宗旨是便利公共机构内的内部晋升。第三种会考是其他在职人员的招考。此会考仅对从事法律职业活动、在地方民选代表或者以非法律职业人员身份从事法律工作已满 8 年的人开放。候选人不需要具备任何学位。对于通过考试进入国家司法学院来说，不论是学生，还是公务员或其他在职人员，每年最多只能参加 3 次考试。

还有一种凭资格直接进入国家司法学院学习的方式。对于一些资历比较丰富且具备一定职业经验的人，法律规定他们可以不经考试直接进入国家司法学院。1958 年 12 月 22 日法令第 18-1 条规定，拥有法律硕士学位并且符合第 16 条其他条件，在司法、经济、社会等领域具备 4 年工作经验，能胜任行使司法职务者，得具备司法学员的资格。符合以下资格者，亦有司法学员的资格：除博士学位外，尚有其他高等学历的法律博士以及取得硕士学位后曾于公立高等学校从事法律教学或研究为期 3 年且拥有司法学科高等学历者。以上候选人的年龄必须在 27 周岁以上 40 周岁以下，并且他们的任命要征得司法官晋升委员会的意见，并且，这部分所录取的司法学员人数不得超过经国家司法学院考试录取者人数的 1/3。

第二种遴选方式是直接被任命从而融合司法团体。直接被任命为司法官就是指不需要进入国家司法学院学习而直接被任命为司法官，这种方式主要面对的是一些具有司法实务经验和司法教学经验的从业人员，比如律师、书记员、公证员和大学教师等。这种直接遴选方式规定于 1960 年，但很少适用，因为规定不太具体，难以操作且这种方式总是受到司法界的强烈抵制。但 1992 年 2 月 25 日第 92-189 号法律扩大了直接遴选方式的适用。虽然自 1991 年以来通过直接任命而产生的司法官的人数一直在减少，但是 2007 年 2 月 25 日法律还是扩大了可以通过该种遴选的司法官的人数：所遴选的第二等级的司法官人数不得超过前一年遴选的同级司法官总数的 1/4(不再是 1/5)；所遴选的第一等级司法官人数不得超过去年所遴选的同级司法官总数的 1/10(不再是 1/15)。由此，法国立法者希望以更多的有经验的司法官来取代年轻、没有经验的司法官。总的来说，此种遴选的程序十分严格。首先，必须向建立一个筛选委员会对候选人进行各种审查后作出筛选。候选人经筛选后，必须参加国家司法学院的培训并在法院进行实习。只有在例外的情况下，选拔委员会才能鉴于候选人的职业资历免除其培训义务。培训结束后，国家司法学院将每一个候选人提交司法学员评级委员会，由该委员会对候选人进行面试，并作出是否录取的决定，对于拒绝录取的决定，评级委员会必须附具理由。

第二节　司法官的培训

法国司法官在通过会考后，司法学员还必须继续接受一段时间的培训，考试合格后才能分配到法院工作。司法官培训制度的目的主要是使初任司法官和现职司法官，在上岗之前或在岗期间接受培训，以使其达到更新知识，提高工作效能，适应任职要求和实际工作发展需要。

司法官的培训主要分两种：初任司法官培训和在职司法官培训。由此，该校也分为两个校区：波尔多校区是该校总部，具体负责初任司法官培训；另一个校区设在巴黎，主要负责在职司法官培训和国际交流。

按照法律规定，进入国家司法学院的司法学员必须接受为期31个月的培训，包括在国家司法学院的专业学习以及在法院的司法实践。对初任司法官的培训主要分为四个阶段：第一个阶段是在校理论学习，时间为一年。所学课程包括所有涉及法院或检察院工作的理论知识，如法庭审判业务知识等。从2007年开始，司法培训项目又增设了一些新课程，如心理学、英语、有关欧盟法律方面的课程等。此外，学员还要上德语和西班牙语等外语课程。第二阶段是实习阶段，时间也是一年。学员们要分别到法院和检察院去实习，跟当地的法官和检察官们学习所有的办案过程。第三个阶段还是实习，时间为3个月。这次他们要实习的部门不是法院和检察院，而是与其相关的法律部门，如律师事务所、警察局、宪兵队、拘留所、儿童中心等。以上三个阶段的学习结束后，学校会给学员评分，然后根据成绩排名，由学员自己选择任职的岗位。国家将综合考虑学员成绩、实习打分、本人意愿以及空缺司法官职位等多方面的因素，最终决定该司法学员的工作岗位。如果成绩不理想，则有可能被终止其职业生涯或被责令重修学业。最后，等司法学员们确定了职业后，国家司法学院将再对他们进行 4 个月的培训。第四阶段的培训，实际上就是岗前培训，针对性更强。法官和检察官将分别就不同的工作内容接受专门的职业技能培训。比如，选择当法官的，就给他与法官工作有关的培训；选择当检察官的，就给他与检察院工作相关的培训。此阶段的培训也分为两个部分：在校培训和实地培训。实地培训是将学员送到他们选定的部门去进行"实战演习"。只有完成了上述四个阶段的学习和培训，成绩合格者才能成为一名法官或检察官。可见，法国的初任司法官培训制度面向用人单位，服务司法实践，努力追求实用性。

在成为司法官之后，为了使得司法官适应现代司法的特点，不断提高自己的业务素质，法国对在职司法官还实行继续培训制度。相比初任司法官的培训而言，在职司法官继续培训实行得比较晚，直到 1972 年 5 月 4 日第 72-355 号法令第 50 条才首次规定对司法官实行继续培训。在法国，司法官接受继续培训，不仅是一项权利，也是一项义务。自 20 世纪 70 年代末，由于司法学员在国家司法学院学习的时间被缩短，所以规定了强制性继续培训制度，刚刚毕业的司法学员在 4 年内必须接受每年 1 个月的继续培训。从 20 世纪 90 年代开始，由于在国家司法学院的学习期限又被延长，强制性继续培训制度被取消。但同时，1992 年 2 月 25 日第 92-189 号法律将继续培训规定为司法官的一项权利，任何司法官每年都有权接受至少 5 天的培训。作为例外，通过特殊会考或者辅助会考遴选出来的司法官，则具有接受继续培训的义务，在其获得首次任命后的 4 年内，每年必须接受 2 个月的培训，在其获得首次分配职务的 6 年内，则必须接受总计 3 个月的培训。由于司法官工作量大和缺乏司法资源等原因，司法官继续培训权行使的有效性并不高，而且由于担心职务被替代以及避免工作积压，司法官都不太愿意离开自己的工作岗位。因此，2007 年 3 月 5 日组织法将接受继续培训规定为司法官的义务。

继续培训由国家司法学院根据国家行政法院颁布的法令规定的条件予以组织。继续培训分为两种形式：一种是国家集中性继续培

训，由国家司法学院集中进行；另一种是地方分散性继续培训，由
国家司法学院基于法国最高法院和 35 个上诉法院的提议进行组织，
由国家司法学院资助，并在各个地区进行相同的培训。

第三节　司法官的晋升

在介绍司法官的晋升制度之前，有必要介绍一下法国司法官的
等级制度。直到 20 世纪初，司法官的遴选都是根据个人偏爱，而
不是根据资格和遴选名单，而且也没有任何规范性的晋升保障。
1906 年 8 月 18 日法律首次要求司法部部长制订一个晋升表，1927
年 7 月 21 日法律则对该制度进行了进一步完善。法国现行司法官
晋升制度主要由 1958 年 12 月 22 日第 58-1270 号法律和 1993 年 1
月 7 日第 93-21 号法律规定。这些法规规定了有关司法官等级的区
分。法国司法官共分为三个等级，从高到低依次为：特级司法官、
第一等级司法官与第二等级法官。

为了避免徇私或者裙带关系，这些法规详细规定了晋升为第二
等级法官、第二等级法官晋升为第一等级法官以及特级法官的条件
与程序，二者不尽相同。2001 年 6 月 25 日法律建立了一个新的金
字塔形结构。根据最高司法委员会，第二等级司法官人数应占司法
团体总人数的 65%—30%，第一等级司法官占 28%—62%，特级司
法官占 5%—10%。

依据 1970 年 12 月 22 日法令第 2 条以及 1993 年 1 月 7 日法令
的规定，晋升为第二等级法官首先必须有一定资历，但这并不是关
键，重要的在于法官能被司法升迁委员会列入晋升名单。司法官只
有经过选择注册到晋升表上才能得到晋升。但这一注册以工作年限
为前提条件，具体工作年限根据升迁的可能性而有所不同。为了避
免选择晋升人选过程中的专断性，晋升表由一个包括司法官升迁委
员会制作。根据 1958 年第 58-1270 号法令第 35 条的规定，司法官
升迁委员会由 20 名成员组成，即最高法院第一法庭审判长、院长、
检察总长、总司法视察长（副司法视察长或司法观察主管）、最高
法院 1 名特级法官和 1 名特级检察官、各上诉法院的 2 名院长及 2

名检察长、10 名各地方法院选任的司法官(7 名为第一等级司法官，3 名为第二等级司法官)。其中，最高法院院长任主席。每年该委员会将符合晋升条件的人按字母顺序写入晋升名单中。为保证晋升的公正性和客观性，法律对晋升名单的制定作出了严格规定。共分为四个阶段：审阅有关材料阶段、对抗论辩阶段、公布晋升名单阶段以及法令任命阶段。起草晋升名单时，委员会须应了解每个司法官的个人履历特别是由其同级司法官对他职业活动所作出的评价以及填写的评分，审阅司法官的档案和上级机关对法官的评语，之后进入对抗论辩程序。法官可以就上级对他的评语发表不同意见。名单确定后，应向所有涉及的法官公布，同时要将名单张贴在每一个法院，未列入晋升名单的法官可以向升迁委员会提出异议，要求再次将其名字列入晋升表中。异议被拒绝的，可以向司法部部长申诉。

晋升名单与特殊才能选拔名单不同。晋升名单对法官晋升级别起关键作用，而特殊才能选拔名单是为了选择一些有能力的司法官从事独立于其等级之外的一些职务。一个符合法律升迁条件的法官，并不一定是适合从事特定职务的法官。所以，一些司法官可以进入更高等级但不能担任某些职务。因为这些职务需要列入特殊才能选拔名单的人才能担任。依照 1993 年 1 月 7 日的第 21 号法令之规定，大审法院院长和最高法院助理大法官必须在司法官升迁委员会确定的特殊才能选拔名单中确定。升迁委员会的任命建议应送交最高司法委员会和最高法院以及上诉法院领导。

所有第二等级法官任命为第一等级法官及所有新职务的任命，必须由总统根据司法部部长的提名，并在听取最高司法委员会的意见后以法令形式任命。特级司法官的任命无须升迁委员会的介入，但是任命最高法院法官、上诉法院院长以及属于特级司法官的大审法院院长，应有最高司法委员会的肯定意见，或者根据最高司法委员会的建议。

2001 年 6 月 25 日法令还规定了法官晋升流程的限制。第一，任何司法官在他工作 5 年以上的法院都不得晋升为一级司法官，但最高法院除外。第二，任何司法官都不能被任命为其工作的大审法院的院长或共和国检察官。但是如果司法官填补的职位相当于提升为上一等级的职务，可以例外。第三，如果没有在一级司法官等级上从事过两种工作，任何司法官都不得任命为特级司法官。如果司法官从事的是审判职务，他应当在两个不同的法院任职。第四，任何司法官，如果他不是特级司法官，或者任最高法院见习法官或见习总律师之后没有任过其他一级司法官的职务，都不得被任命为最高法院特级司法官。

总的来说，法国司法官晋升制度十分严格，程序透明，注重公正性。法律对司法官的晋升作出了严格的限制，晋升的条件也很苛刻。得到晋升的司法官，只在一个法院任职不行，任职期限不够也不行。法官晋升的透明度也很高，不仅公示，广泛征求意见，而且升迁委员会组成人员较多，有各方面的代表。这种制度基本上可以保证司法官晋升的公正性。

第四节 司法官的任职保障

司法官任职保障制度是指司法官在按照有关规定，一经任职，非因法定事由，非经法定程序，不得随意更换，不受免职、撤职、调任、停职，或者降职、降薪等处分，只有依据法定条件，才能予以弹劾、撤职、调离或令其提前退休等所形成的一套制度体系。法官的身份保障制度最早在英国创立，后来大部分国家确立了这一制度并加以扩充，成为一项确保司法官依法独立、公正办案的基本制度之一。从世界各国的经验来看，凡是建立了完善的司法官任职保障制度的国家，国家强有力的人事权力支持和良好的物质待遇，使司法官免除了后顾之忧，在维护国家法制的统一、司法的公正以及司法官依法独立办案等方面都执行得比较好。在法国，也建立了一套比较完善的司法官任职保障制度。早在 1958 年《宪法》中，就明确了司法官的地位，此后在《司法官地位组织法》《司法官权益保障法》等各项法律中，逐步完善了司法官任职保障机制。法国司法官的任职制度强调终身性，最根本的体现就是法律赋予了法官不受罢免的权利。这是法官能够独立行使审判权，不受任何外来因素干扰的基本保证。但是司法官的终身任职，不包括法国检察官，他们随时可以被调离。这主要是由于检察官执行的是法国政府的刑事政策，他们都依法隶属于司法部部长管理。

首先，法官的公正与独立是以法官的职位为前提的，只有被任命为法官，才能够依据法官的身份与职位行使审判权，独立公正地审理案件。在法国，法官判案独立性享有多重保障，主要体现在以下几方面：其一，法律规定法官任职终身制，并且未经法官同意，不能传唤法官或对法官进行职务调整，即使是晋升其职务。这一原则的具体实施由最高司法官委员会负责监督。当然，法官不受罢免规则并不是绝对的，法官不受罢免，只存在于其履行职务期间，因为法官可能退休，可能因伤残而休息，也可能受到纪律制裁。在预定的时间内对担任某些职务的限制，不构成对法官不受罢免规则的侵害。根据 2001 年 5 月 30 日法律，大审法院院长的任期，同一上诉法院院长的任期均限制为 7 年，在同一大审法院任职的预审法官、家庭事务法官、少年法官、执行法官或治安法官的任期限制为 10 年。其二，法官正常履职行为也受到法律保护。一方面，法官并不为其作出的判决承担民事赔偿责任；另一方面，威胁或侮辱法官以及针对法官人身和财产的暴力行为将受到刑事处罚，在社会保障立法没有规定给予补助的场合，即法官不能从刑事犯罪人处获得的民事赔偿部分，也将由国家负责补足。按照《司法官地位组织》第 11 条的规定，当发生针对司法官的恐吓、攻击或其他行为时，司法官均受到刑法和特别法规定的保护。如上述行为造成司法官受到损害，国家有义务弥补，并应立法就此损害以金钱弥补。特别是新刑法第 434-24 和第 434-25 条针对任何人通过行动、言辞或文字，企图使司法文书和决定丧失威信的行为，规定了刑罚，理由是这些行为损害了司法的权威性和独立性。在 1958 年 12 月 22 日颁布的第 58-1270 号法令第 11 条规定在司法官因履职死亡或死亡后，司法官的配偶、子女和直系亲属因司法官的履职成为威胁、暴力、粗暴对待、伤害、诽谤或侮辱等行为的受害人时，可以请求保护。其三，对于审理过程中的敏感案件，尤其是某些刑事案件，为避免当地民众舆论影响法官审判，可经检察官向最高法院提出申请，由后者将案件移送至地域上相距较远的同级法院审理。其四，为保障司法审判不受媒体骚扰，以向法官和证人施压为目的而对诉讼程序发表的任何评论或侮辱性言论理论上均被禁止。对司法机关作出的判决本身的评论，如果被最高法院认定已超过行使信息自由权的正常限度也被禁止。最后，司法权相对于行政权的独立性在法国1958年宪法中便得到明确确认。

在法国，司法官是很受社会尊重的职业，不仅因为其拥有较高的收入，更在于其被视为司法正义的化身。首先，法国司法官的薪金水平在社会各行业中属于中等偏上，优于法学教师的待遇。刚入职的法官月净收入约为2600欧元，其后随着工龄、级别增长而逐步增加，临近退休的资深司法官月薪可达8000欧元。与法国人民的平均生活水平相比，司法官的收入颇丰。法国社会，在知识上，司法官是国家的精英阶层，在财富上，司法官是社会的中高产阶级。此外，法官的收入不是他们福利待遇最关键的部分，作为公务员，他们也享受良好的退休待遇。

在组织上，法国司法官也享有充分的保障。在法国有司法官工会(Syndicat de la Magistrature)和司法官工会联盟(Union Syndicale des Magistrats)两个主要的司法官权益保障组织。其中，司法官工会成立于1968年7月，在政治取向上偏左，法国30%的司法官是其成员。它主要是保障司法官的独立性，捍卫司法官的职业权益，保障司法官履职、招录和培训等权利。它强调司法的独立性和公正性，呼吁避免经济和金融犯罪领域有罪不罚的情况，司法官依照宪法保障自由、反对媒体和政治的压力，控制警察权力的滥用，保障司法官的独立性。司法官工会有权宣传、组织集会和罢工等活动。它通过出版定期刊物，分享司法的最新发展和司法官的职业经验，并且可以派代表参加最高司法委员会、升迁委员会和国家司法学院的管理委员会。它也会与其他组织一起合作保障司法独立和基本人权，如人权联盟、律师职业发展机构、对囚犯和外国人的援助组织等。而司法官工会联盟是法国司法官最大的工会，创立于1974年，在政治取向上更中立，强调司法官和司法机构的非政治化和多元性。它旨在保障司法的独立性和公民的权利与自由，捍卫司法官的精神和物质权益，推进司法官招录、培训等职业生涯的进步，并旨在促进司法的便利性、高效率和人性化。此外，它也和欧盟与国际间的司法官协会保持着紧密的联系。

第四章　法国司法责任制的类型

　　法国推行司法责任制度的目的就是要让独立的司法权力真正掌握在司法官自己手中，真正形成一种司法机关内部激励机制和自治机制。法国历史已经证明：最黑暗、最腐败的时期正是司法官随意裁判、独断专行而不受监督、不被问责的时期。建立完善的司法责任制度对于规范法国司法官的行为、防止司法官的滥权发挥着重要作用。

第一节　司法责任的类型学

　　司法官的的行为与表现如果不称职，其承担责任的形式可能是多种多样的。当然，存在着许多区分司法责任类型的不同标准。按照承担责任主体的不同，可以分为个人责任和国家责任；按照司法责任的承担是否以过错为前提条件，可以把司法责任分为过错责任和无过错责任；还有基于司法责任性质的不同，可以分为民事责任、刑事责任、行政责任和违宪责任。按照错误或者违法的司法行为所违反的法律性质的不同，就会产生不同类型的司法责任。在本章中，就采用比较传统的责任划分，把法国司法责任的类型划分为刑事责任、民事责任与惩戒责任。

　　不过，还有一些责任类型也需要加以说明。首先，从世界范围内的司法官责任类型而言，除了刑事责任、民事责任与惩戒责任之外，司法官也有可能承担其他种类的责任，比如政治责任或者违宪责任。政治责任与违宪责任有两个主要特征：第一，追责程序更多偏向于政治的而非司法的过程，追责权力也通常归属某一政治组织，并最终交给立法或者行政部门。第二，也是更加常见的，对于被追责的司法官来说，其行为被追究责任的首要原因并不是出于他违反了某一法律，而更紧要的是，这一行为极有可能不符合某一"政治的"标准。司法官这些行为当然包含了私人非职务性的行为。

政治问责这一形式可以在普通法传统的法官弹劾制度中得到最好的体现。在历史上的英国，法官就像其他政府官员一样，下议院可以针对其提出弹劾案，并由上议院进行审理。这一弹劾制度最初起源于英国王室与议会的权力斗争。当国王的大臣等有不法行为，因法律的不完备或由于其他权力者的干涉，不能期待运用普通的刑事审判权，使案件不能公正地适用法律的时候，从而设立的针对高级官员的一种追诉制度。此制度针对大臣的不法与无能，以罢免其官职为首要目标。英国的这种制度，是国王和议会斗争的产物。14世纪后期，英国的对外战争经费大大增加了人民的负担，进而加剧了国王和议会的权力斗争。1376年为筹集战争经费召开的国会与王室及其政府展开了激烈的斗争。议会代表不断指责王室大臣玩忽职守、肆意侵占国家财产。在这场斗争中，上下两院的议员们联合起来选出36名代表组成了联席会议并通过了在同意国王的财政要求前必须先惩办将王国财产据为己有的大臣的决议。这场斗争的结果是，英国议会下院正式对王室总管拉蒂默等五人提出了弹劾案，上院作为审判机构审理了此案，拉蒂默等五人分别受到免职、罚款、没收财产和监禁的处罚，这一弹劾案开创了英国弹劾制度的先河。后来，随着王权的不断强大，议会的弹劾制度一度被束之高阁，但是随着资产阶级实力的不断壮大，到17世纪20年代，议会弹劾制度逐渐复兴。1688年"光荣革命"是对17世纪英国宪政革命的总结，也是英国议会弹劾权盛极而衰的转折点。此后，议会弹劾权走上了下坡路。从"光荣革命"到19世纪初，仅有4例弹劾案发生。1806年对梅尔维尔勋爵的弹劾，是英国最后一次弹劾案。随着内阁制的不断完善，弹劾被越来越多的人认为是一种过于繁琐而不实用的制度，特别是如不信任案成功运用，同样可以迫使内阁辞职，达到监督政府的作用，但却比弹劾制更加简洁。因此，不信任案开始取代弹劾，弹劾制很少在英国运用。

在英国议院针对法官的弹劾中，无论是在上议院的议员，还是下议院的议员，都可以通过在国王面前发表演说的形式来弹劾法官。如果得到国王的许可，那么被弹劾的法官就将被撤职。在这个发表的演说程序背后，议员们所秉持的理念就是法官是由其"良好行为"才得以委任的。因此，一旦某个法官违反了这个"良好行为"的条件，就可以被扫地出门。此外，品行不端还包括一些情况，比如对司法本职的恶劣严重违反、有关公职的不合适的履行、缺勤或者忽视或拒绝执行公职义务。

当然，在英国，议院和皇室的决定在本质上仅仅是一个政治的决定，并不是一个纯粹的司法决定。虽然这个免职程序在某种程度上是符合正义的，而且尽管它在历史上极少采用而处于追究司法官责任体系中的边缘位置，但无论如何，它还是保留了一个针对法官采取训诫而追究责任的象征性作用，意义不凡。

然而，与高级法院法官的免职不同，占据法院成员大部分人数的低级法院法官的免职则没有这么繁琐和庄重。特别是这种免职程序并不会涉及立法决定，而仅仅涉及的是行政决定：巡回法院法官和郡法院法官被大法官免职，要么是基于无能，要么是基于行为不端。然而，大法官开除低级法官的权力必须由大法官依法公正地行使。治安法官作为最低级的法官，只要大法官认为具备合适的追责理由就可以对其予以免职。但就是这样的免职，在英国历史上也还是很少发生。

总体而言，普通法国家中司法官承担的政治责任，尽管它更多的是一种象征而不是现实，但是它还是很重要的，并非可有可无。它的警示作用可能对司法官的日常行为具有很大影响。更加重要的是，通过政治问责的偶尔适用，司法官个人乃至整个司法权与政府等政治机构的分离风险可能很好地被弱化，并且，包括弹劾在内的政治问责的形式也解释了从民事责任（甚至可能是刑事责任）中而来的司法豁免原则为什么会在很多国家中严格适用。所以，在那些司法官完全对其在案件中造成侵害的当事人免责的制度而言，追究司法官的政治责任可以部分地起到弥补作用。

此外，考虑到政治问责机构的角色或性质，这些机构作出的决定通常是更偏向于政治性质而不是法律性质。政治问责，比如弹劾程序的启动经常成为不同党派、不同利益集团之间争夺权力的工具。导致反对党派借题发挥，以此制造混乱，反对敌对党派或者政治倾向不同的司法官。美国、英国、澳大利亚、新西兰等两党制国家中这种争夺尤为突出。弹劾案在这些国家提出，多数演变为一种在法治和民主的保护下而进行的一场权力争夺和实力较量。因此，在这个意义上，政治责任把它自身与司法责任特别是惩戒责任区分开来。但是，政治责任和惩戒责任之间的界限有时候又特别模糊。一方面，惩戒权力至少在部分上常常是属于某一政治实体(比如惩戒法国司法官的权力就属于最高司法委员会)，这些政治实体都在通过制定更加规范的程序以及增加职业司法官作为组成人员的人数等措施来努力追求惩戒程序的完全法律化，并且防止政治势力特别是行政权力的不当干预。另一方面，最典型的政治归责之中常常有着司法性的元素存在，并且这些元素在不断增长，可能使得它向法律惩戒的形式转变。但毋庸置疑的是，现代法律制度中，追究法官责任的一种显著趋势就是从政治主导向司法主导的逐渐过渡，这是一种追究司法官责任制度的"法律化"或"司法化"程度不断提高的现象。

此外，很多国家的司法官要承担的责任形式还有"宪法"责任或者"违宪"责任。这种责任形式在保留了政治责任的基本特征的同时，又具备一个非常重要的特征：宪法问责仅仅适用于对宪法的特殊违反。首先，宪法责任可能被认为是一种法律责任而不是政治责任。但是，要注意的是，违反宪法的责任在本质上是高度政治化的，是由宪法这一模糊的"高级法"所定义的。各国宪法对于负责惩罚司法官的政治和准政治团体来说，其含义是十分开放的，因而具有很强的阐释性。因此，这种司法行为所违反的法律特征常常难以辨认。

拿美国对联邦法官的弹劾和德国联邦议会对联邦法官的弹劾来说，这两者都试图对违背那些宪法义务的法官进行免职。在美国，联邦宪法第 2 条第 4 款规定，"总统、副总统和合众国的所有文职官员，因叛国、贿赂或其他重罪和轻罪而受到弹劾并被定罪时，应予免职"。在宪法中，"轻罪"是法官的最低弹劾标准，一般指处以罚金、没收财产或1年以下徒刑的犯罪。联邦宪法第3条第1款规定"法官在职时必须品性良好"。该款虽无"弹劾"之语，但似乎又包含法官在品行不端时也应罢免之意。实践中，法官"品行不端"也是法官弹劾标准之一。美国的法官弹劾程序包括两个阶段：首先是由众议院弹劾，然后是由参议院来审判。美国虽然把法官弹劾以法律的形式确立起来，可是历史上，真正实际运作的却非常少，而最终成功弹劾的更少，所以弹劾作为一种监督手段，不仅使用频率低，而且成功率低。美国著名学者威尔逊说过："假如不是对国家最一般的法律的最严重的违犯，就不能进行迅速和有效的处理。……根据我们的经验来看，弹劾只是一种不起作用的威胁而已。众议院是一个行动迟缓的大陪审团，参议院不过是个靠不住的法庭"。①

德国针对联邦法官的弹劾也与之类似。德国基本法第98条第2项规定："联邦法官在行使或不行使职权时违反基本法的原则或者联邦的宪法秩序，联邦宪法法院经联邦议院要求，可以三分之二的多数裁决将其调职或者命令其退休。在故意侵犯的情况下，得为罢免之宣告。"针对违法犯罪的法官，对其弹劾的程序由联邦议院启动，这一弹劾要么是针对法官的司法活动，要么是针对该法官的非职务活动，此乃德国基本法所规定的基本原则。然而，应该注意的是，这一弹劾必须到联邦宪法法院去起诉，并由其作出最终决定。可是，联邦德国宪法法院除了是司法机构外，更是一个政治机构，其性质和角色仍然是具有高度政治性的。因此，可以说德国针对联邦法官的弹劾也仅仅只有象征意义上的重要性。现实中，很少有涉及法官弹劾的案件被带到宪法法院，并且就像美国法官弹劾程序一样，德国针对联邦法官的弹劾也是有点用力过猛，它更适用于包括司法官在内的官员所犯下的比较严重的政治性犯罪，而不适合用于惩罚法官在行使职权时的轻微违法或在私人生活中的轻微过错。可见，此类法官弹劾程序的难以启动在很大程度上可以被用来

①　[美]威尔逊：《国会政体》，熊希龄译，商务印书馆1986年版，第152页。

保护司法独立，然而，正是因为难以启动，以致于它又无法保护其他价值，比如司法责任。

除政治责任或者宪法责任外，司法官因自己的行为或表现还可能承担来自于社会公众或媒体的批评与指责，即所谓的公共责任或者社会责任。公共责任或者社会责任不同于主要是通过某一政治机构作出偏政治性的决定的问责，公共问责的问责主体通常是某一社会机构或者社会团体。

司法官所承担的公共责任或者社会责任的例子在苏联的司法责任制度中体现得最为明显。在历史上，苏联地区法院的人民法官是由给定地区的公民在普遍、平等和直接选举与秘密投票的基础上选举产生，而人民陪审员是由他们工作或者居住地区的公民通过公开投票选举产生。因此，法官和人民陪审员在宪法上有义务向机构或者他们的选民定期报告。每次报告都将会展开讨论，并且在讨论期间，司法官的表现会得到关于司法活动的批评性言论。对义务的逃避、缺点或者不能原谅的错误可能使得苏联法官需要接受问责。在很多时候，这样的讨论也就成了展开问责程序的前提。

另一方面，高等法院包括苏联最高法院、联邦和自治共和国的最该法院、地区法院的法官和人民陪审员是由各个地区的"苏联人民代表"来选举产生。因此，在"社会问责"和"政治问责"有所重合。就低级法院法官和人民陪审员来说，他们的报告是对"社会团体"——他们的选民——来作出；而就高级法院法官和陪审员来说，他们的报告是向苏联地区、共和国和联盟作出，这些主要都是政治机构，并且主要是立法机构而不是纯粹的社会机构或团体。

就对司法官的公共问责而言，其特点通常强调公众批评与言论自由。特别是通过社会媒体报道的方式使得司法官尽职尽责是最为有效的。也因此，作为开展公众批评的前提条件，司法程序的透明和法院判决的公开就变得十分重要。不过，相比英美法系国家，这一点在大陆法系国家做得不太好，因为大陆法系国家通常缺少司法异议。① 这

---

① 孙笑侠、褚国建：《判决的权威与异议——论法官"不同意见书"制度》，载《中国法学》2009 年第 5 期。

一点阻碍了社会公众对司法官进行责任追究。在所有针对司法官滥用职权或玩忽职守的非正式的惩戒机制中，媒体作为言论自由的行使者，其发挥的作用是最为有效的。此外，还有一些其他的社会问责的方式，比如同行对司法官的表现与行为的评价和评估。这种方式通过制作一些问卷调查表来对司法官的职业素养与职业操守进行评价打分，并把最终的结果在一定范围内予以公开，从而给被评价的司法官造成了一种内部的压力与见贤思齐的职业氛围。不过，这些社会问责方式的效果通常取决于很多因素，因时因地而不同，而其中最重要的前提就是言论自由与社会公众认识到司法职能的重要性。

可见，通过公共问责或者社会问责的方式，民主监督和司法独立这两种现代社会重要而不同的价值在一定程度上产生了冲突。因此，为了保护司法官的独立不受不合理的压力、贬损与侵害，对诉讼活动和法院判决的公共批评一般需要服从于一些限制。比如在法国，对于审理过程中的敏感案件，尤其是某些刑事案件，为避免当地民众舆论影响法官审判，可经检察官向最高法院提出申请，由后者将案件移送至地域上相距较远的同级法院审理。此外，为保障司法审判不受媒体骚扰，以向法官和证人施压为目的而对诉讼程序发表的任何评论或侮辱性言论理论上均被禁止。对司法机关作出的判决本身的评论，如果被最高法院认定已超过行使信息自由权的正常限度也被禁止。

然而，就本章的写作而言，无论是政治责任或宪法责任，还是公共责任或社会责任，皆非在对法国司法责任制度的讨论范围之内。按照比较传统且比较实用主义的分类，可以把法国司法责任的类型分为：刑事责任、民事责任以及惩戒责任。

第二节　刑事责任

在法国，法官和检察官因为他们的违法犯罪行为承担刑事责任是无可厚非的。法国司法官对其在履职中或私人生活中所做的一般违法的行为，承担刑事责任，不享有任何超越法律的特权。但有一点例外，即法国司法官并不会因当事人对所作出的裁决不满而受到刑事追究。就此，法国最高法院曾作出了一个重要的说明："根据保证审判官独立的宪法原则，对司法判决的异议，无论是在其理由方面还是在其主文方面，都只能通过行使法律规定的上诉途径来完成。此原则和判决前的合议保密原则使得司法判决本身很难构成重罪或者轻罪。"因此，司法判决的内容和对法律的运用一般不会产生刑事责任。

通常来说，法国司法官触犯刑法有两种情况：一是司法官与其他公民一样，在日常生活中实施了犯罪行为，如杀人、盗窃、抢劫等。在这种情况下，司法官并不享有任何特权，其必须在普通的刑事法院内接受审理，适用《刑法典》及《刑事诉讼法典》的一般规定。这是因为，尽管法国司法官拥有特殊而又荣耀的司法官身份与地位，但同时他们也是法国公民，其自然具有遵纪守法的一般义务。

法国司法官触犯刑法的第二种情况是在其履行职责时实施了职务犯罪行为，主要指的是滥用职权、拒绝裁判及接受贿赂等。在法国刑法中，有相关规定打击那些在行使法官职权时可能构成贪污、拒绝审判或滥用职权的行为。例如，针对司法官拒绝裁判的行为，法国刑法第434-7-1条规定，"法官及其他在法庭上负责裁判的人员，或者所有行政职权机关，在收到请求后拒绝裁判的，或者在收到上级警告或命令后仍继续拒绝裁判的"，可处以7500欧元罚金，以及5—20年禁止履行公职。但需要特别指出的是，检察官作出不起诉决定的，或者预审法官拒绝民事当事人之请求，决定不启动预审程序，或者预审法官拒绝当事人采取某些预审行为之请求的，均不构成拒绝裁判罪。

针对法国司法官徇私枉法的行为，法国刑法第434-9条规定：司法官、陪审员或者其他属于司法建制的任何人员、仲裁员，由法院任命的专家或者由各方当事人任命的专家，由司法机关指派负责进行调解、和解工作的人员，（2000年6月30日第2000-595号法令）于任何时候，无权而直接或间接所要、认可奉送、许诺、赠礼、馈赠或其他任何好处，以完成或放弃完成属于其职责范围之行为的，处10年监禁并科150000欧元罚金。（2000年6月30日第

2000-595 号法律)任何时候，顺从前款所指之人的索要行为或者主动提出、给予奉送、许诺、赠礼、馈赠或其他任何好处，以图获取这些人员中任何一人完成或放弃完成属于其职责范围之行为的，处相同之刑罚。司法官意图利于或损害受到刑事追究的人，犯第一款所指犯罪的，所受刑罚加重至 15 年徒刑并科 225000 欧元罚金。①

此外，腐败特别是司法腐败向来被看作国家躯体上的"破坏性毒素"，是对国家和社会根基的削弱。司法反腐已成为世界各国的共同任务，许多国家都健全了反腐制度，制定了《反腐败法》，成立了惩治贪污受贿的反腐败专门机构。为此，2007 年 11 月 13 日，法国颁布了《反腐败法》，增设了"为自己及为他人"谋利益以及"司法人员利用影响力交易的行贿及受贿犯罪"。《反腐败法》修改了上述《法国刑法典》434-9 条关于司法人员受贿的规定，在任何时候为自己或为他人索要或同意奉送、许诺、馈赠、礼品或其他利益，以完成或放弃完成其职责行为，或者通过其职责提供便利的如下主体应处 10 年监禁刑及 150000 欧元罚金：(1)司法官、陪审员或其他在法庭上承担审判职责的人员；(2)法庭的书记官；(3)法庭或一方当事人所委任的专家；(4)司法机构或行政法院所委托的、负责协商或调解的人员；(5)依国内仲裁法履行仲裁职责的仲裁员。自此，书记官列入可构成司法人员受贿罪的主体名单，而仲裁员则严格以本国为限。

依《联合国反腐败公约》第 18 条之规定，影响力交易包括以下两种行为：直接或间接向公职人员或者其他任何人员许诺给予、提议给予或者实际给予任何不正当好处，以使其滥用本人的实际影响力或者被认为具有的影响力，为该行为的造意人或者其他任何人从缔约国的行政部门或者公共机关获得不正当好处；公职人员或者其他任何人员为其本人或者他人直接或间接索取或者收受任何不正当好处，以作为该公职人员或者该其他人员滥用本人的实际影响力或者被认为具有的影响力，从缔约国的行政部门或者公共机关获得任何不正当好处的条件。以往，法国并未将司法人员纳入影响力交易

① 罗结珍译：《法国新刑法典》，中国法制出版社 2003 年版。

犯罪的适格主体，广受理论界及实务界的诟病。2007 年的《反腐败法》填补了此空白。依修改后的《法国刑法典》第 434-9 条第 1 款规定，不管通过任何人，在任何时候直接或间接索取或收受奉送、许诺、馈赠、礼品或其他利益，并滥用自身实际影响或假定的影响以获得 434-9 条所规定之人员有利判决或意见的行为，处 5 年监禁刑及 75000 欧元的罚金。第 2 款规定，不管通过任何人，在任何时候顺从前款所指之请求，直接或间接索取奉送、许诺、馈赠、礼品或其他利益，并滥用自身实际影响或假定的影响以获得第 434-9 条所规定之人员有利判决或意见的行为，处相同刑罚。

除了以上职务行为受到刑法的调整外，法国司法官的其他行为也有可能触犯刑法。比如法国刑法典第二章规定了"由履行公职的人实施的危害公共行政管理罪"。其中第一节为"针对行政部门滥用权势罪"，就对包括司法官在内的人员的妨碍行政管理的行为确立了追责依据。按照第 432-1 条的规定，行使公安司法权力的人，在其履行职务中，采取旨在使法律无法执行之措施的，处 5 年监禁并科 75000 欧元罚金。第 432-2 条规定，犯第 432-1 条所指之罪，已产生后果的，处 10 年监禁并科 150000 欧元罚金。第 432-3 条规定，行使公安司法权力的人，或者负责公共事业服务任务的人，经公众选举受任职务的人，在其已得到正式通知终止其职务的决定或事由之后，仍继续行使其职务的，处 2 年监禁并科 300000 欧元罚金。

与刑事责任不同，法国司法官承担的民事责任与惩戒责任通常有特殊的规则来规定，这些规则既有程序方面的，也有实体方面的，而且这些规则或者是民事侵权法的规则，或者是司法公共服务的一般惩戒规则。之所以如此不同，是因为法国司法官的特殊地位和角色意味着必须出于保护司法独立与公正的目的使司法官们免受民事诉讼以及纪律惩戒的滥用。因此，从整体上来说，与法国一般政府官员的责任追究相比，司法官需要承担的民事责任与惩戒责任通常更为有限。

然而，对于刑事责任而言，则并非如此。针对司法官在行使职权时的犯罪，法国刑法等法律中都规定了对司法官进行刑事追诉的特殊规则与程序，或者针对司法行政中典型的疏忽如拒绝裁判，或者针对故意滥用司法职权。因此，法国不同于其他一些国家那样没有针对司法行为规定特殊的刑事制裁。在这些国家中，对法官追究刑事责任仅仅只适用于针对一般公务官员的刑事条款，比如腐败、疏忽或者拒绝执行公务，等等。

不过，对法国司法官进行刑事问责的几率非常之小。总体而论，在法国的司法实践中，极少有司法官触犯刑律，这可能也是法国社会各阶层对司法官评价较高的原因之一。更何况在法国社会还存在着司法豁免的范围应不应该拓展到刑事责任的争议。在一些普通法国家中，司法豁免——仅仅适用于司法官在履行其职权时所作出的行为，而并不适用于他的私人行为或者疏忽——并没有仅限于民事责任，而是拓展到了刑事责任。比如在英国，无论是民事责任还是刑事责任，都并没有设立专门的程序用来针对任何的英国法官，因为英国社会普遍认为法官在执行司法职权时所作出的行为属于他们司法权的范围。当然，也有观点认为刑事问责不能与民事问责等同，刑事问责并不存在司法豁免。在理论上，无司法职责就无司法责任。无论是在民事程序还是刑事程序之中，法国法官的职责是属于公共职能的而非属于任何特殊私人的。因此，既然法官在民事诉讼中对当事人或者在刑事诉讼中对被告不负有任何特殊的职责，那么他违反这样的职责是不能招致任何责任的。然而，法官的行动还是可能违反其公共职责的，并且法律可能通过刑事诉讼把这些责任施加于法官。因此，一个真心诚意作为的法官不会违反任何职责，但是一个法官恶意的或者腐败的行为就并不能豁免，比如对于一名蓄意剥夺个人宪法权利的法官来说，他可能要承担刑事责任。同样如此，法国也针对蓄意犯罪的法官采取并不豁免的政策。其实，法国社会所追求的司法独立和公正必然要求不能排除针对法官犯罪的刑事责任，刑事豁免因此必须要有所限制。虽然从司法豁免原则的范围最初是包括刑事责任和民事责任在内的，并且其是被严格地适用于故意和不当的司法行为。而近些年的趋势是这种司法豁免原则的严格性得以减轻了，特别是涉及刑事责任的时候。

第三节　民 事 责 任

法国司法官的民事责任在很长一段时间是与提起针对法官裁判不公的申诉程序相关的，这个程序在 1498 年布洛瓦敕令颁布后就根植于法国的法律体系之中。此后，又由 1807 年法国民事诉讼法典所规定，1807 年民诉法典恢复了这个通过 1667 年法令所规定的制度，1667 年法令被国会解释并以一种有限制的方式来适用。作为独特的法律救济办法之一，被侵害人提起针对法官裁判不公的申诉程序的目的并不在于推翻这个裁定，而主要在于判罚法官赔偿损失。

在法国大革命之前，法国信奉博丹的"绝对主权理论"，否定人民主权，从而也就不可能产生国家赔偿责任。1786 年《人权宣言》用"人民至上"原则代替了"国王至上"原则，确立了国民主权、公共负担平等以及财产神圣不可侵犯原则，为国家赔偿奠定了宪法基础。1895 年法国在其刑事诉讼法中规定了"冤狱赔偿"条文，规定被告经高等法院判决无罪确定后，对原审作出的有罪判决所发生的损害，可请求国家赔偿，从而初步推翻了国家对司法行为不负责任的做法。此后法国相关法律在 1933 年进一步规定，国家对司法官有关保释令的行为，有重大诈骗或过失行为时，应负相应的赔偿责任。① 由于对履行司法权的法官负有民事责任，通过 1933 年 2 月 7 日的法律，国家对这些法官的行为负有责任，这部法律集中关注对法官错误行为的控制。在这个时候之前，提起针对法官裁判不公的申诉程序被限制在拒绝裁判、勒索与欺诈，但是随后它被拓展到所有的职业错误行为案件上。这个程序很复杂并且很不方便，它依赖于上诉法院院长的事先批准。如果得到了批准，这个申诉还得在上诉法院召开一个正式的听证之后才能被受理。在一些成功的案

---

① 张正钊、韩大元等著：《国家赔偿制度研究》，中国人民大学出版社 1995 年版，第 290~292 页；肖峋著：《中华人民共和国赔偿法的理论与实用指南》，中国民主法制出版社 1994 年版，第 64~65 页。

例中，这个程序允许申诉者获得赔偿，并且国家有机会针对相关的法官提出诉讼，并对有利于原告的判决承担民事责任。总的来说，繁重和复杂使得这一针对法官裁判不公的申诉程序非常没有效率。这就是为什么在1972年法国的立法者选择了一个间接责任体制，并把那些被认为是国家官员的法官的错误整合进了一个制度——一个司法公共服务具有最终责任的制度。提起针对法官裁判不公的赔偿请求程序仅仅只能适用于一些法院，并且立法也没有明确司法官的地位。

因此，司法官的民事责任制度在法国的历史发展有一个较为清晰的轨迹：一方面，司法官的个人责任被国家责任所替代与涵盖。与此同时，虽然强调法官的民事赔偿制的运动也逐步发展，但仍然处于国家责任的垄断之下。

司法官民事责任最为重要的一点就在于损害赔偿。总的来说，在法国，司法官民事赔偿责任的特殊性就在于国家的赔偿责任在一定程度上替代了司法官的个人责任，针对司法官，仅仅留出了国家对之进行追责从而实现补偿的空间。这种方式的好处在于：一方面它可以给予受司法错误行为侵害的被损害者以救济，实现了风险承担的社会化；另一方面又可以保护司法官免受不断面临民事诉讼的风险，从而没有后顾之忧地行使司法职能。

法国司法官的民事责任虽然在法律文本中作出了规定，但在实践中很长一段时间内都没有真正落实。按照旧的《法国民事诉讼法》第505条的规定，如果审理案件的法官欺诈、欺骗、贪污、犯有严重过错或者拒绝裁判，则当事人经上诉法院院长批准，可以以个人名义，将审理案件的法官起诉至上诉法院。虽然法国允许当事人对法官提起追责诉讼。但是，这一设立的问责制度实施起来非常困难，最终使得司法机关和法官在现实中没有责任。在现代社会，国家对司法行为完全免责将有悖于法治国家原则，但司法活动的特殊性又要求法律将国家司法赔偿责任限定在一个合理的限度内。由于法国社会针对司法官民事责任的空缺的批评越来越激烈，才逐渐出现了新的举措。1972年7月5日法律的起草报告人让·弗瓦耶（Jean Foyer）先生指出，"由于法院在履行刑事司法职能的过程中会遇到一些特别的困难，故议会立法委员会建议国家只为司法重过错承担赔偿责任。"议会最终采纳了这一建议，从而确立了普通法院司法赔偿的基本原则。① 按照 1972 年 7 月 5 日的法律规定，国家有义务"对司法公共服务不善所造成的损害进行赔偿"，但同时强调"(国家)只有在严重过失或者拒绝审判情况下才承担此责任"。这一条款针对法官在行使公共职能过程中的错误行为而造成的被害人损失，设置了国家的专门责任制度。在这个意义上，国家责任是排他性的，并且受到损害的案件的当事人或者第三人不能对司法官采取追责行动，而只能针对自己的损失起诉国家。很明显，这种做法的目的是进一步保护司法官独立：既可以保护法国司法官不受充满怨恨情绪的当事人的诉讼骚扰，也可以给予被损害者最好的赔偿保障。最初，这一规定被严格地实施，之后则逐渐被扩大应用。在最高法院全体合议庭 2001 年 2 月 23 日所作出的一项判决中，将"严重过失"定义为"一切由单个或一系列体现司法公共服务无力完成其任务的行为所造成的缺陷"，这在很大程度上降低了对严重过失进行定性的难度。

在建立一般性的司法赔偿制度外，法国法律还建立了一些特殊的司法行为损害所致国家责任制度，比如：

(1)对无行为能力人进行监护中的任何过失造成损害的赔偿责任，比如法国民法典第 473 条规定，批准账目并不影响属于受监护的未成年孤儿对其监护人与其他监护机关提起责任诉讼的权利。由国家收养的未成年孤儿，国家是唯一的承担责任的主体，但在有必要时，对监护法官或者其书记员(1995 年 2 月 8 日第 95—125 号法律第 12 条)或初审法院首席书记员，或者依据第 433 条之规定负责无人监护之职责的公共行政管理人员，在监护运作过程中可能因任何过错引起的损害赔偿，国家有求偿权。国家收养的孤儿对国家提起的责任之诉，在所有场合，均向大审法院提起。

(2)修改刑罚判决情况下的赔偿，比如法国刑事诉讼法第 626

---

① 张莉：《法国行政司法赔偿的责任归属与归责原则》，载《华东政法大学学报》2012 年第 6 期。

条规定，依据本编之规定认定无罪的被判刑人，视判刑对其造成的损失，有权得到补偿金，但是，如经证明，新的证据原来之所以未提出，原不了解的事实材料之所以未及时发现，部分或全部是由于被判刑人所为时，不得补偿之。能证明判刑已对其造成损害的任何人，均可依相同条件请求补偿金。补偿金由国家负担，但如判刑是由于民事当事人、告发人、伪证人的过错引起的且国家对此已经提起追诉时，则不予负担。补偿金作为重罪、轻罪或者违警罪案件诉讼费用支付。

根据 2000 年 12 月 30 日制定出来的刑事诉讼法第 626 条的规定，对申请人的补偿按理说肯定是在一个无罪判决作出之后才会发生，除非此人是自愿地在押候审，并错误地指控自己或者让自己错误地被指控，而让真正的犯罪嫌疑人逃脱审判。

在这些案件中，法官的不法行为尽管是造成伤害的根源，但是却并没有出于补偿目的而遭到充分的调查。在这种情况下，司法官对法律的违反被认为是由于公共司法制度有缺陷的运作造成的，这一缺陷正在被调查得越来越少。

在这个制度之下，国家对在司法制度运作中那些被识别出来的司法官不法行为负责，司法官的错误逐渐地被整合进法国司法制度的有缺陷的运作之中，以致达到了司法官个人不法行为不用承担后果的程度。

当然，1972 年 7 月 5 日的法律对司法官的责任进行了一般化规定，从而建立了受害者要求赔偿的权利，并且把这种赔偿权利融合进了国家责任。法国的案例法随后对上述做法更是加以拓展。根据法国《司法组织法典》第 L781-1 条规定，国家对由于执法缺陷造成的损失负责赔偿。只有在重大失误和拒绝受理案件的情况下，国家才承担此项责任。对于法官的个人错误，将根据法官团的条例和组成裁判审理权限分配机构的特别法律，判定法官应承担的责任。国家保证对由于法官个人所犯错误给受害人造成的损失给予赔偿，但针对法官和大法官提出的上诉除外。然而，民事诉讼法第 505 条规定的条款继续执行，直至有关大法官对个人错误应承担责任的立法条款生效为止。从那时候起，根据司法组织法典的第 781-1 条款，国家有义务补偿由司法装置功能失调而导致的损失。然而，国家的直接责任仅仅只能在裁判错误或者公共服务部分存在重大过失的时候才会发生。甚至在一个司法官存在严重过错的情况下，作为司法组织的成员的他也还是会受到严格保护，此司法官的不法行为被司法公共服务所吸收。根据政府公共部门官员法律责任的类推，这项司法公共服务的失败得到了强调。首先，国家必须对司法系统功能失调负责，但实际上应该负责的却是司法官。这就是为什么有必要建立一种平衡——在司法独立的宪法原则与公共机构对其自身负责之间的平衡，从而迫使国家去补偿那些由国家的错误对公民产生的伤害。1972 年 7 月 5 日的法律所明确阐明的目的有效地改善了很多由于公共司法制度的功能失调受到伤害但是又求助无门的受害者的处境。这些受害者在之前求助于补偿的话，一般是被拒绝的。也因此，至少在理论上，这项法律结束了法国长达一个世纪的司法特殊主义，这个特殊主义秉持的观念就是"没有国家责任，强化保护法官"。作为实体法，这项法律意味着从此以后国家必须对司法服务中的重大过失负直接和有效的责任。因此，这标志着国家在法律上的事实责任的一个重大变化。直到那时，如果要有效导出国家赔偿责任，这在很大程度上取决于针对一个司法官的错误裁判提出的损害赔偿程序能否成功被提起，而这通常存在着巨大的不确定性。而到了今时今日，国家对司法制度的缺陷运作负有优先责任，包括对法官的行为负责，而赔偿得到批准则适用于那些存在重大过错或者裁判错误的案件。

由于没有对"重大过错"进行一个法律上的明确定义，所以就只能由案例法来澄清了。法国立法者的意图本来认为"重大错误"应该指的是作为一种在给定的事实情况中所犯下的特别严重的错误行为并且是不可饶恕的。对于赔偿损害而言，只有这个条件具备了，国家赔偿责任才会产生。但是在一段时期内，就这种解释而实行的国家赔偿责任，特别难以实现。为了解释这一严格的限缩阐释，法国一些学者坚持认为法官的独立需要一定程度上针对的是对当事人的豁免：由于法官的不法行为或者懈怠所造成的损失，适用民事侵权行为的一般法律是毫无疑问的，至少当这个错误是和司法公共服务有关的时候是这样的。更甚的是，在法国，与司法行为有关的是，"从它们自身来说并且不考虑其他条件，司法工作导致国家责任"这样的说法是不能被接受的，那是因为如果这样的话，那么"司法的每一个错误都变成责任的一个来源，那简直是不可想象的"。根据一个广泛的共识，即对于法律确定性和社会和谐来说必需的司法公正这一公共利益使得致力于国家替代责任较少发生的那些限制是正当的。在法国，很多人认为限制这样的诉讼是正当和合理的。否则，法国司法官将畏首畏尾，无所作为。根据这种观点，当事人通过寻求赔偿以推翻先例为借口来质疑先前的判决是不被允许的，因为这会造成司法瘫痪的风险。从这个理由来看，在法国，司法公共服务的责任制度必须是一个独特的制度。通过对司法判决的异议来获得法律救济成为了常规的方式，而判决本身是不能成为责任的来源的。然而，从这个观点来看，假如某位司法官作出了一个错误的判决，这位司法官很可能无须承担责任。

从同一脉络来看，在1972年7月5日的法律适用的最初几年，司法中的案例将"重大过错"的定义恢复到了一个非常严格的定义，即"在一个错误的影响下，一个法官只要适当地关心自身的职责，就不会犯下这样一个错误"，随后，又有案例将之定义为"表明了一位法官严重地缺乏或者不可饶恕地缺乏对自身在行使权力时应具备的基本职责的知识"。比如，在刑事诉讼领域，它意味着一位法官在一场逮捕中混淆了一个人的身份，这就构成了重大过失。

为了确保对受害者的有效补偿，法国最高法院在2001年2月23日的判决中又对"重大过错"的含义进行了再次调整。这一年，最高法院法官们作出了有关"格雷戈瑞"这一悲惨案件的重要决定。在这个案件中，司法官在调查20世纪80年代杀害一个小孩的凶手的时候犯下了非常严重的错误。通过这个判决，最高法院大大软化了"重大过错"中的关键元素，从而降低了它的标准。这个判决颠覆了在早期案例中对"重大过错"进行严格限制性解释的方式，宣布重大过错在于"一切由单个或一系列体现司法公共服务无力完成其任务的行为所造成的缺陷"。由于这个重要的软化，作为对法国国家司法赔偿责任规则与《欧洲人权公约》第6-1条款不兼容的观点的一个回应，最高法院认为未来重新定义责任行动的理由不再成为追责法官的一个实质性障碍。

直到这一判决为止，最高法院才通过参考主观标准来定义"重大过错"。这就是在司法官的实际行为和他们本应作出的行为之间存在着悬殊，而这个悬殊展现了阴暗的不法行为的存在，或者更甚的是，展现了弥天大罪，并且具有不可原谅的性质。在 2001 年 2 月 23 日的这个判决中，最高法院使得司法组织法的 L781-1 条款中的"严重过错"概念更加明确了，并毫无争议地使得以后在下级法院参考这份判决作出的裁判中，国家需要承担的责任被拓宽了。在此分析下，还有一种趋势，即只要国家违反自身的法律保护职责，就意味着越来越接近拒绝裁判的观念了。归因于这个新的判例法，欧洲人权法院回到了它之前的立场，现在已经接受了法国司法组织法典的 L781-1 条款，从而建立起了一种内部的、有效的以及充分的法律救济，而这种法律救济的实施要优先于公约所规定的个人申诉。因此，法国关于"重大过错"和拒绝裁判的重新定义有助于国家责任的落实，而同时又尊重了司法制度的特殊性。行政法院采取了一个相似的立场。行政法院在 2002 年 6 月 28 日的一个案件的判决中，认为国家对于行政司法制度的缺陷运作负有责任。在实践中，这种通过放宽关于司法官重大过错规则的后果就是导致相关国家赔偿诉讼的增长。

（3）对无理临时拘留的赔偿。比如法国刑事诉讼法第 149 条（1970 年 7 月 17 日第 70-643 号法令）规定，在不影响适用《民法典》第 505 条及随后条款的情况下，在以最终确定的不起诉、免于起诉或者宣告无罪的决定终结的诉讼中受到先行拘押的人，如拘押对其造成了明显不正常且特别严重的损失，可得到补偿。随后的第 150 条（1970 年 7 月 17 日第 70-643 号法令）规定，依据本条规定给予的补偿，由国家负担。但因恶意告发人或者做伪证人的过错造成当事人受到羁押或者延长羁押时间的且国家对告发人或者证人提出追诉时，不在此限。补偿按照刑事诉讼费支付。

1970 年，法国司法当局在逐步重视判例的作用和在许多学者的批评之下，上述致力于针对拘留的赔偿机制被首次引进。这个制度基于以下理念得以被建立：在没有归因于司法官的过错的情况下，社会必须在一些案件中容忍由于是它的服务——特别是司法制度——的运作而导致有害结果的风险，以此避免违反法国公民在面对由国家强加的公共负担时的平等权利。

作为赔偿诉讼的一个条件，任何人只要是由于是适格的程序主体，而且这个案件因缺少证据或者判决无罪而被驳回，都可以提出这项诉讼。法国立法者强加了这项要求，而且这项要求在羁押中必须满足——即羁押使得这个人承受了"明显不正常和特别严重的伤害"。1970 年 7 月 17 日起草的新的刑事诉讼法典的第 149 条因此重新规定了无过错责任的原则，这个无过错责任是针对公众负担产生之前对平等的违反的。根据这个假设，赔偿的权利并不是简单取决于伤害。遭受的损失必须既是特别的，又必须是严重的。"严重"这一要求是考虑到了受损害的范围和程度，因为一个社会的成员必须忍受作为社会一部分的日常生活不便，而非总是想寻求赔偿。在一些案件中，被要求拘留就可以看作生活在社会中的日常生活不便之一。

但是，这个法令的实际适用后来被证明比它在起草的时候要复杂得多。首要的困难之一便是定义"明显不正常和特殊严重伤害"的客观标准。这个条款的好处仅仅适用于那些是明显无罪的人，而不是那些因其案件缺少证据而被驳回的人，或者那些由于收到了一个因无罪推定或者缺少足够证据而导致的无罪判决的人。事实上，除了有明显的无辜情况外，专门处理类似诉讼的唯一法院——最高法院倾向于把它归咎于法律的失灵：没有调查法官羁押某人的客观原因，考虑到犯罪的性质，针对被告的指控，即被告受到的无理超长羁押。由此，这就存在着通过适用司法组织法第 L.781-1 条款所建立起来国家责任之客观标准的混淆，这就是在过错责任和无过错责任之间存在混乱，在这些不同程序的基础上存在着的是多样化的实施条件。

更甚的是，判断造成的伤害达到"格外不正常"的标准已经变得十分严格，使得它不得不弱化了此项法律。这首先是由 1996 年 12 月 30 日的法律来实现的，这部法律废除了伤害必须是明显不正常的且特别严重的要求。此后，2000 年 6 月 15 日的法律又建立了一个完全的、强制性的赔偿权利。从这时开始，由于羁押拘留所导致的身体损伤或者心理伤害的赔偿成为了一项权利，并且不再是法官自由裁量权的选择。由刑事诉讼法典第 149 条所设定的仅仅三种限制性理由可以不用赔偿：第一，因为缺乏证据或者无罪而导致案件被驳回只能基于被告因精神或者神经问题影响到他的行为或判断，从而缺乏刑事责任能力的认知问题；第二，由于案件获得特赦（大赦），人还处于羁押之中；第三，除非此人是自愿和自由地在押候审，并错误地指控自己或者让自己错误地被指控，而让真正的犯罪嫌疑人逃脱审判。

相比国家在司法民事责任方向上的突破，法国司法官的个人民事责任则更多是仅具有象征意义，并未成为一种现实。自从 1970 年新的法国刑事诉讼法第 149 条开始执行起，法国政府还没有针对任何一个司法官提起过赔偿诉讼。结果就是，一个司法官的错误行为完全没有招致惩罚，无论是经济上的惩罚还是其他方式的惩罚。毫无疑问，这是因为这个特殊的责任制度没有为受害者针对真正责任人提起诉讼而提供任何的直接手段。1979 年 1 月 18 日组织法废除了旧的法国民事诉讼法第 505 条规定的当事人对司法官直接提起的追诉程序，在司法官地位组织法中加入了第 11-1 条。依《司法官地位组织法》新的第 11-1 条之规定，"所有司法系统内的司法官仅得因个人过错承担责任。承担司法公职的司法官存在个人过错的，仅得由国家提起司法官追偿之诉。这一诉讼向最高法院民事庭提起"。对法官的个人过失带来的民事责任的法律限制，参照了法律中对行政责任作出的机构过失和个人过失的区分。个人过失，除了拉斐尔·埃尔所作的著名表述——"表现出人的软弱、冲动、鲁莽"以外，在行政法判例中，当它未超越公务时还可能有以下两种情况：工作人员故意犯错，并且错误特别严重。根据这些参照，法官的个人过失显得应当从狭义来理解。就法国司法界的立场而言，一般的司法官仅仅只对他们自身的职业错误行为负责，而这些职业错误行为是与司法的公共服务联系在一起的，他们的个人责任仅仅只有在国家赔偿行动之后才会存在。换言之，如果一个法官的错误行为和他的职责没有关联，那么根据一般法，他或她必须承担任何错误行为引起的损失赔偿。否则，当个人错误行为和司法的公共服务相关的时候，当事人仅仅只能针对国家采取行动。在这种案件中，法律不允许当事人直接起诉司法官。如果发现司法官有责任，国家有权选择针对最终造成受害者损失的法官提出法律诉讼。

法国司法官因重大过失承担民事责任，这一重大过失肯定包括对法律严重错误的适用，比如适用某一条款是明显违反宪法的。必须承认，法国将司法官的重大疏忽行为纳入追责范围之内是值得肯定的。但是，尽管如此，法国司法官的责任主要为刑事责任和纪律惩戒责任，其民事责任则更多是一种法律文本上的规定而不是现实，几乎不具有实践意义。此外，应该注意的是，法国司法官的民事赔偿责任相对国家责任更加有限，因为它仅仅只有在司法官的故意行为或者重大过失引起的错误行为的时候才能产生。

总之，法国司法官由于个人过错承担民事责任，具有诸多的限制。大体来说，这些限制可以分为两种类型：一种是实质上的限制，一种是程序上的限制。从实质上的限制来说，对司法官的个人过错的定义标准非常之严格与苛刻。结果就是在实践当中，当事人很难证明某一司法官违反法定职责的行为是否是出于蓄意或者重大的过错。同时，司法官的疏忽也被排除出了追责范围之外。从程序上的限制来说，当事人没有直接向造成损害的司法官提起民事赔偿诉讼的权利，而只能转而向国家提起。转由国家在最高法院民事庭向该司法官提起民事诉讼。由此，国家在受损害的当事人与犯下过错的司法官之间建立了一堵高高的墙壁，使得法国司法官处于民事责任豁免的制度保护下。可以说，尽管法律规定了法国司法官的民事责任，但是它在司法官责任制度中只是扮演了一个边缘的角色，在法国，它自始至终也不是一个推行司法责任制度的有效方式。

第四节　惩戒责任

对司法责任制度而言，如果说民事责任遵循的是私法的传统路径，其主要的目的在于使受到错误司法行为造成的损害得以恢复，那么，对司法官追究惩戒责任遵循的就是公法的原则，其基本目的就是通过纪律制裁的威慑和适用——比如警告、谴责、剥夺资格或者薪水、强制退休或者免职等来确保司法官来遵守法定职责以及对国家和公民的公法义务。当然，在民事责任中，也存在着亚当·斯密说的"看不见的手"的作用：为了自己的利益，受到损害的当事人通过起诉来获得赔偿，其不仅促进了司法行政的质量，也在间接的意义上促进了社会的集体利益。确实，从很多国家中的司法官民事责任被国家责任所吸收的发展来看，这个"看不见的手"变得越来越可见了。国家责任通常作为一个社会保险的形式，其要么是排斥司法官个人责任的，要么是与司法官个人责任并存的。然而，民事责任和惩戒责任的存在价值或者存在理由不应该就此被混淆。认为惩戒责任的主要目的在于补偿受害人的损失，就如同认为民事责任的目的在于督促司法官遵循职责那样，属于张冠李戴。因此，哪怕惩戒责任与民事责任的目的有所区别，但是这两种责任还是应该共存并且相互补充的。

在法国，建立惩戒制度使司法官对他们的错误负责是十分必要和紧迫的。法国司法官的角色和职责要求他们必须仔细权衡他们的行为，避免疏忽或者错误。因此，作为司法责任体系中的重要一环，司法官纪律作为法国司法官承担责任的依据来说显得意义重大。如前所述，把司法责任制度建设的重点放在建立刑事责任与民事责任上是很难达到规范司法官行为的目的，这是因为刑事责任一般只关注司法官犯罪的这些极端和重大的案件，而民事责任的目的更多是赔偿受害人的损失，而且这两者的适用范围都比较狭窄。所以，法国非常注重司法纪律的建立，通过这些因违反司法纪律所带来惩戒责任可以更好地规制司法官的日常且细微的行为。

法国司法官惩戒责任依据的主要是 1958 年 12 月 22 日的《司法官地位组织法》。这部法律建立了针对法官与检察官的比较完善的惩戒责任制度。该法第 43 条规定，司法官一切违反其义务、荣誉、尊严、高尚之行为都构成违纪，并且第 45 条规定的惩罚类型，依照从轻到重的惩罚程度，包括谴责、记过、调职、收回部分职权、撤职并可能停发养老金。总的来说，该法对惩戒责任主体、惩戒的原则、惩戒的方式以及惩戒的程序等各方面都进行了规定。本小节主要介绍法国惩戒制度在惩戒程序中的启动主体、惩戒的公开以及有关司法官职业道德等方面的发展，对于具体的法国司法惩戒制度则将在下一章中予以详细介绍。

法国司法惩戒制度建立以来，尽管其在规范法国司法官行为、推动司法官队伍建设以及促进司法独立与司法公正等方面发挥了重要作用。但是，法国司法惩戒制度并非完美无缺，常常受到法国社会的批评与指责。从1999年开始，在法国议会内部针对司法运作的批评越来越强烈，因此随后法国司法官的惩戒制度建设得到了强化，其中包括了有关的惩戒程序的启动以及相关惩戒信息与惩戒结果的公开化。按照法国宪法第64条，法国总统是司法机关独立的保障者，并由最高司法委员会协助。此外，最高司法委员会负责司法官的惩戒。对此，这个机构曾经赞成并明确指出自己实施的纪律诉讼具有预防作用："赞成法官开始自我预防纪律程序，这对法官来说是最大的激励，能够避免将来发生对其的指责事件，同时可以理智避免重犯。"[1]最高司法委员会主要是由同行选出来的司法官所组成，还有少数成员是由司法体制之外的政治官员，比如法国总统、国民议会的主席或者参议院的主席以及行政最高法院的院长来提名。在最高司法委员会作为司法官纪律惩戒委员会的时候，其运作主要是由最高法院院长来主导的，其程序遵循着一般公共官员惩戒制度的经典规则，比如抗辩制原则、保障辩护权利的原则、受到法律援助的权利以及查阅案件的权利，等等。由于法国司法界对法国公众意见的诉求十分敏感，但同时又坚持着司法独立的原则，因此法国司法惩戒制度总是在司法官独立与强化司法官责任之间来回摇摆。

2001年，法国法律对惩戒制度进行了一次改革，改革内容主要是强化惩戒程序。在此之前，只有法国司法部部长拥有开启并决定惩戒程序的专属权力，它通过惩戒既可以要求临时暂停司法官的

---

① 西尔薇·赛卡尔蒂·古柏勒：《法国法官职业道德与司法惩戒制度》，载怀效锋主编：《司法惩戒与保障》，法律出版社2006年版，第131页。

职权，也可以要求对司法官施加制裁使其离职。而作为惩戒诉讼上诉机构的最高行政法院，认为这个授予司法部部长在惩戒程序中呈送案件的专属权力还应该得到进一步增补，就是应该把同样的权力授予上诉法院的主审法官。此外，总统设置的司法审查委员会也在1996年提出了类似的建议。就法国的上诉法院而言，它在审级上高于其他法院，并且负责评估这些下级法院法官的表现，本来，它是非常合适提起针对下级法官的惩戒程序的。此外，强化上诉法院的高级主审法官在法官行为监管上的角色，并且赋予他们针对违纪法官提出警告的权力，这会让惩戒行动的启动更少依赖于政治权，并且让司法体制的内部监管更加到位。因此，根据以上理由，在2001年6月25日的司法官地位组织法修改中为上诉法院院长提供了将开启惩戒程序的权力。按照《司法官地位组织法》第48-1条的规定，遇到惩戒必要时，可由司法部部长及上诉法院院长与检察长依第50-1、第50-2和第63条的规定提出。由此，法国结束了司法部部长启动惩戒程序的垄断权力，赋予了上诉法院院长或者检察长将惩戒案件提交最高司法委员会的权力。不过，在这次改革中，上诉法院院长与检察长并没有获得一个真正的起诉方角色。因为，在惩戒案件被上诉到最高行政法院之前，司法部部长仍然负责指控和起诉。值得注意的是，法国上诉法院院长普遍对于行使法律赋予的他们提起针对司法官惩戒的这一司法监管权力犹豫不决。

　　进一步拓展针对司法官启动惩戒的权利主体，对司法官的行为显然会起到更强的规制作用。尽管法国公民对司法界的指责与抱怨是常有的事，但是法国并没有将这种针对司法官惩戒的启动主体之范围拓展到每一个法国公民。也就是说，受到损害的当事人并不可以直接向最高司法委员会提起针对司法官的惩戒诉讼。但是，作为弥补，法国国民议会和参议院通过法案设立了一个审查当事人投诉的国家委员会。这个国家委员会是由一个最高法院的高级法官、一个最高法院院长办公室的顾问、一个由共和国巡视官指派的官员和一个由国民议会和参议会指派的官员所组成。只要是收到任何人针对司法官错误造成自身损害的申诉，这个委员会就会马上组织一个申诉办公室。申诉办公室在经过调查后，它会给出一个不可上诉的决定。当司法部部长或上诉法院院长在某些情况下并没有针对违纪司法官启动惩戒时，这种方式能有效地威慑司法官，促使他们遵守司法纪律。但是，法国最高行政法院对这种方式却不太认同并持有敌意的，它始终认为这个委员会的成立会增加对司法官职业行为的怀疑，并且这个委员会对申诉案件的调查也常常不准确。

　　法国司法惩戒制度除了在启动惩戒的主体范围上得到了拓展外，在惩戒诉讼的公开与透明上也得到了加强。在 2001 年的改革之前，最高行政法院基本上是秘密审理针对司法官提起的惩戒案件的。然而，很多人对这一审理方式进行了批评，认为其缺乏公开性，明显违背了《欧洲人权公约》第 6-1 条款所设立的公开审判原则。根据《欧洲人权公约》第 6-1 条的规定，"在决定某人的公民权利和义务或者在决定对某人确定任何刑事罪名时，任何人有理由在合理的时间内受到依法设立的独立而公正的法院的公平且公开的审讯。判决应当公开宣布"。尽管欧洲人权法院在一些之前的案例中曾经承认第 6-1 条款并不适用于一般公务人员，特别是法官，但是法国 2001 年 6 月通过的法律还是将公开审理原则作为最高司法委员会惩戒诉讼的方式规定了下来。按照修改后的《司法官地位组织法》第 57 条，惩戒会议过程应该公开。只有涉及公共安全或个人隐私或对司法整体利益有不利影响的情况下，惩戒委员会因公务需要，封锁庭审程序的全部或部分。惩戒会议的结果应予以保密。上述评议的裁定须附充足理由并且公开。除不可抗力外，被交付惩戒的司法官即使未到庭，惩戒程序仍然得进行并评议。第 65 条规定：除不可抗力外，被交付惩戒的检察官即使未到庭，惩戒程序仍然得进行并评议。惩戒会议过程应该公开。只有涉及公共安全或个人隐私或对司法整体利益有不利影响的情况下，最高司法委员会因公务需要，得封锁庭审程序的全部或部分。最高司法委员会对于惩戒案件所表示的意见，呈送至司法部部长。很显然，这两个公开审理的条款并不是仅仅是为了增强最高司法委员会作为惩戒机构的合法性与正当性，更是为了平等地确保在一个民主社会中对个人权利和自由的尊重。这是与《欧洲人权公约》所建立起来的人权保障原则是相一致的。事实上，当然，虽然被追诉的法国司法官可以放弃拥有公开审理的权利，但是可以想象，大多数司法官还是想坚持公开审理的。一些司法官甚至还通过行使公开审理的权利，利用新闻报道来保护自己。他们宣称司法部部长采取的针对他们的惩戒程序从根本上来说是政治性的，其目的是想通过这样的方式来影响司法权。

除了惩戒程序曾经不那么透明外，在法国，有关司法官的惩戒规则也不是那么透明。和惩戒程序曾经秘而不宣相类似，法国1881年制定的《新闻自由法》中规定的滥用新闻自由原则限制了新闻媒体对司法惩戒判决的公开报道。按照这部法律，新闻媒体被禁止刊登有关司法惩戒的一些信息，否则就属于公开司法机密，会面临数额巨大的罚金。[①] 出于这个原因，涉及司法官的惩戒的警示和教育意义就大大减弱了。惩戒程序的秘密性使得法国公众产生了这样的印象：针对司法官的惩戒制度的作用是十分有限的，甚至司法官们是完全不用受惩罚的。只有在这种情况下，法国立法者才撤销了公开惩戒审理和有关制裁等信息的禁令。今时今日，法国司法界的信誉已经在很大程度上依赖于惩戒司法官的程序与制裁的透明性了。更加重要的是，公开惩戒判决意味着最高行政法院可以通过厘清惩戒规则的边界来规制司法官们的行为。作为法官的参考依据，这些惩戒规则不仅对司法官十分重要，并且同时告诉了法国公众他们拥有的权利。

有关司法官道德义务的问题也值得探讨。由于司法官违反了职业道德也会导致惩戒责任，所以法国司法官究竟需要承担什么样的职业道德就显得十分重要。《司法官地位组织法》第43条定义了司法官必须受到惩戒的不法行为，即"司法官对职业、荣誉、良心以及尊严等义务的任何违反行为"。不过，这一定义显然太过于模糊。随后，作为负责审理针对惩戒诉讼的上诉案件的机构，最高行政法院在一些惩戒案例中不断去定义司法官的道德规范。从那时起，由于最高行政法院的这些惩戒决定逐渐被公开，这就允许最高司法委员会在组成惩戒委员会时以一种较为准确和实用主义的方式去理清法官道德规范的内容。为此，每年司法部都会出版年度司法

---

① 周孚林：法国《新闻自由法》评析，载《河北法学》2004年第11期。

报，其中就包含了惩戒方面的内容。最高司法委员会从这些年度司法报告中所公布的惩戒案件中不断提炼司法官道德规范的内容，并以一种案例的方式予以逐年公布。而这一步恰好与司法过纪律过错行为的概念发展相同步。因此，最高司法委员会的惩戒案例为法国的司法官提供了绝佳的学习机会，教育他们明白在哪些行为与表现上必须小心翼翼，否则就有可能招致司法惩戒。就出版的这些惩戒案例中所涉及的违纪行为而言，司法部部长可以将它们汇编一个摘要。也正是这样，法国司法官们通过各种公布的先例与案例从而能够较为准确地明白违反纪律行为的边界，并最终知晓自身所承担的道德义务。

总的来说，由于与民事责任和刑事责任制度的目的与方式不同，在法国建立一套司法官惩戒责任制度的特殊规则是十分必要的，而且考虑到司法权在法国社会的功能与地位，至少在部分上，这些惩戒责任的规则必须与适用于一般政府公共官员的惩戒规则有所不同。当然，又必须考虑到这些涉及司法惩戒的规则如果被肆意滥用而威胁到司法独立的话，惩戒制度中又必须包含一些保护司法官的内容。

在今天，包括法国在内的世界各国的司法惩戒责任制度都应该必须极力避免两种情形：第一，惩戒责任逐渐变成政治权力特别是行政权力控制司法权的工具。如果这样，惩戒责任就极有可能沦为司法官承担的实质上的政治责任，这是与司法独立以及权力制衡理念相违背的。其实，可以采取一些措施来避免此种危险。比如在追究司法官惩戒责任过程中，尽量减少或者弱化行政机关在惩戒程序中所发挥的作用；还有尽可能地加强惩戒过程的规范化与法律化；当然，还有建立具有相对独立和自治地位的惩戒机构，等等。第二，惩戒权力完全被司法权所垄断。这样的话，惩戒责任制度仅仅成为了一种司法体制内部的监管而已，从而失去了司法对其他机关或者社会本应该所具有的反馈功能。在一个司法体制不注重倾听社会对它的诉求的时候，它必将逐渐走向司法专制，失去人民的信任。这种情况在一些国家发展得相当迅速。在这样一个完全隔绝与封闭的氛围中，司法机关与整个社会变得非常疏离，它对整个国家与社会变得冷漠，没有反馈。在那些把惩戒司法官作为司法权的特权而不是作为司法权应该服务于公民以及专注司法公正、缓和信任危机的国家，司法专制的风险系数显然要更大一些。不过，也可以采取一些措施避免这种风险。最典型的就是在惩戒机构中加入一些非司法职业人士，即所谓的"外行"，并赋予他们惩戒权力。这种方式既尊重了司法独立，使得司法免于受到行政权的控制与干涉，同时又使得司法权的独立并不过分，与其他政治机构或者社会保持良性的沟通与交流，因此，这是一种值得肯定的尝试。针对上述这两种可能的风险，法国司法界也一直尝试着采取各种措施。其中最为典型的就是建立了一个相对独立和自治的司法惩戒机构，即法国最高司法委员会，而此委员会的组成人员既包括了司法职业人士，也包括了非司法职业人士。

要注意的是，在法国，尽管惩戒责任的主要目的是在于通过追究司法官的比较微小的违纪事项来确保和提升司法质量、促进司法效率与公平、维护司法权威，并且法国社会时不时充斥着司法官责任不足的批评意见。但是，这并不意味着施加更严格的惩戒责任就会带来更高的司法质量和司法效率。恰恰相反，可能只有在比较少的惩戒责任的威慑下，才能带来最有质量的司法服务。其实，这一悖论并不难以解释。因为对于司法质量与司法效率的提高而言，最主要的并不是通过惩戒司法官带来的，而是通过司法官的选任、培训等一系列制度实现的。只有更加严格地选择司法官，建立严格的司法官队伍准入制度，并且辅之以完善的培训、晋升、任职保障制度以及较高水平的薪酬以及社会地位等，那么，司法官的公共服务质量及效率才会得到提高，而惩戒责任在这个时候就可以仅仅作为一种威慑来以备不时之需。在这种情况下，司法官恰恰是在受到比较少的惩戒威慑下实现了司法质量的提高。如果没有在司法官的选任以及培训上仔细把关，那么自然就得特别注重对司法官惩戒责任的加强。

第五章　法国司法惩戒责任制度

第一节　惩戒主体

　　根据法国宪法第 64 条的规定，设立的协助共和国总统保障司法权独立的机构是法国最高司法委员会。根据第 65 条的规定，法国最高司法委员会是对法官的纪律检查和惩戒机构。而按照法国 1958 年 12 月 22 日的《司法官地位组织法》第 48 条对法官的惩戒，由最高司法委员会会议予以决定；对检察官或司法部门司法官的惩戒，由司法部部长决定。因此，在法国，对于法官，最高司法委员会负责纪律惩戒，并直接适用处罚。对于检察官，最高司法委员会仅可提出一般的纪律惩戒意见，由司法部部长负责最终的纪律惩戒。但两者所遵循的程序基本相同。这种法官和检察官惩戒程序的差异反映了审判制度与检察制度的内在差别。此外，按照《司法官地位组织法》第 44 条，除惩戒程序外，司法视察长、地方法院院长、检察长、司法部中央行政单位主管，均得对下属司法官提出警告，其自然也是惩戒责任的追究主体。下面仅对最高司法委员会进行介绍。

　　从历史发展来说，依照法兰西第三共和国的一个关于司法组织的法律，最高司法委员会最早出现于 1883 年 8 月 31 日。当时，最高司法委员会的组成类似糅合了所有审判庭的最高法院，裁决法官和检察官的纪律惩戒事项。但此时最高司法委员会还仅仅是一个普通的法定机构。直到 1946 年的第四共和国宪法的制定，最高司法委员会才成为一个独立的宪政机构。1946 年 10 月 27 日宪法设立的最高司法委员会由共和国总统任主席，司法部部长任副主席。除主席、副主席外，委员会还包括 12 名委员，其中 6 名由委员国民议会选举产生，4 名是司法部门选举的司法官，还有两名委员由总统指定。委员会的职权包括：向共和国总统建议法官的任命；保障司法职位独立、确保司法纪律和维持审判行政工作。

　　1958 年宪法修改了委员会的构成人员。根据该宪法，最高司法委员会由 11 位人员组成，总统及司法部部长仍出任委员会正、副主席，其他 9 名委员中，2 名由总统直接指定，6 名为司法官由总统根据最高法院的建议指定，还有 1 名为最高行政法院法官，由总统根据最高行政法院建议指定。委员会的权力也有所限制，其不再向总统建议最高法院法官及上诉法院院长的人选，对其他法官的任命方案也只发表一个简单的意见，主要强调其对司法官的纪律惩戒职能。由于被认为是国家解体和政治化的一种标志，最高司法委员会的主要职权都被司法部尤其是被共和国总统所褫夺：作为司法独立的保障者，总统可以选择最高司法委员会的成员，主持其工作，并且可以不采纳最高司法委员会所给出的意见。① 1993 年 7 月27 日第 93-952 号法律及 1994 年 2 月 5 日的宪法修正案对 1958 年宪法规定的最高司法委员会的组成与权限作出了重大修改，建立了两个小组，一个负责法官的任命及纪律惩戒的法官小组，另一个负责检察官的任命及纪律惩戒的检察官小组。两个小组的共同委员由国家最高权力机构(总统、议会两院议长及最高行政法院院长)任命。在司法委员会中法官和检察官的数量被增加，委员会的独立性被进一步加强。

　　现在的法国最高司法委员会由主席、副主席及 16 名委员组成。主席由共和国总统担任，副主席为司法部部长。4 名委员不属于司法系统，为委员会两个小组的共同委员。其余 12 名委员皆为司法法院系统的司法官，被平均分配在两个小组中，法官小组中包括 5 名法官和 1 名检察官，检察官小组中则包括 5 名检察官和 1 名法官。共和国总统、国民议会议长、参议院议长每人各指定一名委员

---

　　① 　[法]阿兰·邦考：《一次革新的规范化：第四共和国时期的司法委员会》，李贝译，载《司法》2013 年第 8 辑。

（该委员须既不属于议会，也不属于司法法院系统）；最高行政法院院长选举一名最高行政法院法官。相对于法官和检察官，这四人在常设机构中出席。法官小组包括一名最高法院法官，一名上诉法院院长，一名基层法院院长，其他两名法官以及一名检察官。同样，检察官小组包括一名来自最高法院的检察官，一名驻上诉法院检察院检察长，一名共和国检察官，其他两名检察官以及一名法官。

法国宪法第 65 条赋予最高司法委员会两项职权，即对司法官的任命及惩戒。最高司法委员会法官小组有权对最高法院法官、上诉法院院长、大审法院院长的任命提出建议。委员会有权对这 400 左右个职位的候选人进行调查，查看档案材料，在确定人选后将建议案提交总统，然后由总统任命。其他法官由司法部部长任命，最高司法委员会依照司法组织法规定的条件就司法部部长关于任命其他法官的建议案提出意见。检察院除总检察长外，所有的检察官都由司法部部长提名，最高司法委员会检察官小组对司法部部长的提名发表一个简单的意见。但是长期以来的实践表明，司法部部长一般都会顺从最高司法委员会的意见。上诉法院的首席检察官则由部长会议任命。最高法院院长领导法官小组作为法官纪律委员会；总检察长领导检察官小组作为检察官纪律委员会。

由于最高司法委员会的作用在于促进各项国家权力之间的合作与配合，以使得司法官的任免和司法官在职业生涯中避免随意专断，但是法国总统在委员会中的优势地位，司法部部长参与其中（虽然只有建议权）以及来自于法官职业的委员会成员的优势地位等，这些问题引发了很多批评的声音。其中最为主要的就是认为在最高司法委员会中来自于司法官职业群体的人数占据了大多数，而非司法职业人士的代表性不足，而这会影响司法活动受到社会的监督程度。但是增加非司法职业人士在最高司法委员会中的人数并没有在司法官群体中受欢迎。这是因为司法官们普遍担心，如果吸收更多的"外行"进入最高司法委员会，那么这个机构对业务的熟悉程度与素质将会下降，并且，对司法官的任命与惩戒程序将很可能被政治化，从而对司法的地位造成负面影响。这样一来，法国司法官的地位就可能岌岌可危了。

<h1 style="text-align:center">第二节　惩 戒 事 由</h1>

按照法国 1958 年 12 月 22 日的《司法官地位组织法》第 43 条的规定，司法官因欠缺尊重自身责任、荣誉、高尚、尊严，均构成受惩戒事由。诉讼当事人的权利由一系列程序规则予以保障。司法官是否严重并故意违反此类程序规则所确定的义务，由最终司法裁决决定。但在实践中，什么构成违反"自身责任、荣誉、高尚以及尊严"的行为，司法官可以干什么与不可以干什么或者说司法官在什么样的情况下会遭受惩戒，根据这条失之模糊的条款并不会得出一个放之四海而皆准的标准答案。因此，除了明确规范的法定职责外，法国司法官受到惩戒的事由主要是由最高司法委员会在惩戒案例中确定。

此外，遵从主流司法判例的意见，最高司法委员会认为它作为惩戒委员会"并不能对法官的审判行为作出任何评判，因为审判权只属于法官，任何对判决的不满只能由诉讼当事人按照法律为他们保留上诉途径来完成"。因此，严格区分司法行为与违纪行为，是最高司法委员会一直坚持的一项基本原则。在法国，这项原则并不是为了保护司法官们的利益，而是为了保证诉讼当事人拥有独立和清澈的司法制度。

不过，值得强调的是，最高司法委员会并没有把全部的司法行为都排除在惩戒责任范围之外，比如法官逃避责任、延期完成工作以及工作中的疏忽等通常都会带来追责与惩罚。也就是说，作为上述原则的例外，当司法官以一种十分严重和系统的方式超出了自己的管辖或者忽视了自身的权力框架而并没有完成司法活动的时候，他就应该接受惩戒。

而法国司法官们作出的任何司法决定之内容，哪怕它最终被上诉法院推翻，或者不符合某一个特定的法律解释，其也并不能成为司法惩戒的正当理由。实际上，这种情形并不是法国的特例，在大部分民主国家中对就判决内容惩戒法官的做法表现得十分谨慎。① 比如，加拿大法官委员会明确告知公民对法官的申诉只能针对法官行为而不能针对判决内容，对后者不满只能走上诉程序。意大利的法律也排除一切在阐释法律以及评估案情、证据方面的法官个人责任。正是由于尊重司法官的独立地位，才会把判决内容排除出追责范围。在法国，最高司法委员会的这一做法一直得到了作为惩戒案件上诉机构的最高行政法院的肯定。

根据法国法所规定的司法官义务以及被最高司法委员会的案例法所强调的义务，法国司法官承担的义务主要有：行使职权时必须履行的义务以及职权之外在私人生活中一些义不容辞的义务。无论是检察官，还是法官，只要违反了上述义务，就必须承担惩戒责任。

一、针对司法官职业行为的惩戒事由

法国《司法官地位组织法》《民法》《民事诉讼法》《刑事诉讼法》以及相关惩戒案例中对司法官职业行为的道德义务进行了规定，这些规定在规范司法官职业行为的同时，又起到了保护当事人基本权

---

① 司法问责的国际标准一般是：司法官只能由于严重的错误行为、违纪行为或者刑事犯罪、无法适当履行他们的职责的不称职而被免职；对司法官的问责还必须经过公正的程序来保证他们的权利。司法官不能因为善意的错误或者由于不同意某个特殊的法律解释而被惩罚或者被免职；司法官还必须就他们的司法决定而享有民事诉讼损害赔偿的个人豁免权利。比如非洲《公平审判指南》规定，"司法官员职能由于严重的错误行为、身体或者心理上的不称职而遭到免职或停职""法官不能因为他们的司法决定被更高的司法机关推翻而遭到免职或者惩戒"。《亚洲与西太平洋地区关于司法机关独立原则的北京声明》规定，"只有在法官不称职、认罪或者作出不符合法官身份的行为时，他才应该遭到免职"。《大英国协关于议会至上与司法独立之拉提莫豪斯准则》也规定了，"对一名法官的免职只能出于：无力履行司法职责；严重的错误行为"。根据联合国人权委员会的观察，针对司法官在作出司法决定时犯下的错误而对其施加惩戒措施，将会使得司法官承受巨大的政治压力，并且损害到司法独立和司法公正。参见 International Commission of Jurists: International Principles on the Independence and Accountability of Judges, Lawyers and Prosecutors, Practitioners Guide No. 1, P. O. Box 91 33 Rue des Bains CH-1211 Geneva 8 Switzerland, 2007, pp. 55-57.

利的作用。

《司法官地位组织法》第 43 条规定，司法官一切违反自身义务、荣誉、高尚以及尊严的行为，均构成受惩戒事由。这一条所涉及的方面很宽泛。首先，对于司法官来说，其职业行为的法则最要紧的就是其在执行职务时应该一直遵循的公正态度。公正是司法官自身职责的应有之义。这就要求司法官必须依法办事，不偏袒不谋私，要避免当事人免受不公正的对待与裁判。而检察官应该遵守客观性义务，在刑事诉讼活动中，为了发现案件的真实情况，检察官应该站在客观公正的立场，不偏不倚地全面搜集证据，审查案件和进行起诉。其次，这也包括司法官必须依法办事履职的义务。必须根据法律来审判与起诉，司法官无视法律违反法律。在此基础上，司法官还必须对当事人各方具有关怀的一般义务。当事人都有期待法院的权利，但是如果法官不能在合理的时间内作出决定，就常常容易使得当事人不满。符合"自身义务、荣誉、高尚以及尊严的行为"还包括司法官在履职时必须维持好的人际关系，对于其他法官要保持敏锐、尊严与忠诚，从而在司法官团体内部促成一种互相尊重的氛围。污言秽语、攻击行为，还包括行文的粗鲁，不管是不是针对上级、同事、书记员以及律师，这些行为和举止都因为不够优雅缺乏基本礼貌而有可能受到惩戒。更甚的是，法官针对那些当事人以及律师的行为也被要求必须礼貌优雅。出于这个理由，针对那些没有被尊重的人比如当事人、被告、受害者或者证人，惩戒制度经常提醒法官必须要尊重他们。即使在自身的工作十分繁重的情况下，司法官也不能表现出不耐心或者厌烦的情绪。甚至在庭审上，司法官面对听众也必须表现得有尊严和神圣感。

此外，《司法官地位组织法》第 6 条规定，所有司法官在初次任职时或就任某一职位之前，必须作出如下誓言："我誓以忠诚与勤勉来执行我的工作，并以宗教般的虔诚来保证审判的秘密和司法官的威严与神圣。"无论如何，司法官都不能违背上述誓言。因此，司法官有忠诚与勤勉的义务。忠诚意味着司法官必须对法律保持敬畏感，依法履职。尽管其保持着审判和作出判决的独立性，但其适用的法律必须合法，没有瑕疵。而在强调等级制的检察官那里，忠诚除了指遵守法律外，还意味着检察官必须对上级的指示与命令保持服从。勤勉则指的是司法官的职业能力与素养，意味着司法官不能偷懒，工作必须尽职尽责，并努力掌握法律的发展变化，不断适应周围经济社会的变化，不断提高司法服务的质量。司法官还必须保守司法秘密，这不仅被最高司法委员会所强调，也得到了最高行政法院的多次肯定。司法官不能像外界透露案件信息，必须保护当事人的隐私权，保护司法运作不受外界舆论压力的干涉。尽管司法官和普通公民一样具有言论自由的权利，但是他们在涉及司法秘密的时候必须做到克制与谨慎，不得向法庭外泄露工作信息。

司法官在履职时有不能缺勤的义务。最高司法委员会在 2014 年 1 月 28 日审查了一名司法官长期缺勤且试图掩盖其缺勤行为的案件。这名法官不承认其经常缺勤，并且他特别支持制定允许将信息传达至他住所的规章，但在国家司法监察部门组织调查框架下的数次听证中，都确定了其经常缺勤的行为且这些听证最后认定该法官通过"使办公室保持开放，电脑和灯都处于工作状态，以及在他的扶手椅上放置一件衣服使同事和档案室人员认为其在勤，并在检察院中隐瞒了其长时间的缺勤"。

司法官在履职时有守时的义务。在 2014 年 10 月 23 日决议中，最高司法委员会法官小组批评了一名法官经常在其组织或出席的庭审中迟到，并强调了他的守时义务。委员会认为，法官对其主持的庭审的迟到行为，构成对被告人、司法助理以及公务员履行正直义务的违背。

司法官还有回避的义务，这不仅包括任职回避，也包括审理回避。依据法国《司法组织法典》第 721-1 条的规定，配偶、父母、兄弟姐妹、伯父、侄子外甥等法律规定的亲属不能在同一法院任职。依据 1958 年法令的规定，如果法官就任的法院只有一个法庭或者法官之一是法院院长的可以免除该回避义务。但是有特定亲属关系的法官仍然不能在同一审判庭内工作。有亲属关系的法官在不同法院工作，则不存在回避。此外，当事人对审理案件的法官提出回避，必须具有合理的理由。根据《司法组织法典》第 721-3 条的规定，在同一诉讼中，法官与律师或代理人存在法律规定的亲属关系的，审理案件的法官应当回避，没有回避的，所作出的裁判无效。虽然这一规定仅仅针对的是普通法院法官，但实际上也适用于行政法院法官。此外，对其他足以影响审理公正性的情形，法官也应当回避。

其他法律也对法国司法官职业行为的道德义务进行了规定。这些义务主要体现在对当事人的保护方面，比如法国《民事诉讼法》第 16 条规定：在任何情况下法官都应该让别人和自己遵守辩论原则。这就意味着法官只有在当事人了解论据和通过他人向法官提供证据的情况下方可审理诉讼案件。不了解这一原则的法官则被视为违反了职业行为的道德义务，可能遭到惩戒。司法官还必须遵守无罪推定的法律原则，以及尊重《欧洲人权公约》第 6-1 条规定的公开、公平的审理原则，并在合理的期限内作出裁决的义务。

二、针对司法官私人生活的惩戒事由

在法国，宪法授予包括司法官在内的每一个公民的各种广泛的自由权利，特别是隐私权、思想与言论的自由以及结社的权利。所以，针对司法官们的私人生活或者职业外行为，惩戒机构认为这并不应该属于惩戒制度所关心的事项。可是，事实并非如此。法国司法官在职业行为外，其自由是有限制的，必须遵守一些特定的义务。特别是当法国社会如果观察到一位司法官的私人生活存在问题时，对司法制度的不满就会随之而来。所以，司法官私人生活通常具有的外部影响会削弱他作为司法者的形象，并败坏司法制度本身。在法国，违反私人生活中的一些特定的道德义务，会使得一名司法官失去信任。因此，这就导致了司法官在其私人生活中的职业外行为中有确保司法工作职责与义务的需要。他不得通过职业外的行动与表现违反他的职责与义务，因为这会触及司法信誉以及损害当事人等。法国的一些司法惩戒先例已经表明，法国司法官在私人生活的自由必须向公正的责任、勤勉的义务等更加重要的价值作出妥协。总的来说，这些职业外的道德义务是十分广泛的，涉及许多不同的领域，比如个人社交关系、经济领域、商业或者合同关系，或者宗教或政治倾向等领域。下面简要介绍法国司法官应遵守的职业外行为道德义务。

法国《司法官地位组织法》第43条规定，司法官一切违反自身义务、荣誉、高尚以及尊严的行为，均构成受惩戒事由。"司法官一切违反自身义务、荣誉、高尚以及尊严的行为"除涉及职业行为外，当然包括司法官在私人生活中的日常行为。就这个抽象而总括性的条款，《司法官地位组织法》进一步规定了一些具体的义务，并且在惩戒案例中延伸出更加广泛的在私人生活中必须遵守的道德义务。下面予以一一列举。

司法官在职业行动外，禁止从事有偿活动，也禁止司法官在担任司法公职的时候从事另外一种职业。《司法官地位组织法》第8条规定，法官在履行职务的时候，不能兼任公私职务及额外受薪。但是，在经过法院上级批准后，司法官就其职务与权责上有关提升司法工作的课程讲授是许可的。这一兼职不能有损于司法官尊严以及司法独立，但是司法官根据法律规定而参与司法仲裁则不受此限制。司法官无须批准可自行学习科学、文学与艺术。这样规定的目的在于保障司法官的独立。

禁止司法官从事带有政治性色彩的活动，禁止司法官政治职能的行使。任何针对政府的敌意行为也都是被禁止的，同时，司法官也不得从事任何阻碍司法的活动。比如《司法官地位组织法》第9条规定，司法官的权限不及于法国国会、欧洲议会、经济委员会、社会委员会、国会议员以及下列法国各属地之国会或地方议会：新加里多尼亚、法属波利尼西亚、瓦利斯和富图纳群岛、圣巴塞罗缪、圣马丁、马约特、圣皮埃尔和密克隆岛。如案件牵涉参议院或众议员，在管辖法院区域内，所有司法官或者法院文件都不得对此国会议员行使职权。司法权以及司法官权力对于地方议会、各省市议会、巴黎市议会或科西嘉岛国会均不得介入。不过，最高法院法官则不在此限制。《司法官地位组织法》第10条规定，司法官不得介入政治协商。司法官不得针对司法当局或政府进行恶意游行示威，即使此类游行示威是根据宪法赋予人民的自由权利，这亦与其司法工作内容不能相容。司法官还不得从事任何妨碍或者停滞司法工作的联合行动。

司法官有执业禁止的道德义务。《司法官地位组织法》第 9-1 条规定，司法官或曾任司法官者，不得执行律师职务，不得担任诉讼代理人、公证人、执行官、商业法庭书记官、司法行政人员、清算委托人或者 5 年内曾于上述人等管辖区域内所雇佣之人。前项条文，对于最高法院法官不予适用。还有一种情况就是司法官如果经过一段时间的停职转而从事另外一种私人活动一段时间后，希望继续从事司法活动，那么司法官必须通知司法部部长。如果司法部部长认为司法官从事的职业有损于司法官的声誉，会对正常的司法运作或对司法官职业带来损害，那么司法部部长可以反对。

司法官还有居住在特定地区的义务。《司法官地位组织法》第 13 条规定，司法官应定居于法院辖区或所属法院辖区。司法官因个人特质或临时需要，其情况得由司法首长转呈司法部部长核准居住于辖区之外。

此外，最高司法委员会在惩戒案例中明确了司法官必须履行的更为广泛的职业外行为道德义务。比如司法官有在私人生活中使用社交网络不能违背自己的司法职责的道德义务。最高司法委员会法官小组与检察官小组在 2014 年 4 月 30 日决议中以及 2014 年 4 月 29 日意见中，强调了司法官享有言论自由权，但同时也应遵守其司法官职位的特殊义务的原则。因此最高司法委员会法官小组认为"法官拥有的公民言论自由权，无论其实现形式为何，其使用原则都应与对法官职责及义务的尊重相符"以及"对社交网络的使用，即使使用化名，也不能越出法官的义务与职责，尤其是诉讼开展期间对被告人保持中立公正的义务；更何况这些被传播的信息可以被司法机构外的人群即刻阅览且传播者及传播的情节都可以被确定，那么这种使用行为是不恰当的"。最高司法委员会检察官小组认为"检察官拥有的公民言论自由权，无论其实现形式为何，其使用原则都应与对检察官职责及职业道德的尊重相符"。"某些社交网络所允许的所谓匿名机制，不能够使检察官可以逾越其作为司法官的义务与职责，尤其是诉讼开展期间对被告人保持中立公正的义务"。

司法官在私人生活中必须遵守廉正的道德义务。在 2012 年司法报告中,最高司法委员会涉及了对于廉正义务的法律解释。

为了保持廉正,司法官不能作出虚假的税务申报。在通过2014年1月28日意见的诉讼中,最高司法委员会检察官小组对一名司法官遭受的指控作出了裁决。该法官被指控捏造了向国家税务部门的申报,委员会裁定"这些事实构成其身为法官所作出的不能被容许的行为,严重违反了廉正的义务。他的行为损害了税务部门公正的形象与司法部门的信誉"。

保持廉正,还要求司法官不能经常出入娱乐性场所。在2014年9月30日的意见中,最高司法委员会检察官小组认定"一名司法官在娱乐场所中非法占有一张有商品价值的票券,使用有偿的器械以及在此之后缺席其上级的预审"。在2012年12月10日的意见中,委员会首次提到了司法官进出娱乐场所的问题。最高司法委员会检察官小组因此裁定"法官超出其经济能力地经常出入其法庭辖区内的娱乐场所,并沉湎其中且还能确定他的债主中的一员,则构成其对职务庄严性的违背"。关于法官经常光顾娱乐场所的廉洁问题,委员会此外指出"经常性光顾其任职的法庭辖区内的娱乐场所且其在庭审中声明,这种光顾对其是一种治疗方法。经常出入娱乐场所,即使本身不具备违反纪律的性质,但对于委员会来说,在这种情况下这种行为是不当的"。因此,在该决议中,委员会首次认为司法官经常出入其法庭辖区内娱乐场所的行为是不当的。

司法官在私人生活中具有不能负债过高的道德义务。就负债过高的问题,最高司法委员会于2013年7月11日作出裁决。根据司法部部长的意见,这一法官将受到制裁,犯罪事实是其对最高司法委员会隐瞒了他负债过重的真实财政状况。该法官出示了他的支付账单旨在获得七次消费贷款,但是这些贷款他并不知道可否偿还,事实上,他负债累累以至于两次被房主驱赶,并对他的薪资进行扣押。对此,最高司法委员会认为,"这一行为不仅是不谨慎,还是不守尊严和不讲礼貌的表现,并与法官的职责相悖,更甚的是,它损害了法官的权威和司法机构的信誉"。2012年12月10日的意见中,对共和国代理检察官的追诉中作出了有关负债过重问题的裁决,最高司法委员会检察官小组认为,"尽管工资高,但几年之内该司法官依然处于负债的状态，这不仅是严重失职，还是不守尊严和不讲礼貌的表现"。最高司法委员会明确指出："尽管最高司法委员会多次判决，这种行为依然存在。这一行为与司法官的职责和守法义务相悖，使司法机构的形象和信誉受损。"

司法官在私人生活中还不能酗酒成瘾。2013 年 2 月 7 日，最高司法委员会受理一桩提及酒瘾问题的案件并对其作出裁决。尽管喝酒有关私人生活，但这已经涉及法官行使其职权。于是，在最高司法委员会之前的决定后，宣布勒令预审法官退休，作出调职处理。由于该名法官常常处于酒醉不清醒的状态下，导致了多起事故，无论是司法内部还是司法以外。这次案件中，因为酒瘾，法官被指责意外缺席且因某些不合法的理由，造成这些缺席引起的司法紊乱，而且法官在司法内核以及司法以外的行为都会受到批评。最高司法委员会认为"法官在司法内部和司法外的行为对司法机构的形象和信誉造成损害，属于严重和多次不守法官必须具备的尊严以及作为司法官员的不讲礼貌"。

第三节　惩 戒 形 式

按照法国《司法官地位组织法》第 44 条的规定，除惩戒程序外，司法视察长、上诉法院院长、检察长、司法部中央行政单位主管，均得对下属司法官提出警告。警告存续期间为 3 年，3 年内没有新的警告或者惩戒，其记录自动消失。在法国，警告是一种针对司法官轻微违纪的惩戒手段，也是唯一不需要纪律调查就可以适用的制裁。它既可以由通过司法视察官适用，也可以通过上诉法院院长、检察长和中央司法服务部门的长官或负责人来适用。警告也是唯一一个法律规定的可以在司法官档案材料中删去记录的惩戒方式，只要这一司法官在 3 年之内没有受到其他违纪制裁的话。之所以这样，是因为如果司法官违纪面临惩戒处分，那么他就极有可能在以后的职业生涯中断送自己的前途。这个规定给予了那些轻微违纪的司法官一个回头是岸的机会。应该指出的是，撤销警告并不是代表上司在以后的考评中不会考虑这些事实，所以警告是一种威胁性的制裁。

除了警告之外，根据司法官过错行为的情节与造成后果的程度，《司法官地位组织法》还从轻到重依次规定了多种正式的制裁形式。根据该法第 45 条的规定，司法官惩戒方式如下：(1) 书面警告；(2) 调离现职；(3) 解除某些职权；①最长 5 年内不能派任为独任法官；(4) 降级；①1 年内停止其部分职务，取消其部分或者全部待遇；(5) 降职；(6) 强制退休，或当司法官无权领退休金时中止其职务；(7) 撤职。

但是根据该法第 46 条的规定，若同时有数项惩戒事由，仅就只依法适用的一项予以惩戒。也就是说，司法官如果同时违反了多项纪律，那么也只能对其采取一项惩戒措施，而不能同时采取多项惩戒。但是唯一的例外是，调离现职、解除某些职权、降级、处以 1 年内停止其部分职务并取消其部分或者全部待遇、被降职这 5 项惩戒中的任何一项，可以与调离现职这一惩戒同时并存。也就是说，当司法官被处以上述 5 项惩戒中的任何一项时，那么惩戒机构还可以对其作出调离现职的这一辅助性的处分。而被调离现在职位的司法官，不得再保留司法职位上的荣誉头衔。而且，针对司法官的惩戒也借鉴了行政处罚领域中的"一事不再罚"原则，即一个纪律疏忽仅能惩戒一次，不能针对司法官的违纪进行多次重复的处罚。不过，在 2007 年 3 月 5 日通过的法律中，取消了"1 年内暂停其某些职权，取消其部分或者全部待遇"这一惩戒方式，将其修改为"最长 5 年内不能派任独任法官"。

第四节　惩 戒 程 序

《司法官地位组织法》对法国司法官的惩戒程序规定得十分具体。由于司法官一旦面临惩戒处分程序就难免会对自己的仕途造成消极影响，所以法国对惩戒的开启十分慎重。为了避免针对司法官启动正式的惩戒程序，法国建立了一系列初步的惩戒处分程序。初步惩戒程序要求上诉法院院长或者该院检察长必须先确定其手下的司法官能够达到工作要求，然后才决定是否采用以较差的工作评估来处分该司法官。事实上，上诉法院院长一般是在收到高级初审法院院长的建议之后才对其所属的司法官进行工作评估。法官的工作评估每两年进行一次，这些评估直接影响着司法官的升迁。也就是说，如果被评估为工作表现与职业能力较差，会暂时搁置司法官的升迁，因此工作评估具有矫正错误行为的作用。

总的来说，针对法官和检察官的惩戒程序两者稍有差异，但基本相同。这种法官和检察官惩戒程序的差异反映了审判制度与检察制度的内在差别。

一、针对法官的惩戒程序

首先，按照《司法官地位组织法》第 48 条的规定，对法官的惩戒由最高司法委员会会议予以决定；对检察官或司法部门司法官的惩戒，由司法部部长决定。按照《司法官地位组织法》第 48-1 条的规定，遇到惩戒必要时，可由司法部部长及上诉法院院长依第 50-1、50-2、63 条的规定提出。因此，任何诉讼当事人认为法官行为应追究纪律惩戒责任的，可向司法部部长、上诉法院院长提出控告，也可直接向司法官最高委员会提出控告。作为负责司法官惩戒的机关，最高司法委员会不能主动提起违纪审查。

但是如果对法官违纪行为的指控比较严重，上诉法院院长有权对违纪的法官提出警告。这种做法最先始于 1810 年的法律，虽然警告不是真正的惩罚手段，但是警告会记入法官的档案，因此不可忽视其严重性。在经过一段时间后，这类警告可以通过大赦令从档案中取消(涉及法官的尊严和荣誉的指控除外)。但是如今，只要法官在 3 年内没有受到其他警告或者惩戒，那么警告就会自动从档案中取消。虽然《司法官地位组织法》并没有把警告作为正式的惩戒方式，但是法国国家行政法院在 1972 年的一起判决中宣布，鉴于警告的后果比较严重，因此受到指控的法官应该得到与正式惩戒处分程序同样的法律保证。因此，有关法官的指控，上诉法院院长有权决定是通过警告解决还是需要将其送交司法部处理。当指控被上交到司法部一级时，就有必要开始进行调查。如果指控不是很严重，司法部副部长可以召见法官协商解决方法，例如对其工作进行调动。如果不能以此途径解决，上诉法院院长可以提交报告或者调查报告，正式开始处分程序。

根据《司法官地位组织法》第 50 条的规定，在司法部部长、上诉法院院长收到当事人的控告后，如果认为事出紧急、所指控之事实可能追究涉案司法官纪律惩戒责任的，可在咨询涉案司法官所在法院院长的意见后，向司法官最高委员会提出建议，暂时停止该司法官的职务，直至责任追究程序结束。暂停涉嫌违纪的司法官行使职权由于涉及公共利益，所以这一裁定不可以公开，也不可以剥夺其待遇。当然，如果司法部部长不在 2 个月之内与最高司法委员会接触并发起惩戒程序的话，那么对被告司法官的暂时停止职权就会自动中止。

最高司法委员会应在收到建议后 15 日作出裁决。如果当事人直接向最高司法委员会提出控告，则先由控诉受理委员会(最高司法委员会的内设机构)进行预先审查。审查的内容主要包括所指控的事实及请求是否清楚、指控材料中是否有指控人详细的个人资料以及指控是否在当事人涉诉案件判决发生效力的 1 年后进行。如果受理委员会在审查控诉后，认为指控材料不充分，或者指控理由显然不成立，或者不符合程序要件，则应予以驳回。但如果受理委员会认为指控具有初步的证据证明且符合各项程序要件，则应予以受理，并告知涉案法官。自最高司法委员会受理案件后，涉案法官便有权了解指控的相关证据及材料。他有权获得起诉书复印件以及他的记录和初步调查的所有文件。在此期间，受理委员会可向涉案司法官所属上诉法院的院长了解各种有用的信息并要求其发表评论意见，也可以会见涉案法官及控告人，听取其意见，但受理委员会并不享有调查权，不得会见证人。

受理委员会在综合各方材料及意见后认为应启动纪律惩戒程序时，应将案件移送"法官小组"(司法官最高委员会的内设机构，由最高法院院长任主席，负责法官的纪律惩戒)审查。如认为事实不成立则予以驳回，此裁决为终审裁决，不得提起上诉，但司法部部长以及上诉法院院长仍保留对涉案法官向最高司法委员会提起控告的权力。受理委员会所作出的裁决，应告知涉案法官、控告人、涉案法官所在法院的院长以及司法部部长。

涉案法官可以获得同僚的帮助，如最高法院司法官或最高行政法院司法官，也可以聘请律师提供法律帮助。如果调查程序并无必要，或者调查程序已经终结，则涉案法官将在纪律惩戒委员会出庭。出庭时间不得超过司法部部长获得指控信息的3个月。涉案法官应亲自出庭。如果因病或其他正当事由而无法亲自出庭的，则由其同僚，即最高法院或最高行政法院的司法官，或者律师代为出庭。涉案法官及其法律顾问有权了解报告者的报告内容以及相关的档案和证据材料。确定开庭日期后，涉案法官经传唤到庭参加庭审。为了保护法官的权威不被不满的当事人鲁莽地冒犯，对此类案件，法国长时间以来一直不适用公开审理原则。但是自2001年6月25日第2001-539号法律对这一原则进行了修改。根据经修改的《司法官地位组织法》第57条，惩戒会议过程应该公开。只有涉及公共安全或个人隐私或对司法整体利益有不利影响的情况下，惩戒委员会因公务需要，得封锁庭审程序的全部或部分。涉案司法官可以自由陈述辩护事由，纪律惩戒委员会在听取辩护意见后进行秘密合议，但是判决应该予以公开并附具理由。如果涉案法官并非因不可抗力而未出庭，则庭审不受影响，同样应该遵循合议过程并作出最终的惩戒裁定。纪律惩戒委员会的表决采用多数通过原则，如果支持票和反对票数量相同，则惩戒会议主席持决定性一票。对纪律惩戒委员会判决不服的，当事人可向最高行政法院提起撤销之诉。

二、针对检察官的惩戒程序

根据《司法官地位组织法》第48条的规定，对检察官或司法部门司法官的惩戒，由司法部部长决定。由于检察官地位的基本特征与法官有所不同，作为在行政上隶属于司法部部长的司法官，他们的职位并非终身制，而且无需理由就可以被撤职。该原则自然意味着对法国检察官在职业保障方面有所缺失。由于司法部部长可以对检察官采取任何其希望的措施，这样一来，就很容易导致司法部部长的专断，并且，司法部部长关于惩处检察官的决定常常容易成为在国会受到权力滥用投诉的主题。为此，法国对检察官提供了保护机制，要求司法部部长在采取严重惩戒措施之前，应在最高司法委员会那里获得征询意见。此外，司法部部长为了摆脱滥权的嫌疑，往往也在实践中作出妥协，倾向于认同最高司法委员会的处罚意见。尽管如此，最高司法委员会的权力还是局限于提出一般的纪律惩戒意见，司法部部长负责最终的纪律惩戒。

与惩戒法官类似，针对检察官的惩戒，在 2001 年 6 月 25 日第 2001-539 号法律通过之前，司法部部长享有启动最高司法委员会对检察官的惩戒程序的排他性权力。但是在上述法律通过之后，上诉法院检察长与驻最高法院的共和国检察官也可以向最高法院检察长提出检察官违纪的指控。在这种情况下，上诉法院检察长或驻最高法院的共和国检察官应该首先向司法部部长提起惩戒，并且将相关指控材料提交给司法部部长。司法部部长可以自己决定是否向最高司法委员会提出指控。

同样，任何诉讼当事人认为检察官行为应追究纪律惩戒责任的，可向司法部部长或总检察长提出控告，也可直接向司法官最高委员会提出控告。司法部部长在收到对检察官的指控后，一般首先会交由司法部的一个专门机构，即司法事务总监察进行调查，在经过调查后司法部部长将案件提交给最高司法委员会。后者对案件作进一步调查，并听取涉案检察官的意见。在案件被提交到给驻最高法院检察长后，如果初步调查已经开始，有关司法官有权递交其材料和初步调查证据。驻最高法院检察长应指定有权机构的一名成员作为报告人。调查期间，调查人员应听取相关人员、被告、原告及证人的证词后完成所有有效调查。涉案检察官可请其同僚、最高行政法院的律师或者律师工会的律师为其至最高法院辩护。

司法部部长或总检察长收到控告后，如果认为事出紧急、所指控之事实可能追究涉案检察官惩戒责任的，可在咨询涉案检察官所在法院总检察长的意见后，向最高司法委员会提出建议，暂时停止该检察官的职务，直至责任追究程序结束。同样，暂停涉嫌违纪的检察官行使职权。由于涉及公共利益，所以这一裁定不可以公开，也不可以剥夺待遇。如果司法部部长在 2 个月之内不要求最高司法委员会发起惩戒程序的话，那么对涉案检察官的暂时停止职权就会自动中止。所有针对检察官的惩戒，非经最高司法委员会的同意不得执行。针对派任司法部中央行政部门的检察官的惩戒，也同样非经最高司法委员会的同意不得执行。

如果当事人直接向司法官最高委员会控告检察官，先由控诉受理委员会进行预先审查。审查的内容主要包括所指控的事实及请求是否清楚、指控材料中是否有指控人详细的个人资料以及指控是否在当事人涉诉案件判决发生效力的 1 年后进行。如果受理委员会在审查控诉后，认为指控材料不充分，或者指控理由显然不成立，或者不符合程序要件，则应予以驳回。但如果受理委员会认为指控具有初步的证据证明且符合各项程序要件，则应予以受理，并告知涉案检察官。自最高司法委员会受理案件后，涉案检察官有权了解指控的相关证据及材料。在此期间，受理委员会可向涉案检察官所属上诉法院的总检察长了解各种有用的信息并要求其发表评论意见，也可以会见涉案检察官及控告人，听取其意见，但受理委员会并不享有调查权，不得会见证人。

受理委员会在综合各方材料及意见后认为应启动纪律惩戒程序时，应将案件移送"检察官小组"（司法部的内设机构，由检察总长任委员会主席、1 名最高法院院长、2 名副总检察长、2 名资历最深的司法部官员以及 3 名检察官组成，负责检察官的纪律惩戒）审查。如认为事实不成立则予以驳回，此裁决为终审裁决，不得提起上诉，但司法部部长以及总检察长仍保留对涉案检察官向最高司法委员会提起控告的权力。受理委员会所作出的裁决，应告知涉案检察官、控告人、涉案检察官所在法院的检察长以及司法部部长。

若无调查必要或案情已经明朗，可以直接传唤被交付检察官至惩戒会议。被传唤的检察官应亲自出庭，但是如其有正当理由，如患病等不能亲自出庭，其可以委托 1 名同僚、1 名驻国家行政法院和最高法院的律师或者在律师公会登记注册的 1 名律师代其出庭应诉。同样，被指控的检察官有权翻阅案卷、调查材料以及报告人报告。传唤当日，在听取司法部门首长说明及报告后，被交付惩戒的检察官可以要求对案件进行补充说明与辩护。除不可抗力外，被传唤的检察官本人应该亲自出庭，否则按缺席处理。按照经修改的

《司法官地位组织法》第 65 条，除不可抗力外，被交付惩戒的检察官即使未到庭，惩戒程序仍然得进行并评议。惩戒会议过程应该公开。只有涉及公共安全或个人隐私或对司法整体利益有不利影响的情况下，最高司法委员会因公务需要，得封锁庭审程序的全部或部分。最高司法委员会将惩戒案件所表示的意见呈送至司法部部长。

当决定是否存在惩戒理由时，如果最高司法委员会的意见是平票的话，那么则倾向于赞成无须制裁。当确认存在惩戒理由时，制裁手段的选择取决于多数票意见。如果相反意见是平票的话，则惩戒会议主席的意见具有决定性作用。按照新的《司法官地位组织法》第 66 条，如果司法部部长认为最高司法委员会告知的检察官交付惩戒事由相当重大时，得对该委员会表达其最终意见。并得在最高司法委员会审核该检察官的报告后，添加新意见加入到该检察官的档案中。司法部部长的上述意见，应依行政程序通知该检察官。意见自通知之日起生效。针对纪律惩戒小组之后所作决议的上诉不会向申诉发起人公示。也就是说，司法部部长如果认为应采取比最高司法委员会作出的更为严厉的制裁措施，他应该通知最高司法委员会并附具理由。后者在听取有关司法官的意见后，作出新的意见，并载于涉案检察官的档案之中。该规定加强了最高司法委员会的权威，但司法部部长在针对检察官的惩戒时拥有作出更为具有严重的制裁权力，因此，司法部部长拥有行使对检察官的纪律惩戒权力而非最高司法委员会。和对法官的惩戒不同，最高司法委员会并非是惩戒检察官的裁判机构，对检察官行为的评估以及决定适用制裁措施的权力只属于司法部部长，而司法部部长不能授权他人行使该项权力。

被惩戒的检察官可以向最高行政法院寻求法律救济，提起越权之诉。最高行政法院可以对事实进行调查，以确定司法部部长是否滥用职权。最高行政法院作出的决定不可以上诉。

附　　录

附录一　法国《司法官地位组织法》
1958 年 12 月 22 日第 58-1270 号法令

第 1 章　总　　则

第 1 条

Ⅰ. 司法官包括：

(1)最高法院的法官和最高法院检察署的检察官、上诉法院的法官和上诉法院检察署的检察官、地方法院的法官和地方法院检察署的检察官以及在司法部履行行政职能的法官和检察官。

(2)地方法院的法官和地方法院检察署的检察官、上诉法院的法官和检察官等司法官，其上分别设有法院院长和总检察长。各级司法官分别行使按照其等级所属的职权。地方法院以及地方法院检察署在审级上隶属于上诉法院以及上诉法院检察署。

(3)司法学员。

Ⅱ. 在职业生涯中，所有司法官依照其意愿得以被提名并履行其职权。

第 2 条

司法官职位分为两个等级。从第二等级司法官升任至第一等级司法官由考试成绩决定。

必须服务五年以上，司法官方有机会被升至上一等级司法单位工作，但最高法院除外。

各等级司法官按照其职位等级建立其资历档案。

各等级司法官的任命履职，由最高行政法院颁布的法令所确定。

任何司法官都可以被任命或指派为地方法院院长、简易庭首长或地方法院检察署检察长。但是，这一条款不适用于已经担任最高等级职务的司法官。

第 3 条

无等级区分(特级)的司法官包括：

(1)最高法院的司法官(但特别顾问和副检察总长除外)。

(2)上诉法院的院长以及上诉法院检察署检察长。

(3)上诉法院各庭庭长以及上诉法院各副检察长。

(4)巴黎地方法院院长，首席院长及首席侦查法官及巴黎地检署检察长及诸位副检察长。

(5)以下各地位法院的院长及地检署检察长如：埃克斯·普罗旺斯、贝松、博比尼、波尔多、克雷代伊、埃夫里、格拉斯、格勒诺布尔、里尔、里昂、马赛、梅斯、米卢兹、楠泰尔、南特、尼斯、蓬图瓦兹、鲁昂、斯特拉斯堡、图卢兹、凡尔赛等。

最高行政法院上述命令的决定，是依据司法业务的重要性、司法官以及司法职位之公务员员额编制及各管辖区域人口数、各地方法院院长及副院长候用名单任命。地方法院检察署检察长及各副检察长，均无职位等级的区分。

附注：2001 年 6 月 25 日的组织法第 2 条规定，原始上项第 4、第 5 条文业经废止修正并于本法最后一条之日期公布施行。

第 3-1 条

本法第 1 条第 1 项第 2 款所提到的司法官在同一等级地方法院或者上诉法院司法官请病假、长病假、产假、休假、在职培训或者休年假的时候，代理后者履行职务。

这一代理职务期间最长为 8 个月且不得延长。代理履职期间，司法官执行其相应等级司法官相关工作。

第一审法院的司法官被代理期间最长不得超过 8 个月且不得延长。为了确保合理的办案期限，第一审法院以及上诉法院的第一等级法官被代理期间最长不得超过 8 个月且不得延长。

除经本人同意外，法官不得被调动职务。法官因故不能履行职务期间，应有代为履行职务的代理人，直至其回任法官职务或者直至法院院长同意其不能执行职务期间届满为止。

司法官职务的代理，根据法官或检察官的不同，分别由上诉法院院长或检察长命令，决定其代理期间的长短和原因。

在没有代理人或者暂停期间较为短暂时，地方法院法官或检察官的工作可以由上诉法院法官或检察长代为执行，在大审法院的法院法官之间与检察官之间可以互调。

每一上诉法庭，代理司法官的数量不得超过该上诉法庭及管辖区域简易法庭中司法官数量的十五分之一。

但必要时，法官的任命也可以在上诉法院法官员额总编制之外，根据全国同一等级法官预算员额予以增加。

司法官在服务 2 年后并得依据其申请，在大审法院中申请调转为同一管辖上诉法院法官，其任命决定依据地方法院或地检署司法官的空缺，以及申请人就空缺依其排名而决定，但空缺若为主管职务时，则不在此限。

依据现行条文规定，司法官在现有等级内的工作期限最长不得超过 6 年。期间结束后，应根据其办案质量调动至其法官或检察官职务规定的高一等级。最迟在 6 年期限届满前 4 个月，司法官有请求调动的权利。若无可选择，司法官可直接被调至大审法院及其管辖的上诉法院。但在必要时，亦得在有职务等级编制的司法官员额之外增加名额。此一额外增加的员额会因开缺的使用而被吸收。

必要时，最高行政法院可以通过命令附加条件。

第 4 条

法官不得被免职。

因此，如果未经本人同意，即使是晋升，法官也可以不予接受。

第 5 条

检察官受上级与司法部部长的指示与指挥。但在法庭上，检察官的发言是自由而不受拘束的。

第 6 条

所有司法官在初次任职时或就任某一职位之前，必须作出如下誓言：

"我誓以忠诚与勤勉来执行我的工作，并以宗教般的虔诚来保证审判的秘密和司法官的威严与神圣。"

无论如何，司法官都不能违背上述誓言。

上述誓言在上诉法院作出。但最高法院的司法官则在最高法院宣誓。

司法官回任原职时，仍应宣誓。

第 7 条

司法官任职或者调动都应有正式仪式。

必要时，可以在上诉法院签署书面誓词。

第 8 条

司法官在履行职务的时候，不能兼任公私职务及额外受薪。

但是，在经过法院上级批准后，司法官就其职务上与权责有关及提升司法工作的课程讲授是许可的。这一兼职不能有损于司法官尊严以及司法独立，但是司法官根据法律规定而参与司法仲裁则不受此限制。

司法官无须批准可自行学习科学、文学与艺术。

第 9 条

司法官的权限不及于法国国会、欧洲议会、经济委员会、社会委员会、国会议员以及下列法国各属地之国会或地方议会：新加里多尼亚、法属波利尼西亚、瓦利斯和富图纳群岛、圣巴塞罗缪、圣马丁、马约特、圣皮埃尔和密克隆岛。

如案件牵涉参议院或众议员，在管辖法院区域内，所有司法官或者法院文件都不得对此国会议员行使职权。

司法权以及司法官权力对于地方议会、各省市议会、巴黎市议会或科西嘉岛国会均不得介入。

根据现行条文，担任法国民意代表未满 5 年者，不得依考试被任命为司法官，除非担任民意代表 5 年以上始得依司法考试通过而被任命，但曾任欧洲议会代表 3 年以内者，即有经考试通过被任命为法国司法官的资格。

本条前项三条文，对于最高法院法官不予适用。

第 9-1 条

司法官或曾任司法官者，不得执行律师职务，不得担任诉讼代理人、公证人、执行官、商业法庭书记官、司法行政人员、清算委托人或者 5 年内曾于上述人等管辖区域内所雇佣之人。

前项条文，对于最高法院法官不予适用。

第 9-1-1 条

担任司法官之前，曾在法国海外属地行政单位或公益机构任职 2 年以上者，不得于法国海外属地，如新加里多尼亚、法属波里尼西亚、瓦利斯和富图纳群岛、圣巴塞罗缪、圣马丁、马约特、圣皮埃尔和密克隆岛等地担任司法官。

第 9-2 条

司法官离职请求担任私人职务，应先经过司法部部长的许可。相同规定于离职 5 年内的司法官亦适用之。

如司法部部长认为其有损司法尊严或正直、危害司法本质或者司法权的正常运作以及败坏司法工作时，可以不同意即将离职的司法官担任此类私人职务。

若违反现行条文禁止的规定时，司法官离职后得依本法第 7 章条文的规定受处分，司法官退休后亦为本法第 7 章的调整对象，退休后的司法官如有司法退休金而出现违反行为时，亦可被要求返还。

现行条文的修正依最高行政法院决定。

第 10 条

司法官不得介入政治协商。

司法官不得针对司法当局或政府进行恶意游行示威，即使此类游行示威是根据宪法赋予人民的自由权利，这亦与其司法工作内容不能相容。

司法官还不得从事任何妨碍或者停滞司法工作的联合行动。

第 11 条

当发生针对司法官的恐吓、攻击或其他行为时，司法官均受到刑法和特别法规定的保护。如上述行为造成司法官受到损害，国家有义务弥补，并应立法就此损害以金钱弥补。

第11-1条

所有司法系统内的司法官仅得因个人过错承担责任。

承担司法公职的法官存在个人过错的，仅得由国家提起司法官追偿之诉。

国家对司法官提起的民事诉讼，由最高法院民事法庭审理。

第12条

司法官不得担任与其司法工作无关的军事职务。

所有关于司法官参与机关以及司法委员会以外的委员会规定条文，均应经过司法部部长签署批准。

除已有4年司法官工作经验者外，任何司法官均不得被指派或者占缺在法国司法部服务。

第12-1条

每一司法官的司法工作均需接受2年一次的考核。考核的内容在必要时应事先公布。

上述考核进行之前，由司法最高首长或所属首长与司法官面谈其工作执行情况。关于轻罪法庭法官面谈时，应由地方法院负责行政业务的法官在场。考核应该完整呈现该司法官的工作表现。

司法官对上述考核有异议时，得事先向晋升委员会提出，委员会有权在面谈前收集该司法官的观察资料，并于必须面谈前公布对该司法官的考核意见。

现行条文由最高行政法院公布实施。

第12-2条

司法官个人档案包括其历任行政职务、登记注册资料、前科以及身份字号等。但司法官个人档案内不得标注其政治活动以及政治意见、参加工会与否、宗教与哲学倾向，也不得记载司法官的私人生活事项。

对于上述资料，所有司法官可以在法令规定条件下使用。

第13条

司法官应定居于法院辖区或所属法院辖区。

司法官因个人特质或临时需要，其情况得由司法首长转呈司法部部长核准其是否居住于辖区之外。

附款　司法官团体

第 13-1 条

法院或地检署或者司法部的司法官团体，得依本法第 35 条第 4 项规定，选出若干名司法官预先于司法委员会担任司法官。

前条司法官团体的成员名单应由司法命令保守秘密 3 年。

第 13-2 条

在每一上诉法院辖区内，除上诉法院院长或上诉法院检察署检察长外，司法官均登载于特殊名录。

最高法院内的第一级与第二级司法官则登载于巴黎高等法院检察署名录内。

服务于司法部及其所属中央行政机关内的司法官则登载于特殊名录内。

特殊名录内亦登载法国海外属地以及新加里多尼亚行政机关服务的司法官在内。

司法官于离职期间、特殊假期、特别长假或在国家法定假日期间，临时代理的法官，于代理期间不得登载于该法官名录内，其本人于上述期间亦不得登载于该法官名录内。

第 13-3 条

司法官委员会的成员均由上述登载于第 13-2 条文中的司法官选出。

每一管辖区内的司法官以及每一依第 13-2 条文分类登载的司法官，各别依名录成为候选人或由其本人指定成为任一分类登载名录的候选人。

可被挑选分类如下：

(a)归于上诉法院法官类，此见诸于第 13-2 条第 2 项。

(b)归于地方法院法官类，此见诸于第 13-2 条第 3 项。

附注：依 2007 年 5 月 5 日第 2007-287 号法令第 36 条第 3 项，规定该条第 3 项包含适用本法在内。

第 13-4 条

司法委员会设置于最高法院内，由最高法院第一法庭庭长召集开会。

司法委员会于开会前依据秘密选举名册选出会议主席，上述司法委员会司法官依第 13-2 条的名录登载。

司法官团体于委员会会议召开前 3 天举行选举。

若司法官团体无法召开，司法官团体的上述权力则转由最高法院院会召开，依此情形选举事务亦由最高法院负责处理。

若最终仍无法选出司法委员会主席及其代理人，于超过命令规定的期间 6 个月，依本法第 35-1 条规定之一，司法官团体得继续办理补充选举。

第 13-5 条

本章条文依最高行政法院的命令颁布。

第 2 章　司法官的招募与培训

第 14 条

司法学员的培训由法国司法官学院负责提供。

在职司法官均由义务接受在职培训，司法官的在职培训亦由法国司法官学院负责，相关培训规定由法国最高行政法院颁布。

此外，法国司法官学院也培训其他国家的准司法官，特别是与法国有科技和司法合作的国家。司法官学院亦可提供这些国家的司法官信息以及帮助这些国家的司法官进步。

法国司法官学院的组织架构及功能由行政规章予以公告。

第 1 节　法国司法官学院的入学

第 15 条

法国司法学员的考试与选拔规定：

(1) 依本法第 17 条规定举行的公开考试。

(2) 依资格。

第 16 条

成为司法学员应当具备以下条件：

(1) 拥有经承认的四年制以上大学学士学位、法国本国学位或由欧盟或其共同市场会员国，在经法国司法行政法院承认其本国司法部认可的学位、或是由政治学硕士、或前曾有法国高等师范学院

113

学位，此类考生不适用本法第 17 条第 2、第 3 款规定。

(2) 拥有法国国籍。

(3) 行使公民权并且心智健全良好。

(4) 遵从国家服务规定，品行端正。

(5) 具备执行司法官职务工作所需的身体条件，或可给予长病假后被权威机构认为痊愈的。

第 17 条

三种司法官考试对考生公开举行：

(1) 第一，符合本法第 16 条规定的考生。

(2) 第二，曾任中央分类表第 1、第 2、第 3、第 4 级的国家公务员及地方公务员、军事或国家其他机构的公务员，或在曾任地方司法公务员，而在考试举行年度 1 月 1 日前仍在任职者。

(3) 第三，曾任下列工作的地方司法人员 8 年以上：曾于地方政府地方议会任职司法职务，或是议员或从事非职业性的司法工作等合计 8 年以上者。上述期间不得并计公务员及军人或曾任陪审团工作年限。

对于符合上述第 3 条考试规定的公务员，在考试前有准备阶段以资筛选，前项通过准备程序的公务员，若在司法考试中失败，2 年内可以直接再次考试，无须再经过准备程序。

对于已经符合本条文第 3 条规定，以及通过甄选规定者，另有准备程序公开。若有考生曾参与准备程序，但于第 3 试中失败，仍允许在最后期限结束后延长 2 年，报考国家级公务员 A 分类考试、地方公务员 A 分类考试、公立医院人员考试以及在符合规定下参与国立行政学校的入学考试。

现行条文的相关条件，由最高行政法院予以公告。

第 17-1 条

立法条文有关公务人员考试年龄限制的规定，同时适用于司法官考试。

第 18 条

通过第 17 条规定考试者，由法国司法部部长授予司法学员身份，并领受待遇。

第 18-1 条

拥有法律硕士学位并且符合第 16 条其他条件，在司法、经济、社会等领域具备 4 年工作经验，能胜任行使司法职务者，得具备司法学员的资格。

符合以下资格者，亦有司法学员的资格：除博士学位外，尚有其他高等学历的法律博士以及取得硕士学位后曾于公立高等学校从事法律教学或研究为期 3 年且拥有司法学科高等学历者。

依本条文所录取的司法学员人数不得超过自第 17 条考试录取者的三分之一。

本条人员的任命，由法国司法部部长依本法第 34 条的规定并依委员会意见予以公布。

第 18-2 条

司法学员的最高年龄与最低年龄的限制，由最高行政法院依本法第 18-1 条规定。

最高行政法院同时规定司法官依本法第 18-1 条录取时其所需学业年限。

司法学员在最初培训阶段所选择的单位实习与学习，均应服从各机关的规定。

于上述学业年限届满时，司法学员依其成绩分类得以升任。

第 19 条

司法学员以司法官的名义从事司法工作，但不能具名。

其工作主要包括：

协助侦查法官执行职务；

协助检察官追诉；

以咨询方式额外参与民事法官与轻罪法官的合议；

并以口头报告附带民事赔偿的请求与结论；

参加法官的合议。

司法学员在司法官学院期间，至少于律师工会实习 6 个月或担任律师助理。本项期间依第 18-2 条第 3 项规定，列入培训区间内。

备注：2008 年 1 月 1 日期生效的第 2007-287 法令，2007 年 3 月 5 日组织法第 2007-287 法令第 36 条第 2 项最后一段对司法学员适用。

第 20 条

司法学员应保守其职业上所知的秘密。

所有司法活动均应学习，其于学习前，应于上诉法院作出如下宣誓：

"我誓以宗教般的虔诚来保守职业秘密以及保持司法学员的正直与尊严。并且，在任何情况下，都不得违背此誓言。"

第 21 条

法国国立司法官学院设有陪审团，负责司法学员结业时候的司法能力分类评估。必要时，陪审团对各个学员作出推荐以及对司法学员初任时作出推荐。此一对初任法官的司法学员的推荐或最终保留推荐，在其担任司法官的期间会一直有效。

陪审团亦决定司法学员的开除与重修。

分类名单上呈至司法部部长后，应登载于官方公报。

第 21-1 条

第一等级与第二等级司法官考试，分为两种：

考生除必须符合第 16 条规定条件外，还应具备以下条件：

(1)应司法官第二等级考试的考生，至少于当年度考试的 1 月 1 日时，已年满 30 周岁且具备 10 年以上司法、行政、经济、社会领域方面的相当经历，特别是符合司法工作的需要。

(2)应司法官第一等级考试的考生，至少于当年度考试的 1 月 1 日时，已年满 50 周岁且具备 15 年以上司法、行政、经济、社会领域方面的相当经历，特备是符合司法工作的需要。

上述人员录取后，由法国国立司法官学院依本法第 19 条规定为职前培训。培训期间领受薪水。

所有司法活动均需要学习，并于培训阶段开始时在上诉法院宣誓："我保证保守各司法阶段中所获知的侦查秘密、调查秘密与审判秘密"，任何时候均不得违背其誓言。

法国司法官学院院长对每一学员均应建立学习档案，就其学习情况依本法第 21 条规定向司法官学院的陪审团提出报告。

与司法学员面谈后，陪审团得提出学员担任司法职务的能力评估。

依第 28 条规定的候用人员，符合担任司法工作后至任命前，仍有预备培训。本法第 27-1 条的条文不予适用。

司法官考试录取前，执行其他司法职务的年限，于其职务等级分类以及升迁时，依现行条文一并计算。

本法第 25-4 条于依资格类录取的司法官适用之。

考试录取名额每一整年度不得超过：

(1)第二等级司法官录取名额不得超过前一年度司法官总额的五分之一，但依本法第 25 条规定，得为同一年度法官人数不足的法院而增加录取。

(2)第一等级司法官录取名额不得超过前一年度升任第一等级司法官总额的十分之一。

现行条文的相关条件，由最高行政法院予以公告。

第 2 节　司法官的任命

第 22 条

第二等级司法官的任命，必须满 35 周岁以上且具备以下条件：

(1)符合本法第 16 条规定的条件，至少担任 7 年以上的工作者，得被任命为司法官；

(2)曾任法院书记官或者劳动法庭书记官 7 年以上者；

(3)于司法部服务的公务员 A 分类中，不符合第 16 条 1 项规定，并服务 7 年以上者。

第 23 条

可被任命为第一等级公务员者：

(1)符合第 16 条的规定，并从事司法工作 16 年以上者。

(2)曾任法院书记官或者劳动法庭书记官，符合上述条件，及依最高行政法院现行条文执行司法工作者。

第 24 条(已废除)

第 25 条

依本法第 22 条任命升任为第二等级司法官总额，不得超过前一年度考试录取名额的四分之一。

第 25-1 条

依本法第 23 条任命的司法官，不得超过前一年度升任名额的十分之一。

第 25-2 条

司法委员会得依本法第 34 条规定，就本法第 22 至 23 条任命的司法官表达意见。

司法官学院及司法官考试委员会的主任委员，亦得于司法委员会中发表意见。

司法委员会决定司法官的等级、团体、薪水以及候用人员的工作。必要时，亦得决定于分配工作前予以培训。

依本法第 22 条规定招收的司法官及工作内容计划，最迟应于 2 年前提出，本条文于 2001 年 6 月 25 日第 2001-539 号司法官身份组织法案生效日前，任命为司法官者，以及在最高司法委员会成立前者，于任命后 10 年内仍然适用。

第 25-3 条

依本法第 22、第 23 条分类的候用人员，由司法委员会依本法第 34 条规定准许。试用阶段的培训，依修正后第 19 条规定由法国司法官学院负责。

依第 34 条第 1 项规定，得免除候用人员前项的试用阶段。

候用培训期间，候用人员必须保守职业秘密，并于试用阶段开始时于上诉法院宣誓："我保证保守于各阶段中所获知的侦查秘密、调查秘密与审判秘密。"

司法官学院院长依各候用人员的报告，依第 21 条规定对司法官学院的陪审团提出报告。

与司法学员面谈后，陪审团得提出学员担任司法职务的能力评估，并依本法第 34 条规定转达委员会。所有对于不利于学员候用期的升迁决定，本条第一项规定均应附加理由。

最高行政法院决定上述条件，并将其规定于第 25-2 条，候用培训期间，所有候用人员均享有社会保险以及薪水。

第 25-4 条

本法第 22、第 23 条的规定，通过司法官考试者，有关其薪水、退休金等宪法权利、重新取消代理以及于其担任司法官前的司法职业年资等，一体适用。

上述年资视司法预算总额或者其他条件予以确定。

国家于总预算中应保留款项以计算上述人员的退休年资基础，上述人员并以其为计算届时退休年龄应分担的金额度。

此外，司法官于 1992 年 2 月 25 日第 92-189 号法令，修订本部 1958 年 12 月 22 日第 58-1270 号司法官身份组织法，生效前曾任律师、诉讼代理人、公证人、执行官、书记官者，依现行条文规定，得就条文作出有利解释。

附注：2001 年 6 月 25 日的第 2001-539 号法令第 9 条规定：第 25-4 条适用于依旧条文第 24 条规定考取的司法官，同时也适用于依特别举行的司法官考试录取者。

第 2 章　司法官的在职培训(已废除)

第 3 章　第一等级与第二等级司法官①

第 29 条

在所有与司法官服务及特殊性相容的可能方法内，司法官的任命应考虑司法官的家庭因素。

依 1921 年 12 月 31 日与各地方外国籍公务员有关的条文，其因婚姻身份而得在各省担任公务员者或因此而取得永久居留权者，此一条文的规定并不适用于司法官。

第 30-1 条(已废除)

第 30-2 条(已废除)

第 26 条

总统依司法部部长的提议，任命司法官学院的司法学员为有职级的第二等级司法官身份。

---

①　本章条文并非错置，条文顺序与法国官方公告一致，其原因系本章依 1967 年 2 月 21 日公布的 JORF 67-130 1967-02-20 组织法令第 3 条规定修正章名。

除第 21 条规定保留给司法官学院的陪审团外，依成绩优劣提出名单，以司法部部长的名义任命。

司法官学院的司法学员对被任命的职务不得有选择方面的意见，若有意见而拒绝者，视同被解职。

如有司法学员对于职务有选择方面的意见时，司法部部长应将上述意见提交到最高司法委员会。

若司法学员对于任命其为法官有不同意见时，司法学员得在征询最高司法官委员会的意见后，提出参考职务，但仍需要服从最高司法委员会的意见。若司法学员对于任命其为检察官有不同意见时，司法部部长得不予理会，或于征询法国最高司法官委员会意见后提出参考职务，但仍需要服从最高司法官委员会的意见。

若司法学员拒绝接受最高司法官委员会的新提议时，则视为被解职。

司法官依第 2 种或第 3 种考试录取而进入法国司法官学院者，以及依本法第 18-1 条规定录取者，其之前的司法执业年资依现行法规定，得列入其司法官第二等级的年资预先计算。2001 年 6 月 25 日第 2001-539 号法令生效前任命为司法官者，于任命后 10 年仍然适用。

最高行政法院决定现行条文的适用。

第 27 条

年度司法官名单的提出，必须依考试成绩结果预先提出给司法部部长，由司法部部长决定其名录。此一名单均应通知所有司法官，若有司法官未知悉者，可经其上级长官向司法部部长反映，请求补登。

最高行政法院决定现行条文的适用。

第 27-1 条

第一等级与第二等级司法官与候用人员的任用名单，与最高司法官委员会任用法官及检察官等职位间有共通性。

上述任用名单应报告最高法院院长、上诉法院院长、上诉法院检察署检察长、司法视察长及司法部内中央行政机关首长，因其等担保上述名单中司法官的分发。同时上述名单亦须呈送给司法有关的工会及相关组织，并依司法相关组织的请求，允许司法官兼任其组织或工会工作。

所有与候用司法官任命计划有关的观察报告，均应报告给司法部部长及法国最高司法官委员会。

上述现行条文，并不适用于司法部秘书长负责的代理检察官部分，代理检察官的任命不适用本法第 26 条的规定，也不适用本法第 45 条第 2、第 3、第 5 款及第 46 条第 2 项。

第 28 条

法国各地方法院院长及简易第一审法院院长的任命、最高法院法官的任命，均应由总统依最高司法官委员会的建议任命。

司法官职务等级的升任及司法官调任其他职务的命令，均由司法部部长于分别征询最高司法官委员会中法官委员及检察官委员后，依总统命令将之调为法官或检察官工作。任命于检察署职务的司法官与任命于司法部中央行政部门担任职务的司法官，均适用相同法规。

最高法院陪席法官及最高法院检察署副检察长的任期为 10 年，不得连任，也不得延长。

第 28-1 条

前述人员，最迟于 10 年后任期届满前的 9 个月，应告知司法部部长，于相同职务等级但在与所辖的上诉法院辖区不同的三审级职务中，其欲接任的任何职务。上述人员的职务要求，排除任何审级的法院院长及检察长的职位要求。

前述人员于服务届满 10 年的 6 个月前，法国司法部部长得要求上述司法官，主动提出 3 个在不同上诉法院的职务要求。

10 年期间一届满，前述人员即得依照其所要求的职务、条件及前 2 条规定接受任命。

若前述人员未依本条文第 1 项规定表达其欲接任的职务，必要时，依现行条文第 2 项，司法部部长可以提出在相同职位等级范围内的新职务，任命最高法院陪席法官为三个审级中的法官，或副检察长为三个审级中的检察长。若在上述任命的 1 个月内未获上述人员同意，其任期即到 10 年任满为止。

上述任命依现行条文规定均已公布，若有必要依预算而在该职务等级内额外增加最高法院陪席法官或副检察长时，须依组织额外而增加编制。

相关额外任用的陪席法官或副检察长，均为长假期到来之前额外优先任命。

本条文所述司法官，若 3 年前曾被调动职务者，或是遭加注执行职务参考意见，或是最高检察署检察官加注参考意见者，不得依第 39 条任命为最高职务等级司法官。

第 28-2 条

法国重要地方法院或第一审法院院长及检察署检察长的工作内容，依本法第 28 条规定，须各由其所属辖区上诉法院院长或检察署检察长规划运作。

与上述条文不同，特别上诉法院辖区内第一审法院院长及检察署检察长的工作内容，须各受巴黎地方法院院长及检察署检察长的规划运作。

特别上诉法院院长及检察署检察长的工作，须各受巴黎上诉法院院长或上诉法院检察署检察长的规划运作。

在被派任为重要地方法院院长或检察署检察长，或是第一审法院、特别上诉法院院长或检察署检察长之前，该司法官得被任命兼为上诉法院法官或上诉法院检察署副检察长或兼任巴黎第一审地方法院的法官。

重要地方法院或第一审法院或特别上诉法院院长或检察署检察长，其任期不得超过 7 年。任期届满前，若未再接受任何新职务，总统得将其调任回原任的上诉法院或地方法院的职务。

附注：2001 年 6 月 25 日第 2001-539 号法令第 13 条规定，法条第 28-2 条，适用于自 2002 年 1 月 1 日起任命的司法官。

第 28-3 条

重要地方法院或第一审法院的侦查法官，少年法庭法官及刑罚执行法官的工作内容，由各重要地方法院或其第一审法院法官依本法第 28 条任命。

上述被派任于重要地方法院或第一审法院的侦查法官、少年法庭法官、刑罚执行法官前，该司法官得依前条规定被任命兼任重要地方法院或第一审法院的法官，命令必要时并得在编制员额外以第一优先顺序公布。

重要地方法院或第一审法院的侦查法官、少年法庭法官、刑罚执行法官的任期不得超过 10 年。此一期间届满前，该司法官若为接受新任命，由总统命令予以解职，并回任其原重要地方法院或第一审法院原始任命的法官身份。必要时，亦可依第 45 条规定的申请而提前解除上述工作。

第 30 条

最高行政法院得以命令先行规定律师、诉讼代理人、公证人、书记官等，依现行法条规定，得直接取得司法官身份的条件及各期薪俸，亦得于同一命令中规定此类人员退休时的退休金付款方式、其执业年资合并与排除等事项。本命令同时对 1990 年 10 月 29 日 80-844 号法令生效前的人员，平均购买其之前年资时，依现行条文规定亦适用。

第 31 条

某一审级法院裁撤时，法院内的法官及检察署检察官应依下列规定接任新职位，或依本法第 28 条前 2 项规定其身份适用。

在某一审级法院裁撤前最迟的 9 个月前，法院的法官或检察署的检察官应报告司法部部长，其想要在同一辖区内接任与该被裁撤工作内容相近的新职位。

若上述司法官未依规定提出要求，可向被裁撤审级法院的同一辖区内或相邻的同一法院另外提出欲接任的三个新职位。最迟在前项条文规定的 6 个月之前，司法部部长得邀请这些司法官们各提出有意接任的新职位，但不得要求接任法院首长。

在该审级法院被裁撤之日，司法官们得依其上述请求被任命。

若司法官们未表达任何新职位的要求，将回任其原职位。

依前述 4 条文任命的司法官应予以公布，必要时，亦得额外在不受各司法官等级的编制预算外限制的方式，于司法机关内运作。此额外编制员额以最优先方式列入编制之内。

最迟于某审级法院裁撤前的 9 个月，检察署的检察官向司法部部长表明其欲接任的新职位。最迟在 6 个月前，司法部部长得请上述司法官们提出其需求，但其需求不包括各级法院首长工作。

若有必要，于该审级被裁撤之日，亦即上述司法官被任命新职位之日，得依前 6 项规定，于编制外额外赋予新职位。

第 32 条

5 年内曾于重要地方法院或第一审法院辖区执行过以下职务者：律师、诉讼代理人、公证人、书记官、商业法庭的商事诉讼代理人等工作者，不得被任命为该辖区内的法官。但依第 34 条规定任命上诉法院及其辖区内的新职务时，依其规定。

第 33 条

各审级司法部门的书记官依行政规章被任命为土地登记法官。于执行上述职务 3 年后，该土地登记法官，虽无相关法律证照，依第 34 条规定在符合司法委员会的意见下，亦可担任第二等级的司法官。上述任命发布前，得依其个人意愿先完成司法试用阶段，并同时接受职前培训。

第 4 章　司法官升迁委员会

第 34 条

司法官升迁委员会的创设为决定司法官人事升迁及停止名单以及决定司法官能力倾向的名单。此一委员会专属法官及检察官的团体。

总统签署司法官升迁名单前，须先告知最高司法委员会内的各单位。

司法官升迁委员会得评价司法官升迁人选的司法生涯表现，并录入司法官升迁名录及司法能力倾向名单，上述司法官司法生涯的结论及观察意见，均登载于文件内。司法官升迁委员会亦得将上述职业生涯表现报告呈送给权力机关使用。

司法官升迁委员会每年均应将此一报告公诸大众。

第 35 条

司法官升迁委员会的成员，除最高法院第一法庭审判长、院长、检察总长外，尚包括法院内的：

（1）总司法视察长，若无司法视察长，则由副司法视察长或司法观察主管担任，上述人员须具备司法官资格，并至少于单位内的副首长职位等级相当。

（2）最高法院最高职位等级司法官，其中一名为法官，另外一名为检察官，由该法院内的全体法官及检察署检察官选出。

（3）各上诉法院的2名院长及2名检察长，各别由上诉法院院长及上诉法院检察署检察长中选出。

（4）10名各地方法院选任的司法官，7名为第一等级司法官，3名为第二等级司法官，分别由司法官团体依第1章附款条文规定中选任。

依本条选任第2、第3、第4款的司法官升迁委员时，亦应同时选任候补委员。

附注：2007年5月5日第2007-287号组织法第36条第3款规定，第35条第4款规定包含1958年12月22日58-1270号现行命令的适用。

第35-1条

依前述第2、第3、第4项选任的司法官升任委员及候补委员，任期为3年且不得连任。

依前述第2、第3、第4项选任的司法官升迁委员因死亡而空缺、因故最终不能执行职务、辞职，或丧失被选出的资格时，其空缺由候补委员填补。候补委员得短暂代理该名委员，但该出缺者与候补者的席位不能同时并存。

第35-2条

司法官升迁委员会任职期间，包括候补委员在内，均不得参与本人的升任会议，亦不得参与本人升任至最高职务等级的司法官。

（本条文与宪法委员会1992年2月21日92-305DC的决议不同）

第36条

升迁调动表每一年度均应被建立，升迁调动表一年决定一次，年度升迁表有效期间至下一年度升迁调动表建立时。

司法官能力倾向名单，每年至少建立一次，此名单除与登记事项相关需要登记外，不得更改。

司法官能力倾向名单的建立必须遵循一定的行政规则。

上项行政规则所定的条件，决定司法官每年升迁条件及限制及最终补充名单。此外，上述规则亦包括：

(1)所有独任法官任命前所应具备年资。

(2)独任法官被任命为地方法院院长或检察署检察长所应具备年资。

附款　检察署咨询委员会(已废除)

第 36-1 条(已废除)

第 36-2 条(已废除)

第 36-3 条(已废除)

第 36-4 条(已废除)

第 5 章　最高职务等级司法官

第 37 条

最高职务等级司法官均由总统依宪法第 65 条规定任命。

依前项条文规定，上诉法院院长职务由最高法院法官担任。

上述职务未上任前，该人员同时兼具司法官身份。此时，第 39 条第 3 项不予适用。必要时，并可优先于最高法院员额编制外编列。

上诉法院院长任期不得超过 7 年。

上述任期届满前 6 个月，上诉法院院长得请求任命为司法副视察长。前项任命应于 7 年任期内决定。

前项任期届满时，若上诉法院院长为接任任何新职务，即由总统解除其职务，并回任其原本最高法院法官身份。遇此情形，亦可依其请求于任期届满前即请求解职，或主张适用第 45 条规定。

附注：2001 年 6 月 25 日第 2001-539 号法令第 13 条规定，第 37 条条文的草拟，源自现行组织法第 4 条规定。此一规定适用于 2002 年 1 月 1 日起任命者。

第 37-1 条

第 27-1 条规定适用于最高职务等级的司法官，但最高司法官委员会提议的总司法视察长、副总司法视察长及最高检察署检察官及上诉法院检察署检察长，不在此限。

第 38 条

最高职务等级检察官的任命，由总统依最高司法官委员会的意见任命。依 1958 年 11 月 28 日第 58-1136 号法令（有关于国家内政及军事者），而需另外征询司法部顾问者除外。

第 38-1 条

检察总长及上诉法院检察署检察长的任期，不得超过 7 年。

附注：2001 年 6 月 25 日第 2001-539 号法令第 13 条规定，第 38-1 条适用于 2002 年 1 月 1 日前任命者。

第 38-2 条

重要地方法院法院及地检署检察长均为第一等级司法官，并且分别由辖区内上诉法院具有庭长或副检察长资格者，依第 37 条及第 38 条规定担任。

但巴黎地方法院院长及地检署检察长由最高法院法官及最高法院检察署副检察长资格者担任。

上述职务未派任前，前述司法官兼具有上诉法院庭长及该院检察署副检察长的身份，或最高法院法官或该院检察署副检察长身份。但第 39 条第 3 项规定不适用。必要时，并可编列司法组织员额编制外。此一编制外员额得优先适用。

重要地方法院或第一审法院院长或该院检察署检察长的任期不得超过 7 年。

任期届满时，上述人员若为接受任何新职务，其职务视为被总统解除，但其仍保有原上诉法院或最高法院法官的身份。此时，亦得依其请求于任期届满前即请求解职，或主张第 45 条规定。

附注：依 2001 年 6 月 25 日第 2001-539 号法令第 13 条规定，第 38-2 条适用于 2002 年 1 月 1 日起任命的人员。

第 39 条

关于升迁条文的规定，不适用于最高职务等级司法官。

除最高法院陪席法官及最高法院检察署检察官外，须具有第一等级及第二等级司法官经历者，才可依第 76-4 条规定被调升为最高等级司法官，并且，以上经历应包含有不同审级的工作经历。

未具有最高等级的身份，或在担任最高法院陪席法官或最高法院检察署检察官后，仍未取得最高职务等级司法官资格者，均不得被任命为最高法院法官。同时，其亦不可兼有最高法院第一等级司法官身份。

最高法院陪席法官及该院检察署副检察长中四分之一席位，保留予有第一等级并曾担任 8 个月以上检察官或陪席法官者。

若无任何人选，上述职位不得授予现行条文中前述第三项所述的司法官。

第 12-1 条规定，不适用于最高法院最高职务等级司法官、上诉法院院长及该院检察署检察长。

第 40 条

下列人员若符合第 16 条的规定，得直接被任命为最高职务等级司法官：

(1)政府常务顾问。

(2)曾因司法命令调动，而于司法部担任主管、处长，或曾于国立司法官学院担任处长的司法官。须具备担任上述职位 5 年以上经历，方可于最高法院任职最高职务等级司法官职务。

(3)最高行政法院调查官 10 年以上经历者。

(4)具有 10 年以上法学院教授或大学教师职位者。

(5)曾任最高行政法院及最高法院律师经历，或法规委员会的现任或前任成员，并具有 20 年以上经历者。

加入法国律师团体的律师，执业超过 25 年者，亦具有上诉法院最高职务等级司法官资格，除法院院长、检察长外。

符合本项第 3、第 4、第 5 款及本条款第 7 项(40-7 条)的候选人须经委员会依 34 条规定表示意见后，方可任命。

依本条任命的行政法院、最高法院法官及曾担任法国律师团体律师，最高行政法院依法颁布条件，规定其对于要求政府退休金的权利或其被任命为司法官的服务年资。法令并规定其需要缴纳税金总额及保留政府对于其缴纳退休金课税权利。

此外，依本条规定新任人员，于组织法 1992 年 2 月 25 日第

92-189 条正式开始执行前，亦予适用。

附款 最高法院及检察署办理特别事务的法官及副检察长

第 40-1 条

符合本法第 16 条条件者，并具有 25 年以上司法官资历且具有与最高法院职务相称的能力及工作经验者，可被任命为最高法院院内办理特别事务的法官或副检察长。

最高法院办理特别事务的法官依其权限行使最高法院法官的职权。

最高法院检察署副检察长得于该署内行使其办理特别事务的权限。

最高法院及其检察署办理特别事务的法官与副检察长，其员额各不得超过最高法院最高职等及最高法院检察署最高职等检察官总数的十分之一。

第 40-2 条

最高法院法官及最高法院检察署副检察长任期为 8 年且不得连任，分别由最高法院法官及最高法院检察署检察官任命。

担任最高法院办理特别事务的法官及检察官，其候选人的条件由最高行政法院法官依命令公布。

非经最高法院法官及副检察长本人要求，不得终止其职务。当其违背职务时，可依本法第 45 条第 6、第 7 项或第 40-3 条的规定予以惩戒。若其被终止最高法院法官或副检察长职务，则适用本法第 40-5 条规定。

第 40-3 条

对最高法院法官及最高法院检察署副检察长行使惩戒权，应依第 7 章规定由有权机关行使。此有权机关除执行第 45 条的惩戒外，另得以其他方式，宣布中止最高法院法官或检察署副检察长任期。

第 40-4 条

办理特别事务的最高法院法官及检察署副检察长，应遵守司法官身份相关条款规定。

但其不得担任最高司法官委员会或人事升迁委员会的成员，亦不得介入上述机关成员的任命。

其也不得有任何升等及调动。

在其等级职务中止后 1 年内，亦不得从事其等级在最高法院或检察署任职时的相关事务。

第 40-5 条

具有相同公务员资格，办理特别事务的最高法院法官及检察署副检察长，可于相关体系间调动，但任期中不得有任何升迁。

上述最高法院具有公务员资格的法官或副检察长，不适用本法第 45 条第 4、第 5、第 6、第 7 项中的惩戒规定。

最高法院具有同等公务员资格的法官或副检察长，任期届满时，回任其原来职务。并且升迁幅度与原体系内的其他成员并无不同，必要时，亦得于机关员额编制外增加任用。

最高行政法院副院长担任主任委员的委员会，负责审核曾有公务员年资，依旧制计算可调任到最高法院担任办理特别事务的法官或副检察长。此委员会包括由最高行政法院全体会议指派的最高行政法院法官一位，由最高职务等级司法官团体指派最高法院法官一位及法院选出的资深法官一位、相关行政科室主管、人事主管或司法首长等。当此一委员会的票数相等时，该主任委员的票数具有决定性影响。

上述期限届满前 3 个月，前述人员应向该委员会，依前项条文规定，表达其希望接受的职务类型及欲分配的地方。于其提出回任要求 2 个月后，该委员会于表单上列出三个职务供其选择。

该委员会根据司法部行政权责相关单位提议，为调职人员列出职务清单供其选择。若调职人员不接受任何司法部提供的职务，也对委员会职务清单无任何表示，则委员会得于其任期结束时随意指派任一工作。

上述人员新任职务 2 年期间内，未经委员会同意，不得有任何职务上的变更。

现行条文由最高行政法院颁布实施。

第 40-6 条

办理特别事务的最高法院法官或检察署副检察长于上任前，关于其之前有利职务条件得暂时保留，直至任期届满。于其上任新职务 1 年后始得主张。

上述保留条件，于应当事人要求，以双挂号寄出通知后第 15 天开始生效。

最迟于期限届满后 2 个月，办理重大案件的最高法院法官或副检察长，应通过附回条挂号信表示其回任工作的意愿。

上述人员得回任其原本工作，当该意见寄出后 2 个月，经征得单位同意，重回法院为相同薪资工作。必要时，其曾任职于最高法院时所有专业领域上的能力，仍可重新确认，为足以面对工作上的变化。

第 40-7 条

办理特别事务的最高法院法官和检察署副检察长，依现行社会立法制度，具有政府职务、公共管辖职务、公立医院等，正式代表人的资格。

办理特别事务的最高法院法官和检察署副检察长，得享有前条规定以外的资格如下：

（1）关于工作意外、职业病、社会安全法典第 4 篇条文，适用于最高法院法官及检察署代理检察长，与政府非常任代理人条件相同。

（2）享有生老病死、伤残保证金或其社会安全制度负担外，亦由其所加入的社会安全制度承担。

（3）因特别编制额外退休，制度并不补贴，其担任代表人的某些福利仍与国家提供者相同。

除上述三段提及的社会制度实施外，必要时，包括主管单位义务及额外退休制度相关义务，均由政府承担。

本法得依需要制定实施的适用期限。

第 3 节　司法调动

第 41 条

法国国家行政学院、大学教授、讲师等职位，于下列条件下，得成为司法官第一等级或第二等级职务调动的对象。

依前述资格条件招考，如以中央政府公务员、地方政府公务员、公立医院及国会公务员身份而录取的公务员，均适用本条的规定。

第41-1条

符合第 41 条规定的要求，并具有前项 4 年以上资历者，得升任至司法官第二等级。

符合第 41 条规定的要求，并具有前项 7 年以上资历者，得于服务 7 年后，升任至司法官第一等级。

第41-2条

司法部部长于征询本法第 34 条委员会意见后(必要时，得加注不利于被调动者的意见)，依法公布司法调动命令。上述不利于司法官调动均应附注理由，第 34 条的委员会得决定被调动人员的职务。

依本法第 41 条规定的人员，亦得为司法调动升等对象，除其已经具备该职务等级者外。

第41-3条

依第 41 条规定，得为司法调动对象者，于调动前需依本法第 34 条规定，完成 6 个月的职前培训，其培训内容由该委员会决定。

本法第 41 条规定的调动人员，依本法第 19 条及第 20 条第 1 项规定，于职前培训开始前，应至职前培训管辖的上诉法院宣誓如下："我誓将竭尽全力维护职前培训期间于地方法院检察署阶段、地方法院的侦查法官阶段及法院审判各阶段所获知的行动方案、司法文件和司法审判的秘密。"

第41-4条

依第 41 条规定的司法调动对象，须依本法第 28 条规定派任。

该人员于初任司法职务前，应依本法第 6 条的规定宣誓。

第41-5条

每一次司法调动期间为 5 年，经派任者不得连任。此一期间不断中断，但经该司法官申请或依本法第 45 条第 6 项、第 7 项及受第 41-6 条惩戒事由者，不在此限。本法第 41-7 条于调动期间中断者适用。

第41-6条

依本法第 41 条调动对象的纪律规范，由权责单位依本法第 7

章规定执行。此一权责单位除独立行使本法第 45 条规定的惩戒之外，亦得以其他与纪律有关理由行惩戒，或中断司法调动。

对本法第 41 条规定的人员行惩戒程序时，亦适用本法第 45 条第 4 至 7 点规定，此一惩戒亦将对其调动前身份发生影响。

第 41-7 条

在保留本法第 41-9 条所规定权利下，调动人员于期限届满得回任原职，其回任原职的等级及其升等条件，依前条规定与调动时接受的条件相同。必要时，并得在编制外增加员额。

前述委员会依本法第 40-5 条规定，负责审核上述人员回任条件。

最迟于调动期限届满前 3 个月，调动者应向委员会告知其自愿接任的地方及职务。于向委员会要求回任意见 2 个月后，委员会应提供 3 个职务供其选择。

该委员会依前项规定，并征询司法部相关单位对于调职者人员的意见后，应列出职务清单供调动人员参考。若该调动人员于任期届满时，仍无法接受所提供的职务，委员会可随意指派新职位。

前项调动人员于重任新职位 2 年内，未经委员会同意，不得有任何职务上变更。

现行条文由最高行政法院颁布实施。

第 41-8 条

司法调动人数，不得超过司法官第一等级及第二等级人员的二十分之一。

第 41-9 条

担任司法官 3 年以上者，即有资格升任至第一等级或第二等级司法官。

但所有第一等级的司法官升任，应于司法体系或第 41 条规定的司法体系单位外最少服务 7 年以上。

前述任命规则与各职务等级司法官人数的配额，依本法第 25 条及第 25-1 条规定。升任则依本法第 25-2 条规定。但第 25-2 条第一段最后一句不予适用。

第 4 节　临时编制的司法官

第 41-10 条

年龄 65 周岁以下，曾有地方法院陪席经验者，其能力和经验足以被任命为地方法院法官或陪席法官。

但仍需符合第 22 条第 1、第 2、第 3 项的条件，或依法曾有 7 年以上司法自由职业执业经历且迄今仍保有该法定头衔者。

第 41-11 条

依本质司法考试录取的司法官，其派任是依司法组织法年度法律规定派任至各地方法院任职，负责民事诉讼、刑事诉讼案件。但不含劳资调解委员会的裁决，上述司法官于地方法院内，不得担任超过四分之一的职务。

此类司法官于地方法院担任陪席法官时，须依据司法组织法年度法令规定，派任至不同单位。并且依本章规定，担任陪席法官者只有一位。

第 41-12 条

本法第 34 条的委员，提供候用人员清单。

依本法第 41-10 条录取的司法官，其任期为 7 年，不得连任。并于通过本法第 21-1 条规定的职前培训前，即可派任为司法官。

本法第 25-3 条第 1 项及第 2 项规定，于前项司法官候用人员适用。

司法官学院院长，得对每一司法官候用人员予以评估报告后，呈送至本法第 34 条规定的委员会。

依本法第 34 条规定，司法官的任命需经该委员会一致通过。本法第 27-1 条的规定，不适用于司法官候用人员，委员会如对于第二项，通过职前培训人员的任命不予赞成时，应附加理由。

司法官候用人员就职时，必须依本法第 6 条规定宣誓。

司法官候用人员人事档案的存放、期限条件、任用期间及其赔偿与保护等条件，由最高行政法院以命令决定。

第 41-13 条

依本章规定录取的司法官，必须遵守现行身份规定。

唯其不得成为最高司法官委员会的成员，亦不得成为司法官升迁委员会的成员，亦不得介入地方法院人员的任命过程。

本法第13、第76条对其不适用。

上述司法官的补贴条件，由最高行政法院决定。

第41-14条

本章所录取的司法官，与本法第8条规定不同。此类司法官得在外从事与司法职务有关且无损司法尊严与独立的工作。但从事与司法有关自由职业的此类司法官，不得于其工作地点外的地方法院及辖区内执行司法职务。

此类司法官不得同时兼任公务人员，但兼任大学教授及讲师，不在此限。

改变上述兼职时，司法官应告知上诉法院院长并表明新职务不会影响其司法职务。

此类司法官不得受理与其兼职有关的案件，或与其兼职有关系往来一方的案件。遇此情形，地方法院院长或行政长官，得依该司法官或对照当事人的请求，将案件指定由其他法官承办，或重新审理，对于重新审理的决定不得抗议。

第41-15条

依本章规定录取的司法官，其惩戒由有权机关依本法第7章的条件执行，此一有权机关，除得独立依本法第45条第1点规定事由执行惩戒外，其亦得以其他与纪律有关的理由执行惩戒或中断司法调动。

第41-16条

依本章规定录取的司法官，除其本人申请或依本法第41-15条所定惩戒事由外，不得终止其职务。

于中止司法职务1年内，该司法官不得以司法官身份，就与其职务相关的一切事项表达意见。

第5节 简易法庭法官

第41-17条

以下人员，符合第16条第2点及第5点条件，具有被任命为简易法庭法官资格，执行地方法院第一审职务：

(1)曾任司法部或者行政部门的司法官。

（2）年龄 35 周岁以上，有相当能力与经验者。依现行法规定，符合第 16 条第 1 点要件，现任或曾任司法自由业资格，并于司法体系内有 4 年以上执业经验。

（3）于司法体系内，担任行政管理职务或干部 25 年以上者。此一规定与 2003 年宪法委员会议第 2003-466 号决定不同。

（4）具有 A 和 B 类公务员资历，并服务于司法界，其经验足以胜任司法职务者。

（5）曾任职司法调解委员会 5 年以上者。

第 41-18 条

简易法庭法官工作的派遣由地方法院负责行政事务的法官负责。

其依据年度法令，分配不同单位简易法庭法官。

本项条文依司法组织法制定。

第 41-19 条

简易法庭法官任期为 7 年，与法官相同，不得连任。

本法第 27-1 条不适用。

简易法庭法官于其任命前，得由最高司法官委员会，委由司法官学院为职前培训。并依第 19 条规定方式至相关单位实习，本法第 25-3 条规定，于此职前培训阶段适用。

唯最高司法委员会，亦得以候用人员经验充足为由，依本条第 3 项规定免除职前培训。

司法官学院院长，对各候用人员得为实习成绩评估，并将成绩呈送最高司法委员会及司法部部长。

简易法庭法官任职前，应依本法第 6 条规定宣誓。

依本条第 3 段免除职前培训的简易法庭法官，仍应依本法第 19 条规定，接受司法官学院其他方面的培训。

本条候用人员人事档案、期限条件、任用期间及赔偿与保护等条件，由最高行政法院以命令予以决定。

第 41-20 条

简易法庭法官须遵守现行身份规定。

其不得成为最高司法委员会成员，亦不得成为司法官升迁委员会成员，也不得介入地方法院人员的任命过程。

非经简易法庭法官的同意，不得为升等以及调动。

本法第 13、第 76 条规定，对其不予适用。

第 41-21 条

依最高行政法院命令规定，简易法庭法官非全时工作者，得于受理案件期间补贴金额。详见最高行政法院的命令。

第 41-22 条

简易法庭法官与本法第 8 条规定不同，此类司法官得在外从事与司法职务有关且无损司法尊严与独立的工作。但从事与司法有关自由业的此类司法官，不得于其工作地点外的地方法院及辖区内执行执行司法职务。

为不与第 8 条第 2 项规定抵触，此类司法官不得同时兼任公务人员，但兼任大学教授及讲师，不在此限。

改变上项兼职时，司法官应告知上诉法院院长并表明新职务不会影响其司法职务。

此类司法官不得受理与其兼职有关的案件，或与其兼职有关系往来一方的案件。遇此情形，地方法院院长或行政长官，得依司法官或对造当事人的请求，将案件制定由其他法官承办，或重新审理，对于重新审理的决定不得抗议。

简易法庭法官，于兼职期间的相关文件，均不能提及有关的诉讼记录且不论于其任职中或之后，亦均禁止引用。

第 41-23 条

对简易法庭法官的警告与惩戒，依本法第 7 章所定条件实施。除本法第 44 条的警告及第 45 条的惩戒外，亦得以惩戒中止其职务。

第 41-24 条

简易法庭法官年龄上限为 75 周岁。

非经简易法庭法官主动申请，或依本法第 41-23 条所定惩戒，不得中止简易法庭法官的职务。

于中止司法职务 1 年内，该简易法庭法官不得以司法官的身份表达与其职务相关的一切意见。

第 6 章　司 法 待 遇

第 42 条

司法官的待遇，包括俸禄与附加待遇。

司法官的待遇，由司法部参考决定。

第 7 章　司法惩戒

第 1 节　总　则

第 43 条

司法官一切违反自身义务、荣誉、高尚以及尊严的行为，均构成受惩戒事由。

诉讼当事人的权利由一系列程序规则予以保障。司法官是否严重并故意违反此类程序规则所确定的义务，由最终司法裁决决定。

并由检察署的成员，或司法部中央行政单位负责审核的法官，依据司法官的层级判断。

第 44 条

除惩戒程序外，司法视察长、上诉法院院长、检察长、司法部中央行政单位主管，均得对下属司法官提出警告。

警告存续期间为 3 年，3 年期间内没有新的警告或者惩戒，其记录自动消失。

第 45 条

司法官惩戒方式如下：

（1）书面警告；

（2）调离现职；

（3）解除某些职权；

①最长 5 年内不能派任独任法官；

（4）降级；

①1 年内停止其部分职务，减除其部分或者全部附加待遇；

（5）降职；

（6）强制退休，或当司法官无权领退休金时中止其职务；

（7）撤职。

第 46 条

若同时有数项惩戒事由，仅能依前述法条中的一项予以惩戒。

一个纪律疏忽仅能惩戒一次。但均得于第 45 条惩戒中第 3 点、第 3 之 2、第 4、第 4 之 2、第 5 点中附加"职务调动"的惩戒。受到职务调动者，依本法第 77 条第 1 项规定，禁止保留职务上的荣誉头衔。

第 47 条(已废除)

第 48 条

对法官的惩戒，由最高司法委员会会议予以决定；对检察官或司法部门司法官的惩戒，由司法部部长决定。

对司法官调职、停职或永久中止职务的惩戒，则由最高司法委员会、司法部部长依该司法官最后所任职务，由检察署、司法部或审判体系确定其惩戒程序。

第 48-1 条

国际间裁定有关指责法国政府司法运作的缺陷，均由司法部部长转送至有关的上诉法院院长。

与上述缺陷有关的司法官亦应被告知。

遇到惩戒必要时，可由司法部部长及上诉法院院长依第 50-1、50-2 和 63 条的规定提出。

第 2 节　法官的惩戒

第 49 条

法官惩戒会议的组成，与宪法第 65 条和 1994 年 2 月 5 日第 94-100 号组织法第 14 条关于最高司法委员会组织法所规定的条件相同。

第 50 条

司法部部长遇到紧急情况且征询各级法院首长意见后，得依最高司法委员会提议，禁止遭提起惩戒的司法官行使职权，直到惩戒程序最终裁定为止。若是暂时禁止行使职权裁定，为公共利益不得公开，也不可以剥夺司法官的待遇。

最高司法委员会如未于 2 个月内，依本法第 50-1 条规定向司法部部长提议，则不得对司法官为暂时禁止行使职权的裁定。

第 50-1 条

最高司法委员会具备理由受理惩戒案件，并向司法部部长提出惩戒建议。

第 50-2 条

最高司法委员会亦受理惩戒案件副具理由建议，并转告上诉法院或特别上诉法院院长。

此一文件副本抄送司法部部长，司法部部长亦得要求司法视察机关展开调查。

第 51 条

最高司法委员会受理惩戒案件展开调查程序后，受惩戒的司法官有阅览初步调查资料及文件的权利。

最高法院院长得以惩戒会议主席的身份，指定与会成员进行调查并提出报告。

最高司法委员会会议于审理受惩戒资料前，得中止被惩戒者的司法官职务，直到最终裁定为止。

此一禁止不包括停薪。裁定不公开。

第 52 条

调查期间，调查人员应听取相关人员、被告、原告及证人的证词后，始得完成所有有效调查。

被交付惩戒的司法官，可请其同僚、最高行政法院的律师或者律师工会的律师为其至最高法院辩护。

上述听证程序，最迟于 1 日前告知被交付惩戒人或其律师。

第 53 条

若无调查必要，或事情已经明朗，得直接传唤被交付惩戒人至惩戒会议。

第 54 条

被交付惩戒的司法官应亲自出庭。但其有合理理由如生病等，得请其同僚、律师至最高法院为其辩护。

第 55 条

被交付惩戒的司法官有权知悉其资料与调查文件及其与调查报告人之间的关系，其法律顾问也有权知悉。

第 56 条

传唤当日，在听取司法部门首长说明及报告后，被交付惩戒的司法官得要求对案件进行补充说明与辩护。

第 57 条

惩戒会议过程应该公开。只有涉及公共安全或个人隐私或对司法整体利益有不利影响的情况下，惩戒委员会因公务需要，得封锁庭审程序的全部或部分。

惩戒会议的合议过程应予以保密。

上述经合议的裁定须附充足理由并且公开。

除不可抗力外，被交付惩戒的司法官即使未到庭，惩戒程序仍然得进行并评议。

第 58 条

上述评议的裁定，需依行政程序通知被交付惩戒的司法官。裁定于通知之日起生效。

第 3 节　检察官的惩戒

第 58-1 条

司法部部长遇有检察官遭到控诉时，如状况紧急，在征询各级法院首长意见后，得依最高司法委员会提议，禁止遭提起惩戒的司法官行使职权，直至惩戒程序作出最终裁定为止。若系暂时禁止行使职权裁定，为公共利益得不予公开，但不得剥夺其待遇。

最高司法委员会如未于 2 个月内依本法第 50-1 条规定向司法部部长提议，则不得对司法官作出暂时禁止行使职权的裁定。

第 59 条

所有检察官的惩戒，非经最高司法委员会的同意不得执行。

现行条文，适用于派任司法部中央行政部门的检察官。

第 60 条(已废除)

第 61 条(已废除)

第 62 条(已废除)

第 63 条

最高司法委员会受理司法部部长提交的用以支持纪律惩戒诉讼的犯罪事实通知。

最高司法委员会受理上诉法院检察长或最高上诉法院的共和国检察官的此类通知(同上)。

相关文件的复印件交予司法部部长，他可以要求开展国家司法监察部门的调查。

任何被告人，若其认为在与其相关的司法程序中，司法官行使权力的行为不妥从而应被惩戒，可向最高司法委员会提出。

按照上述 1994 年 2 月 5 日第 94-100 号组织法第 18 条所规定的条件，上诉应被由负责检察院法官的小组成员组成的申诉受理委员会审查。

申诉满足以下条件：

——若该司法官所属检察院或国家检察院仍然负责该诉讼程序，上诉不能针对他。

——在通过不可撤销的有关诉讼程序的最终决议后且一年迟延期已满，其不能被提交。

——应包括详尽的犯罪事实及诉讼理由的引证。

——应该有被告人签名且包含他的身份，地址及其他用于鉴别案件诉讼程序的要素。

若诉状明显不可接受，申诉受理委员会的主席可以弃置它。当最高司法委员会的申诉受理委员会已宣布其受理诉状，它将通知被诉司法官。

申诉受理委员会要求负责被诉司法官的上诉法院检察长或最高上诉法庭共和国检察官提供观察报告及所有有用的必要信息，并且要求司法官向其提供观察报告。在由申诉受理委员会要求对其所作的 2 个月的延期中，上诉法院检察长或最高上诉法庭共和国检察官会将所有观察报告提交给最高司法委员会及司法部部长。

申诉受理委员会可以听取司法官陈述，若有必要，亦可听取提交申请的被告人陈述。

当事实已被评定为可被纪律惩戒，申诉受理委员会将把关于申诉的审查转交给最高司法委员会负责检察官纪律惩戒的小组。

若申诉被否决，依现行条例首两段之权威规定，保留对最高司法委员会提交已被公示的犯罪事实的权力。

被起诉的检察官，相关法院检察长、司法部部长，会被告知申诉的否决以及纪律惩戒诉讼中的义务。

关于否决的决议不接受任何形式的上诉。

一旦最高司法委员会已受理且程序已开始进行，检察官便拥有权利了解其文档及预调查的文件。

检察官小组主席可以指派一名小组成员为报告人。该报告人负责调查。当最高司法委员会已受理被告人的司法委托，则根据上述条例，在申诉受理委员会对申诉进行审查后，方可指派报告人。第52 条例中的法令具有效用。

第 64 条

若无调查必要或案情已经明朗，得直接传唤被交付惩戒的检察官至惩戒会议。

当最高司法委员会已初次受理被告人的司法委托，在已根据第63 条规定之条件通知司法部部长后的三个月迟延期满前，不可召开庭审。

本法第 54、第 55、第 56 条的规定，于最高司法委员会程序中适用。

第 65 条

除不可抗力外，被交付惩戒的检察官即使未到庭，惩戒程序仍然得继续并进行合议。惩戒会议过程应该公开。只有涉及公共安全或个人隐私或对司法整体利益有不利影响的情况下，最高司法委员会因公务需要，得封锁庭审程序的全部或部分。

最高司法委员会对于惩戒案件所表示的意见，呈送至司法部部长。

第 65-1 条

当决定是否存在惩戒理由时，如果最高司法委员会的意见是平票的话，那么则倾向于赞成无须制裁。

当确认存在惩戒理由时，制裁手段的选择取决于多数票意见。如果相反意见是平票的话，则惩戒会议主席的意见具有决定性作用。

第 66 条

司法部部长如认为最高司法委员会告知的检察官交付惩戒事由

相当重大应采取更严重的制裁措施时，得对该委员会表达其最终意见。并得在最高司法委员会审核该检察官的报告后，添加新意见加入到该检察官的档案中。

司法部部长的上述意见，应依行政程序通知该检察官。意见自通知之日起生效。

针对检察官小组之后所作决议的上诉不会向申诉发起人公示。

第66-1条(已废除)

第8章　职　　位

第67条

司法官的职务现状分为：

(1)在职。

(2)调职。

(3)候用。

(4)奉国家指派。

(5)亲子假。

司法官的调职，有别于国家公务机关体制而建立。

第68条

公务员职务的设置，如果与司法体系不相冲突者，亦可适用，但下列情形不在此限。

第69条

司法官因为健康原因不适合任职时，可依据国家医疗委员会的意见，向司法部部长提出病假申请。在等待批准过程中，若经最高司法委员会一致同意，司法部部长得暂停该司法官职务。

最高司法委员会有权审核其档案日期、调阅档案等权力，以决定该司法官的申请是否可以被受理。

最高司法委员会的意见应该通知该司法官。

考虑到公共利益，暂停职务的决定不应该公开。

暂停职务期间，该司法官的完整薪酬得以保留。

如自停职起6个月届满时，医疗委员会还没有作出决定，那么停职措施自动失效。

国家医疗委员会组织及其运作，由最高行政法院的法令予以决定，详见本条文第 1 段。

第 70 条

职务调动的司法官，人数不得超过司法官总人数的百分之二十。

第 71 条

遭停职的期限届满时，若该司法官经评估仍有回任其本职工作能力者，仍得给予其回任原职的机会。若被要求中止职务时，亦有退休请求权。

若司法官拒绝接受所指派的职务，得被派任至不同单位的同一等级的职务；若仍然不接受新职务，其职务即中止，但仍有退休请求权。

第 72 条

司法官的调动、停职或服兵役，经司法部部长听取最高司法委员会的意见后，由总统依检察官与法官不同而予以公布。上述意见应尊重本法第 12 条第 3 段、第 68 条和第 4 条关于法官的规定。司法官申请调动、停职从事自由业、经营生意、至私人企业上班、至大公司或私营机构工作者，应经由上述程序处理。同时也需考虑司法官近 3 年的工作表现。

此外，调动法令由司法官调动后的单位首长副署。变更调动时，若仍与原先派令相同时，可不须再次副署。

现行本法第 28、第 37、第 38 条的规定，于司法官回任原职时予以适用。

第 9 章 司法官职务的终止

第 73 条

司法官职位的终止，会导致在单位中除名以及司法官身份的丧失，但本法第 77 条规定不在此限。司法官职位永久终止有如下情形：

(1)奉上级命令辞职，或依合法程序申请辞职获准者。

(2)依法不得要求退休金，而准许退休或中止职务者。

(3) 被撤职。

(4) 经任命于政府中央行政机关或其他政府机关的职务者，如第76-2条的情形。

第74条

除奉上级命令辞职外，辞职必须由当事人书面申请。

辞职经上级核准后开始生效，其职务终止的生效日期亦由上级决定。

第75条

终止职务一旦接受后，不得撤回。如果职务终止后被揭露的事实确认有必要惩戒，那么终止职务不会对之构成阻碍。

第76条

一般公务人员延长退休年龄的规定也适用于司法官。司法官的年龄限制，上限为65岁。

只有最高法院院长及检察总长的年龄上限为68岁。

第76-1条

司法官应始终在职工作，直至其届满退休年龄当年6月30日为止，但其另有不同请求者除外。

第76-2条

司法官得依其请求调动职务，在调动后亦得回任原职，或依特别法规定，与一般公务员相关条件及期限，在国立行政学院中任职。

司法官得依其请求调动职务，其可依特别规定的条件，在大学中担任教授或讲师职务，调动后亦得回任原职。

第76-3条

国立行政学院依前述第76-2条规定所调任的司法官名单，必须经最高行政法院作出最终决定。

第76-4条

为符合升任最高等级司法官职务，司法官至少应具备司法职务服务4年以上，并曾经历以下不同性质职务的经验。

不同性质的工作包括如下：

(a) 与法律工作相近的行政单位，或与法国公法有关的组织。

（b）公营企业或与公益有关的私法人团体。

（c）在欧盟政府机构或其相关机构中任职，或曾在外国行政机关或国际组织中任职。

上述不同性质职务的历练期间，以 1 年为限且仅得连任一次。期间结束后，司法官依法均应回任司法工作。回任原职者，必要时，并得于编制员额外予以任用。

前述不同性质工作的执行，应遵循最高司法委员会 1994 年 2 月 5 日第 94-100 号法令第 20-1 条规定所表达的意见。

附注：2007 年 5 月 5 日第 2007-287 组织法令第 36 条第 4 项规定，1958 年 12 月 22 日第 58-1270 号法令第 76-4 条的规定，适用于初任司法官职务者。

第 76-5 条

第 76-4 条的规定，不适用于初任司法官职务前曾有 7 年假释审查官经历者。

第 77 条

所有司法官的退休均应批准，除依本法第 45 条第 2 项保留司法官的荣誉头衔。但上述荣誉头衔亦得于该司法官离职时，由最高司法委员会加注意见，而于退休离职时一并解除。

被交付惩戒的司法官退休离职时，在惩戒程序结束前不得以该荣誉职自居且得依前项条文的规定，于惩戒程序结束后 2 个月内解除。

第 78 条

享有司法官荣誉职位期间，与其担任司法工作的时间相同。

其得享受该荣誉职位所赋予的荣耀与特权，并得于法院听证及庄严典礼时，穿着大礼服于法院列席。

其于典礼时，排列于同一等级司法官之后。

第 79 条

荣誉职司法官应遵守对于该荣誉职位所加的规定。

该荣誉职位得于该司法官获准退休后，予以裁撤。司法官任职期间犯有第 43 条所定荣誉职裁撤原因者，退休后为司法部部长所得知，亦得被裁撤。

司法官荣誉职，仅得依本法第 7 章规定予以裁撤。

第 79-1 条

［1992 年 2 月 21 日 92-305 号宪法委员会决定，本项条文与宪法规定不符。］

［1992 年 2 月 21 日 92-305 号宪法委员会决定，本项条文无法与现行法分割适用。］

第 10 章　其他条款及临时条款

第 80 条

现行临时条款及附加条款的生效条件及生效日期，依行政规则规定。上述附加条款的行政规则，亦可特别规定司法官于司法部中央行政机关服务时的条件、依现行条文关于有职务等级分类的治安法官任用条件及生效日期，以及未列职务等级分类的治安法官职务的取消，其特别规定及例外于本法第 2 条的适用情形。

附注：依 1958 年 12 月 22 日 58-1277 号法令规定，治安法官于司法官中重新分类。

第 80-1 条

最高法院法官及检察署副检察长工作内容的补充条件，亦由行政规则予以规定。上述规则亦得以临时条款的方式，依第 28 条第 2 项的方式予以适用。

第 81 条 (已废除)

第 82 条 (已废除)

第 83 条 (已废除)

第 84 条

与司法官有关的条文于现状不符合者，均予以废除。特别是以下：

关于第五共和国 7 月 16 日宪法，参议员组织身份的第 81、第 82、第 84 条的规定。

1810 年 4 月 20 日，修正关于司法与行政命令法第 48、第 49、第 50、第 57、第 58、第 59、第 60、第 61、第 64、第 65 条。

1810 年 7 月 6 日关于第 77 条皇室法院、重罪法院、特别法院的组织规定。

1852 年 5 月 1 日公告关于司法官退休及纪律规定。

自 1883 年 8 月 30 日修正司法组织第 10-18 条条文。

1905 年 7 月 12 日关于治安法官权力及重行组织条文，第 20、第 21、第 22、第 24、第 25 条的条文。

1906 年 4 月 17 日关于司法预算及收入的第 38 条条文。

1908 年 2 月 13 日法令关于司法官考取与升迁的行政命令。

1919 年 4 月 28 日修正关于司法官退休、升迁及招考的法令。

1923 年 5 月 28 日关于司法官升职的派任。

1926 年 5 月 18 日关于司法官宣誓就任的条文。

1926 年 11 月 5 日修正关于治安法官任命的条件。

1927 年 7 月 21 日关于司法官升迁的行政命令。

1927 年 10 月 2 日关于摩洛哥司法官的条文及同年 7 月 21 日关于升迁的条文。

1934 年 6 月 5 日关于司法部服务的司法官依纪律惩戒的解职、降级或调动。

1943 年 4 月 29 日关于律师公会律师未来转任司法官的阶段。

1945 年 11 月 2 日关于依司法官特种考试，任命司法官的命令规定。

1947 年 7 月 30 日关于治安法官组织的条文，1951 年 5 月 20 日第 51-346 号第 5 条第 1 项关于司法官的条文及 1946 年关于适用一般公务员的共通条款。

1954 年 12 月 31 日关于司法花费增加及于 1955 年改进司法信用的法令。

1957 年 5 月 11 日关于治安法官的任命与职业考试的行政规则。

附注：依 1958 年 12 月 22 日第 58-1277 号法令，治安法官于司法官中重新分类。

第 85 条

现行条文公告于法文版官方公报时开始生效。

附录二　2013 年法国司法报告有关司法官惩戒的部分(第四章)

第一节　2013 年最高司法委员会惩戒

A. 关于临时停止职权

2013 年 4 月 19 日、5 月 21 日和 10 月 31 日,最高司法委员会关于临时剥夺职权的申请作出三项决议。

检察官惩戒委员会对临时停职问题没有发布意见。

B. 决议的实际内容

- 2013 年法官小组作出五项重要决议
- 2013 年 2 月 21 日：无违纪情况。
- 2013 年 2 月 27 日：禁止其通过部门调动被提名或指派为最高法官。
- 2013 年 7 月 11 日：禁止其通过部门调动被提名或指派为最高法官。
- 2013 年 12 月 5 日：作出惩戒并记入档案。
- 2013 年 12 月 19 日：2013 年 2 月 7 日,在彼时事件的部门调动中,最高司法委员会作出决议,实行补充预审制(即预审鉴定),并指出受指控法官之行为已构成违纪。

2013 年检察院小组作出一项重要决议

- 2013 年 3 月 19 日：降低人员调动级别要求

2001 年至 2013 年纪律惩戒委员会纪律工作情况

年份	组织机构	暂时停职					具体操作(最高司法委员会裁决,检察院通知)						
		起诉案数	原告方			判决	起诉案数	原告方					决议与纪律惩戒建议
			GDS	PP	PG			GDS	PP	PG	JUSTI	CE	
2001	法官小组	1	1	0	—	1驳回	4	4	0	0			7
	检察官小组	0	0	—	0	0	5	5	—	0			3
总数		1	1	0	0	1驳回	9	9	0	0			10
2002	法官小组	1	1	0	—	1	3	3	1	—			3
	检察官小组	0	0	—	0	0	0	0	—	0			4
总数		1	1	0	0	1	3	3	1	0			7
2003	法官小组	3	2	1	—	2	4	2	2	—			2
	检察官小组	2	2	—	0	2	3	2	—	1			1
总数		5	4	1	0	4	7	4	2	1			3
2004	法官小组	1	1	0	—	2	4	3	2	—			6
	检察官小组	1	1	—	0	0	1	1	—	0			2
总数		2	2	0	0	2	5	4	2	0			8
2005	法官小组	3	2	1	—	1	7	5	2	—			3
	检察官小组	0	0	—	0	1	3	2	—	1			1

续表

年份	组织机构	暂时停职					具体操作(最高司法委员会裁决，检察院通知)						
		起诉案数	原告方			判决	起诉案数	原告方					决议与纪律惩戒建议
			GDS	PP	PG			GDS	PP	PG	JUSTI	CE	
总数		3	2	1	0	2	10	7	2	1			4
2006	法官小组	2	2	0	—	4	3	3	1	—			8
	检察官小组	2	2	—	0	2	3	3	—	0			2
总数		4	4	0	0	6	6	6	1	0			10
2007	法官小组	2	2	0	—	2	5	5	0	—			4
	检察官小组	0	0	—	0	0	2	2	—	0			2
总数		2	2	0	0	2	7	7	0	0			6
2008	法官小组	1	1	0	—	1	5	2	3	—			2
	检察官小组	1	1	—	0	1	1	1	—	—			2
总数		2	2	0	0	2	6	3	3	0			4
2009	法官小组	5	3	2	—	3临时停职 1驳回 1撤销	8	7	1	—			6
	检察官小组	0	0	—	0	0	0	0	—	0			2
总数		5	3	2		5	8	7	1	0			8
2010	法官小组	2	2		—	2	6	6		—			13
	检察官小组	2	2	—	0	1	1	1	—	0			1

续表

年份	组织机构	暂时停职					具体操作(最高司法委员会裁决，检察院通知)						
		起诉案数	原告方			判决	起诉案数	原告方					决议与纪律惩戒建议
			GDS	PP	PG			GDS	PP	PG	JUSTI	CE	
总数		4	4			3	7	7					14
2011	法官小组	4	3	1	—	3	10	8	2	—			3
	检察官小组	1	1	—	0	1	5	5	—	0			3
总数		5	4	1		4	15	13	2				6
2012	法官小组	2	2	—	—	1 临时停职 1 撤回	5	2	1	—	1	1	6
	检察官小组	2	2	—	—	2	5	3		1	1		3
总数		4	4			4	10	5	1	1	2	1	9
2013	法官小组	3	3	0		3	8	7	0		1	0	5
	检察官小组	0	0		0	0	2	2	—	0	0	0	1
总数		3	3	0	0	3	10	8	0	0	1	0	6

2013 年 12 月 31 日，惩戒委员会受理了以下案件：

法官小组：

——在 2011 年 2 月 11 日国务院作出决议后，受理关于最高司法委员会前任委员长的案件；

——2011 年 4 月 1 日司法部部长受理关于一名法官的案件；

——2012 年 1 月 27 日司法部部长受理关于一名法官的案件；

——2012 年 5 月 9 日主席受理关于一名副主席的案件；

——在受理委员会退回 2012 年 10 月 25 日关于一名副主席的诉讼申请时（由于并无违纪行为，此后在 2014 年 3 月 20 日的决议中没有判决惩处办法），受理了关于被告人的案件；

——在国务委员会作出 2012 年 12 月 26 日决议后，受理了案件（无具体所指，应承接上文。）

——在 2013 年 4 月 18 日受理委员会撤回决议后，受理关于一名副主席的案件；

——2013 年 6 月 20 日司法部部长受理关于一名法官的案件；

——2013 年 7 月 4 日司法部部长受理关于一名法官的案件；

——2013 年 7 月 22 日司法部部长受理关于一名法官的案件；

——2013 年 7 月 24 日司法部部长受理关于上诉最高司法委员会顾问的案件；

——2013 年 9 月 9 日司法部部长受理关于一名预审法官的案件；

——2014 年 1 月 2 日司法部部长受理关于一名副主席的案件；

检察官小组：

——2012 年 6 月 6 日司法部部长受理关于一名共和国副检察官的案件；

——2012 年 7 月 10 日 CAR 撤回决议后，受理关于一名共和国前检察官的案件（在 2014 年 1 月 28 日通过了免惩处的意见）；

——2012 年 8 月 27 日司法部部长受理关于一名共和国代理检察官的案件（2014 年 1 月 28 日提出撤回申请）；

——2012 年 12 月 20 日司法部部长受理关于一名共和国副检察官的案件；

——2012 年 12 月 20 日司法部部长受理关于一名共和国代理检察官的案件；

——2013 年 5 月 10 日司法部部长受理关于一名共和国代理检察官的案件；

——2013 年 7 月 4 日司法部部长受理关于一名共和国副检察官的案件。

第二节 诉讼程序

A. 开展初步行政调查的条件

自 2011 年起,进行这项调查的条件由最高司法委员会定期规定。其法律解释不断演变,国务院的决议使其明晰化。

在 2011 年 7 月 26 日 223807 号决议中,在国家司法监察部门开展调查时,国务委员会审查了法官可能对《欧洲人权公约》第 6 条条款及其辩护权相关内容不了解的情况。

上诉者坚持,若司法监察官员趁其不在场时进入其办公室开展调查,应视其侵犯辩护权。

2011 年的司法报告 131 页中称,为了避免调查过程中出现对于《欧洲人权公约》第 6-1 条条款及辩护权不了解的情况,国务委员会应仔细审查在诉讼期间是否始终尊重了辩护权。(CE,2011 年 7 月 26 日,332807 号)

——法官在了解调查国家司法监察部门结果并陈述其关于调查过程的观察报告后,被认为其已了解情况,并与调查达成一致。

——接收调查报告后,最高司法委员会主席在此案件中指派了一名了解当事人的报告人。

——全部文件,包括司法监察委员会的报告,其应被被诉法官掌握。

——其应定期参加庭审,并可在其间作出解释及陈述意见。

在这项决议上,检察院于 2011 年 12 月 8 日发表自己的意见,表示已排除由于行政调查期间缺乏援助而实施的违背遵守辩护权原则的方法,并证明调查文件已经在听证会前已交由法官管理,听证会结束后,法官有十五天的时间发表意见。而且,自最高司法委员会审理开始,直至整个诉讼开庭期间,当事人都享有参与权,并能发表所有他觉得有用的意见。

2012 年 9 月 20 日决议作出之后,最高司法委员会提出了同样的问题,最高司法委员会仔细审查展开行政调查的条件,并指出:

——报告期间,司法监察会委员长指派委员的介绍信须交予该法官且上诉法院院长向司法部部长所作报告之内容也应向该法官提交，该法官再把各类文件交给司法监察部门，并提出听证申请且重读声明笔录。而此声明的复印件此前已向其提交。

——司法监察委员会举行的听证会的前一天，该法官应了解监察小组收到的各类文件，并会被询问其是否同意声明中所记录的内容。此询问应由当事人提出。

——听证会前，法官应了解监察委员收到的补充审理信件，以及听证会上需被法官掌握的笔录和相关文件。（上述出现的法官应指被诉法官）

2012 年司法报告第 131 页中指明，通过开展行政调查，最高司法委员会将在各类听证会前，通过国家司法监察部门核查全部调查文件是否均已交由法官保管，法官是否接受重新登记笔录并且随时更改和完善。其保证一经审理，全部诉讼过程，不管是来自于最高司法委员会的调查，还是来自于司法监察委员会，都须告知被诉法官。而且最后，在最高司法委员会庭审报告人展开细致调查的期间，法官享有参与权并发表全部他觉得有用的意见。

最高司法委员会补充道："诉讼程序前的行政调查期间，当法官受到监察时，如果该名法官希望得到协助，那么这一要求应被允许。"2012 年司法报告第 133 页中指出，最高司法委员会不应重点关注辩护权，而应重点关注司法监察委员会建议实行的那些有效措施。

2013 年间，最高司法委员会的法官小组，再一次对"对一名法官开展行政调查"的理由进行了裁定。

因此有人认为，行政调查是在法官的健康状况不佳并违反了"对席原则（充分辩论原则）和辩护权的条件下开展的。一方面，由于'听证会举行之情况与被诉人所作解释之庄严性及其应被认可的人格是根本不符的'，另一方面，由于当事人因为缺乏援助从而不可能开展有效的听证会，所以即使他提出申请，也只能获得调查文件的副本。最后，在司法监察部门所举行的听证会期间，他缺乏法律援助"。

最高司法委员会仔细审核开这次听证会的条件，证明法官"在受到监察官的监察前和听证会期间，待全部文件交由他管理后，方可询问诉讼相关事宜且监察团同意他的申明记入会议记录"。听证会之后,法官可以申请补充调查。最后,最高司法委员会指出,听证会的后期结论对当事人的申请作出了说明,即她的丈夫要在第二天住院,所以她才不被强制留在巴黎。

另外,最高司法委员会确认,诉讼一经审理,全部诉讼过程须告知法官。在最高司法委员会庭审报告人展开细致调查期间,法官享有参与权,并发表全部他认为有用的意见。

根据来自司法监察部门与调查报告人的全部证明材料及其所作工作的情况,最高司法委员会指出,"为了尊重辩护权和对抗原则,不仅在最高司法委员会审理前、审理过程要尊重法官的权利,而且考虑到其(最高司法委员会)在掌握构成嫌疑之事实及确定纪律诉讼中发挥的决定性作用,则于其受理之前,在由司法部部长向司法监察部门提交委托后,开展听证会的必要条件也应得到尊重,听证会在行政调查间召开且允许被诉法官对行政调查有所准备"。

行政调查期间,考虑到所采取行动的重要性,由最高司法委员会制订具体措施。

若不能省去这一步,根据对行政调查期间听证会上对法官进行必要援助的原则,要求最高司法委员会审核任何情况下开展行政调查的条件,行政调查须根据辩护权体现的平等性原则得以展开。

最高司法委员会记录在2012年12月26日的两项决议中表明了其立场(见论2012年司法报告的决议第134页)。最高司法委员会庭审实际上是整个诉讼程序的基石。诉讼过程中的对席原则(充分辩论原则)及所采用法律手段的公平性原则应予以贯彻落实。若具体情况使得纪律惩戒诉讼过程中的辩护权得不到体现,则初步行政调查中的重要措施不会进行,以防对6-1条条款在诉讼过程中的违背(见2012年司法报告关于《欧洲人权法》第6-1条在诉讼程序中的应用问题)。

2013年7月11日的决议中,最高司法委员会提出以下三种情况:

——司法程序过程繁琐,整个案卷由11卷组成,法官不能全部或部分得到其副本,这使法官需要在一天半内持续十小时向司法监察委员会咨询诉讼程序；

——听证会在一天半内进行，持续 14 个小时 15 分钟。考虑到这一点，最高司法委员会指出，尽管法官本人希望回外省的家陪伴配偶，而要求将诉讼安排在第二天，可是，"没有任何事情能够阻止司法监察委员会将听证会推迟。"

——行政调查之时，尤其在法官难以作出书面陈述时，司法监察部门须了解法官的健康情况。

在这样的情况下，最高司法委员会总结道："针对法官之行政调查旨在将法官置于脆弱及严重的境地，不顾其健康状况，而让其提前获取诉讼复印件及在健康恶化的听证中对其援助。这是此次行政调查所开展的情形。"

所以，考虑到司法监察委员会在行政调查时举办的听证会上收集到的信息没有说服力，最高司法委员会决议在辩论时不采用这些文件以及报告人于听证会上所作的笔录内容。

最高司法委员会的立场与 2013 年 6 月 12 日 349185 号国务委员会决议一致，此决议裁定了行政调查的条件，并在随后的条款中，针对金融市场部一项决议的诉讼作出了裁定：

"辩护权原则在上述公约的第 6 条和《金融与货币法》第 621-15 条中均有提到。该原则只适用于金融市场部造成的全部侵权问题有关的公开惩戒以及惩戒委员会的受理，而不适用于前期金融市场部门官员所开展的调查；然而，这是货币和金融法规定的，而且由金融市场部门官员或任何其他人展开的调查都应遵循该条件，并保证不会对当事人辩护权造成无法挽回的伤害，而之后会将诉讼理由告知当事人。"

最高司法委员会提出一项规定，依据这项规定，初步行政调查（金融市场部门官员的调查除外）应遵循该条件，并保证不会对辩护权造成无法挽回的伤害。最高司法委员会关于惩处原则作出同样的规定。

B. 惩戒诉讼前上级部门对法官的听证

2013 年间，当被诉法官在惩戒决议作出前，被其上级告知关于辩护权的问题再度为最高司法委员会所考虑的内容。

2012 年，在有关上诉法院院长所敦促之调查中，法律顾问所提供的援助问题被提出(见 2012 年司法报告 133 页)。为了避免造成损害，最高司法委员会在法典第 R. 312-68 条中作出规定，司法机构裁定，上诉法院院长应在自己的管辖范围内实施司法监督，保证司法机关运行良好且每年向司法部部长汇报他所做的调查。对于最高司法委员会，"即刻起，院长可拥有权力开展调查"。并在信件中确认了当院长收集整理了对法官的观察报告，并向法官明确表示其可以自己选择陪同人员且可在谈话中作记录时，提出的诉讼理由是否详尽。

2013 年，当一名法官以教育部协调人的身份调动至司法官学院时，该问题再一次被提出。

法官顾问认为，最高司法委员会的受理公文宣告，毋需考虑学院的引导意见与该法官达成一致的条件，但法官在前一天被传唤时，缺乏必要的时间准备这次会谈。尽管他们的要求建立在《欧洲人权公约》第 6 条的基础上，但还是违背了对席原则。

在 2013 年 12 月 5 日决议中，最高司法委员会指出其已通知法官第二天见司法官学院的领导人，"为了在迟延中向第 1 和第 2 监察小组成员解释一项 2011 年为修正一项权利说明所作之注释，其所体现的司法注解与被修正的权利无关，但可解决权力问题中的关键要点及有关期末考核问题的诉讼，以及关于考核中其已知晓内容并参与了考核题目的选择。这次延迟发生在 2 月，由委员会陪同几位监察人员于民法考核前仔细阅读这一修正"；传唤中明确指出："应通知其可以查阅文件及在会谈中获得援助。"

最高司法委员会指出，诉讼理由通知，个人文件精确度和会谈中接受援助的能力将与后续纪律惩戒程序会谈的召开保持一致，而且，听证会是在学院领导人及与副领导人在场时召开的，并有最高司法委员会记录员参会。

考虑到听证会的性质和形式，最高司法委员会指出，听证会前夕，法官不能做有效的辩护准备，然而，没有任何紧急情况可要求缩短传唤的推迟时间。

在某种程度上，听证会具备纪律惩戒的性质且若无任何紧急情况，如果推迟更为重要，将不得不岔开传唤与听证的日期。

然而，这一决议并不意味着上级仍然没有办法采取行动反对法官的行为。他可以自由快速地召唤法官，但不能借用"类似于纪律诉讼听证会中的传唤"的形式。

同样，在紧急情况下，这样的具备纪律惩戒性质的听证会可能会召开，但与最高司法委员会所要求之具体情况不同，因此，最高司法委员会决议庭审时不采纳法官听证会的笔录内容，甚至不参考听证会随后的所有内容。

但是，最高司法委员会认为，"不尊重辩护权动机的无效司法委托文件应被弃置，由这种情况而导致的对听证会期间的发言及辩论的弃置，以及对后续文件中所作参照注解内容的弃用都不足以影响司法部部长有效受理司法委托。"

C. 最高司法委员会所规定实行的补充鉴定

在纪律惩戒方面，最高司法委员会可以要求实施一切补充鉴定。

正如以下案例，通过 1979 年 6 月 28 日作出 S39 号这一决议，最高司法委员会下令进行医疗鉴定，2004 年 4 月 20 日的 S132 号决议也采取了同样的措施，同时暂停法官行使其职权。

据 2013 年 2 月 7 日的决议，最高司法委员会对过失作出裁决，裁定被指控之事实构成违纪，但延缓作出纪律惩戒判决及补充鉴定。

其实，一期鉴定报告出来后，最高司法委员会指出："考虑法官当前的健康状况不宜行使职权，因为尽管健康有所改善，其消极情绪仍然存在。其在 2012 年 2 月近期再度有短期的酗酒现象，情绪也极不稳定。"之前，报告明确指出："法官健康状况的稳定性要一年后再查看。"

最高司法委员会也提出，"法官健康状况是否能使其重新行使职权，这其中仍有不确定性"，而且最高司法委员会决定"暂缓宣布惩罚和延迟进行补充鉴定，以便于知道法官的健康状况是否允许他全职行使职权，并在有限时间内阐明条件"。

2013 年 12 月 19 日决议中，最高司法委员会评估认为，专家所作结论已使人认为足以消除对于法官健康状况和全职在岗不相符的不确定性,并决定如何惩罚,考虑恢复其职权,并调动其至其他单位。

第三节 重要判例

2013 年的决议为委员会司法解释的一些方面进行了完善。

A. 行使职权中的迟延现象

1. 民事诉讼裁决延迟

最高司法委员会法官小组对于法官司法延迟的诉讼作出裁决。在第一件案件中,作出了 2013 年 2 月 27 日的申诉决定,尽管上级对此一直保持谨慎及监督,但由于该名法官的判决反复延迟使其受到指责。

司法监察委员会查证,从 2003 年 4 月到 2008 年 9 月,法官见证了许多次延缓:2006 年处理的 92 例中 71% 的案例推迟了合议日期,这个比例在 2007 年的 93 例及 2008 年的 93 例中达到了 90%。

为了惩戒法官,最高司法委员会提出:

——这几年多起诉讼中反复推迟合议日期。

——尽管处于监督之中,但由于法庭庭长和上诉法院院长与法庭庭长的书面文件并未发挥效果,以及法官对会谈没有充分重视,延缓始终存在。对此,委员会指出,法官没有尊重院长通过部门公文规定的在合议日 8 天前提交审判计划的要求,而这已经是考虑到了因书记室记录决议的必要延迟。

——延迟导致了法官的工作发生了调整,但法官并未受此影响。为了消除延迟给他带来的不便,甚至多次临时减轻其负担。

——调查证明,法官并未承受过重的工作负担。

鉴于这些因素,"不管其资质如何",最高司法委员会认为"该名法官完成工作时一直逃避责任,组织工作缺乏热情和决策精神",最高司法委员会决定对法官进行调职处理,禁止其被提名或指派该法官行使职权,期限最长为五年。

关于对违纪的定义,最高司法委员会判定其事实已构成"对作为法官应对当事人及法律部门保持正直之义务的违背,不符司法工作所要求之勤勉尽责",其特征表现为"法官缺乏责任意识,给司法部门的名誉带来极大的损害"。

这项决议中,委员会强调,一方面,延迟对被告人造成影响,另一方面,亦对书记官工作造成影响且组织不当,扰乱了司法的良好运行。

第二起诉讼案于 2013 年 7 月 11 日作出决议,最高司法委员根据国家司法监察部门对一名法官在 2005 年至 2010 年间处理的判决事务的调查,发现这些事务是在超过 2 个月的时段内才作出合议,其延迟率在 2005 年达到了 65%,而在 2008 年达到了 98%,针对兹情况作出了判决。

同样,最高司法委员会决议指出:

——反复延迟及长期延迟;

——上级定期传唤,上诉最高司法委员会委员长发给法官三封警告信,通知其惩戒风险;

——法官可能有适当的工作负担。

最高司法委员会指出,据这些条件,不管该名法官素质如何,其完成工作时一直逃避责任且组织工作缺乏热情,这一特征使他失去了每个法官必须具备的对被告和司法官员的礼貌以及不专心陈述法律。

这两项决议记载在相关最高司法委员会的常用判例中,最高司法委员会考虑了反复延迟的持续时间、上级的传唤以及衡量授予法官工作的重要性:见最高司法委员会 2010 年 7 月 21 日(S184),最高司法委员会 2009 年 12 月 23 日(S173)和最高司法委员会 2006 年 3 月 3 日(S147)

2. 书记室和当事人对最新合议日期不清楚以及某些判决宣布不明确

2013 年 2 月 27 日和 2013 年 7 月 11 日作出的两项决议中,最高司法委员会作出裁决,责备一名法官在没有确定新的日期和没有通知各方的情况下,系统地推迟了合议日期。

第一起案件中,最高司法委员会提到民事诉讼法第 450 条,根据条文,"若决定将宣判日期推后,委员长要用任何方式通知各方。通知须说明延迟动机以及新的宣判日期"。

最高司法委员会在裁决两起家庭纠纷案件中认为,诉讼理由中已呈现出该名法官违背了对在有关感情问题的家庭纠纷中的被告人保持正直义务以及对司法公务人员保持正直的义务。所以其违背了民事诉讼法的义务以及侵犯了被告人的合法质询及建议权利。

第二起诉讼案件于 2013 年 7 月 11 日作出决议,最高司法委员会作出裁决认为,决议中所规定的通告日期与判决日期相距甚远,此通告为关于决议中提案提交给书记室的日期,而没有说明决定中提供给当事人的日期。而调查情况显示法官已知晓决议提交的迟延,并将其决议通过可能的办法提交给书记室,其没有考虑决议之按程序通过所需要的必要迟延,决议的日期与其所需走的程序方案提交的日期相同。

最高司法委员会认为"签名时法官有义务确认日期与书记室裁决中的日期一致",这种行为"违背了其作为法官应有之义务,没有对被告人保持正直,不注意司法裁决的基本方面",这些事实同样是对书记室工作人员保持正直的义务的违背。

3. 司法侦讯中的迟延

2013 年 2 月 21 日作出裁决的一起案件中,最高司法委员会的法官小组作出裁决,诉讼理由为有关对一起民事案件的处理中所出现的不合规的长期迟延。

在经过 2007 年 1 月 3 日一名检察官所实施的无后续之预先调查后,该法官在 2008 年 4 月 11 日被指派对一起 2007 年 1 月 24 日民事诉讼进行侦讯。

审理公文控诉预审法官让被告第一次出庭审讯和检察院申请初步调查之间隔了 16 个月。

裁决中,最高司法委员会指出,即使承受着由预审法官受理诉讼数量和难度造成的工作负荷以及其他职权范围内的职务负担,他仍应该尽职监管不必要的延迟侦讯文件。

本案中,法官认为"经再度评定,诉讼理由中显示在多起诉讼程序中,该法官在处理受理文件中的档案前,不受预审法庭庭长的监督，只有司法部门才有权力监督其工作，由此可知 2008 年 5 月 16 日第一次出庭审讯和 2009 年 9 月 29 日检察院申请之间 16 个月的期限不可以被看做法官缺乏纪律"。

此项决议被记录在最高司法委员会关于尽责义务的司法解释中，其考虑到了出现上级反馈的迟延、监督的迟延及预审法官工作迟延，并且这些迟延反复出现以及具有较长时间间隔。

1997 年 6 月 27 日关于预审法官的决议（S55）中，最高司法委员会惩戒小组观察到，预审法官已经不受理许多惩戒小组负责监察的事件，并指出："在法官受理日期和他的第一次参与其间提出了过长和不合理的延缓。"他特别强调再次递交起诉申请和首次出庭审讯期间，要有 23 个月的期限。

惩戒小组还注意到，同一裁决中同一事件两个连续的诉讼文件之间有一段无法解释的时间间隔，尤其是第一次出庭和发出嘱托期间有 22 个月的期限，另一个文件中，30 个月期间没完成任何工作。

惩戒小组认为此行为代表严重失职且缺乏专业素质的性质。

2004 年 1 月 30 日的另一项裁决（S130）中，关于预审法官，惩戒小组提出："监察部门也多次查处过长期和不合理的延期，其延迟以相同反复的方式，表现在法官的受理日期中及第一份预审文件至后续文件间的日期中，但为数不多"，而且，"这些延期，有时将近三年，导致了一段异常和许多诉讼过程规则不允许的期限，然而它们之中的许多情况其实并不复杂"，并补充道："尤其考虑到所受理行使的其他职权及其所受理案件的性质，认定法官的解释说明了他完全不了解预审法官肩上不能被忽视的责任。"

"最高司法委员会指出法官不能忽视监察部门的失责，但是文件也指出，评估中已考虑到上层所给予之监督，法官须以此为依据，并且上级向他发起多次警告；鉴于 X 女士行为的固执与坚决，X 女士的职业行为应当受到责备，并对司法部门的信誉度造成损害，侵害了法官的荣誉。"

1991 年 12 月 12 日关于预审法官的另一项决议（S57）中，法官被指控"以不可容忍的条件不参考交给他的预审文件"，最高司法委员会注意到，"某些案件中，法官先后两次参考同一卷宗间有一段相当长且不合理的时间间隔"，五起诉讼案中分别发现了 13 个月、11 个月、10 个月、9 个月和 8 个月的延期。惩戒委员会指出："通过评定，X 女士没有重视一名预审法官应该注意的重要问题，没有保障所有文件应处于最佳、最合理的迟延及避免产生缺乏专业水平的迟延"，总结道"用以支持惩戒诉讼的失责行为的事实，由于法官造成迟延的诉讼案件数量有限，并没有造成严重危害，这一过失还不足以使纪律委员会介入"。

我们亦可以引用 2010 年 11 月 18 日的决议(S187)，其中涉及反复之(失责)行为和发布的警告。

2014 年司法报告中，2014 年 3 月 20 日和 3 月 27 日的两项决议也运用这一原则。

B. 法官行为

1. 预审法官对民事当事人的行为

2013 年 2 月 21 日案件中，预审法官在审理文件出来后被控诉，"法官在对质期间，对民事当事人采取了不当行为，这些行为包括其认为民事当事人所要求的对质无效，要求当事人提供建议、自身亲自参与以及在私人争诉中通过利用司法手段对其起诉，采用了过激的司法行为"。

最高司法委员会指出，预审法官否认了其受指责的部分言词，但承认了在对质过程中表达了其认为由于处在对控诉的开放预审中，而有关宪法中关于民事当事人的部分，以及根据劳资调解委员会的诉讼中需借助刑事裁决的情况，这些诉讼文件是无效的。

这次裁决中，最高司法委员会提出一条原则，根据这一原则，"由他决定的对质过程中甚至对质还未开始之前，(预审法官)就需要注意不让人以为他已经得到对质结论"。

最高司法委员会判定，对质过程中，尽管该名法官行为不适当，但考虑到其行为的特殊性，该预审法官对民事当事人的行为不被看成缺乏纪律性。

在 2014 年的司法报告中，2014 年 3 月 20 日的决议也运用了这条原则。

2. 预审法官对上级的行为

同一案件于 2013 年 2 月 21 日作出裁决，预审法官被指控对上级采取不当行为。

在处理申请回避时，地方法院院长向上诉院长发出申请要求获得预审庭对预审法官的工作所作之观察报告。根据运用刑事诉讼法 220 条所作之报告，其在报告生成后应由上级转交，地方法院院长要求预审法官提供关于其工作数据的解释。

作为回复，法官指出他已经通知预审庭庭长，预审的方法应考虑每一项应被重新执行或中止的文件，并质疑法庭庭长对司法工作的物质条件不关心，指出："我很遗憾你给司法服务带来的利益似乎只有在你认为司法运转不佳之时才得以体现，你漠视我们的日常问题，我们的物质条件因不被关心而日渐变差(缺乏办事员、复印机定期出故障、传真机打印文件半边全黑……)"

最高司法委员会指出，法官应注意在行使职权时不能对对方说无礼的话语，包括对他的审判官。即使在这种情况下，鉴于形势，最高司法委员会也不应认为法官因为使用术语不当或语气不佳而犯纪律性错误。

通过分析上诉说明情况，最高司法委员会指出法官"已经知道地方法院院长要求其所作之报告不止于数据要素，并且僭越了司法组织法所规定的司法部门领导人的权力范围，可被视为不遵守民事诉讼法第 220 条"。

判例中，关于法官和司法负责人的关系，最高司法委员会定期强调法官应保持的庄严及正直问题(见 2012 年司法报告——关于司法负责人第 145 页)

1969 年 1 月 22 日和 29 日惩戒小组裁决(S21)中指出，所有事实已可用以裁定一项惩处，为了保障社会救助委员会的领导权，院长指派了一名名誉法官，而该法官在地方法院引发了事故，以及"院长已给其意见"及"他以挑衅无礼的信回复了高层法官"。

在 1971 年 2 月 3 日惩戒小组的裁决(S27)中，在所有可能作出惩处的严重事件中，最高司法委员会提到一次对话，与上诉最高司法委员会委员长电话通话时，"根据院长所述，一名法官的谈话

'几乎蛮横无理'"。

1981年2月8日惩戒小组的裁决(S44)对最高司法委员会通过了对一名地方法院法官的惩处,因为其在所写的一系列信件中,"话语粗暴无礼,关于司法服务的组织和运转的意见与地方最高司法委员会委员长不一致",这些行为属于"没有保持法官应有之人格"。

1992年7月2日的裁决(S63)中,惩戒小组提出多起指控法官的事实,它首先提到了庭长对要求解释的请求所作出回复中的用语:

"依检察官小姐看来,安的列斯群岛裔法国人只能在律师席或是律师团里取得一席之地……排外思想在你所处的上流阶层普遍存在着,院长女士,您身份显赫,……您与您的同僚所带领的团队虽有种族主义思想,却不能反对您,若您允许一名安的列斯群岛裔法国人在他的国家里行使法官职权……"

第二起事件中,惩戒小组再次列举了一些法官的话语,这是在一场对首席法官不重视而引起的事故之后发生的:"您即使指手画脚也不会影响我在律师中的地位,也不会达到您侵害人权的意图。因此,我向您转达更准确的信息:司法部部长,他是我的上司。另外,顺便给你上上公民自由课。"

惩戒小组总结道:"这些过分的话语犯了书写错误,术语的书写必须经过推敲且言语的夸张表露法官的失控,特别让人担忧;这些话语不仅蛮横无理,带有侮辱性,而且故意损害同事的名誉,违背了法官职务的庄严性及所要求的正直人格。"

最高司法委员会1995年4月12日的裁决(S83)同样认为,法官与地方法庭庭长的多次通信内容中表现的攻击性甚至具有挑衅性质的语气属于"没有尊重基本的礼节"。

这里因此要公开一封以法官公文所写的信中的内容,院长写信时的清醒和理智值得怀疑:"我认为您的命令中含有您对前一天所经历的交通事故的后续情绪,而这个命令是在您事故那天作出的。"因此,在另一封信中最高司法委员会指出,法官把"法官对地方法院院长所表现的不理智行为令人惊讶,尤其是这种行为针对的

167

是司法部门领导人"，并指出："我跟您说过，对您我没有任何信心，而且我非常肯定。"

最高司法委员会还提出，在另一封信中，法官指控院长想要"对他进行职业打压"以便于"将他送至惩戒委员会"。

裁决和律师团成员将这种劣化行为记载在法官的报告中，并将其归结于缺乏职业责任感、对法官责任的极度不了解以及严重缺乏礼貌和违背法官的庄严性。

通过 1982 年 5 月 5 日的上诉裁决，最高司法委员会对 1981 年 2 月 8 日惩戒小组的决议（S44）作出裁决，这次裁决中，国务委员会判定，缺乏基本的礼貌对于判定纪律惩戒并不重要，并且写给地方最高司法委员会委员长的粗暴和无礼信件不应公之于众。

3. 个人生活中法官的行为

在 2013 年 3 月 19 日的通知中，最高司法委员会检察官小组对一起检察官对配偶家暴的案件作出裁决。

在这一诉讼程序中，最终该名检察官被上诉至最高司法委员会，并被判刑缓期监禁四个月，因为其对伴侣实施了暴力罪。

最高司法委员会检察小组提出，具体的犯罪事实非常重要，由上诉最高司法委员会的刑事裁决证明，审理法官即为上诉最高司法委员会一员，其指出："这些犯罪事实无疑构成缺乏司法成员应有之人格，庄严性及礼节，任何情况下，包括私人生活中，司法人员都应履行司法官义务。"

最高司法委员会强调，该名检察官反复对配偶施行相同性质的暴力是特别不被允许的，而且，在对他进行刑事追究之前，检察官已经承认被刑事起诉，并在家暴案中运用刑法，并建议宣判降级惩处。

最高司法委员会 2010 年 7 月 1 日就一名法官在过度酗酒状态下用刀子多次实施家暴的情况作出判决（S181），事实的严重性使其进入司法程序并被定为重罪，并将该法官先行羁押。

最高司法委员会认为，"即使这属于当事人的私人生活，本质来说它们也具有严重性和反复性，这些事实与法官身份的荣誉相悖，不符法官职业的专业性，而且这些事实表明其根本不担心自身的信誉扫地，还会使其所在的司法机构的形象、他的威望及被告人对其的尊重受损"。鉴于犯罪的严重性，最高司法委员会宣布对其进行撤职处理，但未终止其领取退休金的权利。

在 2001 年 5 月 15 日的裁决（S117）中，关于法官被控告犯了家暴并限制配偶 7 天自由权利和关于其被控告携带违禁枪支，法官审理小组认为，"最高司法委员会必须清楚具体的犯罪事实，并在审理法官而作出的刑事裁决中得以验证；事实特征为法官责任意识缺失和不尊重职业的庄严性；通过公布犯罪事实，即法官的配偶在其辖区内律师团中任职，法官对其配偶所作行为，给司法组织带来了巨大的反响，同时对相关法官的信誉度造成损害"，最高司法委员会明文对其进行了谴责。

2012 年司法报告第 139 页已经提及过，负债过重的问题再一次在一起诉讼中被提出，最高司法委员会于 2013 年 7 月 11 日作出裁决。司法部部长指出，法官因对委员会隐瞒了他负债过重的真实财政状况这一事实才得以被指控，其通过做工资单与个人承诺获得了七次消费贷款，但是他并不确定可否偿还这些贷款，事实上，他负债累累，以至于两次被房东驱赶，并对他的薪资进行扣押。

最高司法委员会提出，法官通过数次消费贷款来帮助遇到金钱困难的配偶，而且结算清楚之后，法官已于 2003 年将过度负债的情况交至委员会审查，通过了查账计划，但是他并未遵循。另外他已经累计了数次房主的债务，这些债务导致了他被控诉驱逐，而且他进入民事诉讼前连续三次被出租者扣押薪资。

最高司法委员会认为，"这一行为缺乏谨慎，违背了法官的庄严与正直人格，并与法官的职责相悖，更甚的是，它损害了法官的权威和司法机构的信誉"。

在 2012 年 12 月 10 日的通知第 73 页中，对关于共和国代理检察官的追诉作出裁决，最高司法委员会检察小组认为，"尽管工资高，但是该名检察官连续几年依然处于负债的状态，这不仅是严重失职，还违背了法官的庄严与人格"。最高司法委员会明确指出："尽管最高司法委员会多次指出，但这种行为依然存在，这一事实证明该名检察官的行为与其职责和守法的义务相悖，作出的裁决使司法机构的形象和信誉受损。"

在1992年7月2日的裁决(S64)中，最高司法委员会已经确定了这种违背法官正直人格的行为。在事关一名院长的退休问题上，最高司法委员会认为"在惩戒诉讼前，法官已工作四年以上而没有遵循关于大数额发票的规章，此事实不仅构成严重失职，亦违背了法官应有之正直人格，有失法官身份，尤其是因为这可能使司法机构的权威和信誉受损"。2005年11月24日的裁决(S141)决定对法官进行勒令退休惩处，惩戒小组认为"X女士的债务累积到了一个非常高的数目，在她被移送至最高司法委员会前需要支付账务；她的薪资已经被法定扣押，而且债主被庭长传唤出庭，并指控其不履行债务；如果法官的负债首先属于其私人生活，而他的无力还债这一事实在他任职的司法机构和地方司法职业中变得众所周知，那么此刻起，他的无清偿能力关乎他的法官身份，情况就是这样，因为这触及到司法权威"。

4. 法官对司法官学院的行为

通过2013年12月5日的上诉决议，最高司法委员会对司法官学院协调人的情况作出裁决，他被指责干涉"答案"的编订，一方面，"其否决签字事件的处理发展(应为考试内容)，与这一作业解答无任何关联"，另一方面，"针对被告的申诉，他试图掩盖他的教学失职"，因此，"其在民法期末考试不久前，向其所负责的学生标记考点，无疑对他们的考试产生了利好"。

一方面，最高司法委员会提出，"当学院协调人在作业答案中插入关于签署的否决和诉讼程序的问题时，应该完全意识到产生了对考生最终考核有利的因素，因为他的四名同事叫他特别关注这点，而且最高司法委员会证明，考核进行前几周，这些因素的介入不能引起学员的注意"。

这起事件中需要强调的是，机构协调人教育自由的问题未被提出，而只是提到"在答案中故意加入详细论述，不考虑机构内其他协调人员的反对，他们提醒过他要注意这样的行为可能产生的不平等"。

对于最高司法委员会，这些导致期末民法考核取消的事件"看起来比老师犯了同样的错误严重得多”，在法官初始培训期间，职业道德问题是最重要的并且“这些事实构成违背正直之义务以及对机构和学院其他协调人忠诚的义务”。

鉴于这一行为的独特性，以及该法官具备卓越的职业素养，最高司法委员会只宣布对其进行谴责，并记入档案。

C. 成瘾问题

酒瘾在2012年司法报告第142页和2011年第138页中均有谈及。

2013年2月7日，最高司法委员会对一起案件作出了裁决，其中涉及此问题：法官由于其嗜酒已在司法机构内外造成众多事故，最高司法委员会通过决议中止其预审法官职务后，该法官被再安置法官职位。这次案件中，因为酒瘾，法官被指责意外缺席审判且因某些不合法的理由，造成这些缺席引起了司法运作的紊乱，其在司法范畴内外的行为都遭到了指责。

最高司法委员会认为，“法官在职务内外的行为对司法机构的形象和信誉造成损害，其严重地并屡次违背法官职务应具备的庄严性，并且没有对司法部门的公务人员及法官保持正直人格”，最高司法委员会于2013年12月19日宣布对其进行调职处理。

在诉讼过程中最高司法委员会提出，惩戒诉讼的案件至少部分记录在医疗登记簿里面，并且最高司法委员会强调惩戒诉讼的文件证明了受到指控的医生无所事事且不负责任，很明显他缺乏反应，导致了医疗委员会的审理延迟，即使法庭庭长作出了各种指示。

在这次裁决中，最高司法委员会指出，“法官的情况可能适用于法令的第69条第1项，该法令于1958年12月22日颁布，于2012年2月13日由组织法第2012-208条修改，根据这些条款‘当法官的健康状况致使其无法兼任并行使职权时，掌玺大臣，即司法部部长将委托国家医疗委员会准予其病假、长期病假和长假。在等待医疗委员会的通知期间，应该暂停当事人的职务，直至最高司法委员会审理小组作出意见一致’；由于庭审期间司法部门领导人所作的声明，以及当日，组织法条文还未施行且不能得到运用，因为缺乏施行这些条文的法令，这项法令目前还在各部门签名当中”。

最高司法委员会认为，"如果关于法官医疗方面的考虑需要医疗委员会审理，属于上面提到的两种方式的一种，这两种方式都比惩戒更好，但是应由司法部部长委托最高司法委员会于 2011 年 5 月 10 日对法官进行惩戒诉讼，理由以上已经提及，并用适用的法律对这些诉讼作出裁决"。

在 2011 年的司法报告中，最高司法委员会已经多次强调司法部门已经注意到了法令第 69 条运用的重要性，该条由 2007 年 3 月 5 日法律第 2007-287 条产生，其制定了在最高司法委员会审理小组意见一致后和在医疗委员会准予其长期病假前，临时中止法官职权的措施。

由于没有国家医疗委员会的决议呼吁，自 2007 年起，这些条款并未总是得到运用。2012 年 2 月 13 日法律第 2002-208 条对法令第 69 条作出了修改。

最高司法委员会对于 2004 年的报告撰写当天一些必要的规定措施并未得到实施感到十分遗憾，而且因为这个理由，总理坚持有时从纪律角度来处理医疗状况。

附录三　2014 年法国司法报告有关司法官惩戒的部分(第四章)

第一节　2014 年最高司法委员会纪律惩戒工作报告

A. 关于临时停止职权

2014 年,法官小组对该年 7 月 18 日提出的一项要求临时停止(法官)行使职权的提案作出了表决。

检察官小组没有此方面的公告。

B. 最终判决

法官小组在 2014 年通过了十项最终判决

﹡①2014 年 3 月 20 日(S2010):宣告中没有违纪惩戒案例。

2014 年 5 月 22 日,一项反对该声明的上诉提呈最高法院。

②2014 年 3 月 27 日:作出纪律惩处并登入档案。

同年 5 月 28 日,被起诉的法官向最高法院提呈上诉。

③2014 年 4 月 30 日(S212):一项纪律惩处并登入档案。

④2014 年 7 月 24 日(S213):决定对其停职。

同年 9 月 17 日,被起诉的法官向最高法院上诉。

⑤2014 年 7 月 30 日(S214):宣告中没有违纪惩戒案例。

⑥2014 年 9 月 25 日(S215):决定一项停职处理。

⑦2014 年 10 月 23 日(S216):一项纪律惩处并登入档案。

⑧2014 年 11 月 6 日(S217):宣告中没有违纪惩处案例。

⑨2014 年 12 月 4 日(S218):一项纪律惩处并登入档案。

⑩2014 年 12 月 19 日:一项降职处理。

此外,在 2014 年 2 月 20 日作出的两项决议以及同年 7 月 9 日的一项决议,放弃了将关于(法案)合宪性的优先责问权转予国务委员会。

注释:报告仅根据至 2014 年 12 月 31 日已有的起诉案例作出。

检察官小组在 2014 年通过了 6 项最终建议:

①2014 年 1 月 28 日（p075）：宣告中没有违纪惩处案例。

②2014 年 1 月 28 日（p076）：撤职处理。

③2014 年 4 月 29 日（p077）：调职处理。

④2014 年 6 月 24 日（p078）：撤职处理。

⑤2014 年 9 月 30 日（p079）：拒绝授衔。

⑥2014 年 12 月 19 日（p080）：调职处理。

纪律惩戒委员会纪律工作情况（2011—2014）

年份	组织机构	临时停职					具体操作(最高司法委员会裁决，检察院通知)						
		起诉案数 I. T. E	原告方			判决	起诉案数	原告方					决议与纪律惩戒建议
			GDS	PP	PG			GDS	PP	PG	JUSTI	CE	
2011	法官小组	4	3	1	—	3	11	8	2	—		1	3(针对其上届任期内的事务调查)
	检察院小组	1	1	—	0	1	5	5	—	0			3
2011年总数		5	4	1	0	4	15	13	2	0			6
2012	法官	2	2	—	—	1临时停职 1撤回							
	检察官小组	2	2	—		2	5	3		1	1		3
2012 年总数		4	4	0	0	4	10	5	1	1	2	1	9
2013	法官小组	3	3	0	—	3	8	7	0	—	1	0	5
	检察官小组	0	0	—	0	0	2	2	—	0	0	0	1
2013 年总数		3	3	0	0	3	10	8	0	0	1	0	6

续表

年份	组织机构	临时停职					具体操作(最高司法委员会裁决,检察院通知)						决议与纪律惩戒建议
		起诉案数 I. T. E	原告方			判决	起诉案数	原告方					
			GDS	PP	PG			GDS	PP	PG	JUSTI	CE	
2014	法官小组	1	1	0	—	1	3	3	0	—	—	—	10
	检察官小组	0	0	—	0	0	0	0	—	—	—	—	6
2014 年总数		1	1	0	0	1	3	3	0	0	0	0	16

2015 年 1 月 1 日,委员会受理以下案件的司法委托。

法官小组方面:

司法部部长在 2011 年 4 月 1 日关于一名法官提交司法委托。

司法部部长在 2013 年 6 月 20 日关于一名副主席提交司法委托。

司法部部长在 2013 年 7 月 22 日关于一名法官提交司法委托。

司法部部长在 2014 年 7 月 9 日关于一名预审法官提交司法委托。

司法部部长在 2014 年 7 月 9 日关于一名刑罚适用部的副主席提交法律委托,他此前曾一度担任预审部门副主席一职。

检察官小组方面:

司法部部长在 2014 年 12 月 2 日关于一名代理检察长提交司法委托。

委员会职权部门法官小组与检察官小组对于惩戒法官的司法委托的审查时间平均为 568 天,对于惩戒检察官的司法委托平均为 528 天(一般在司法委托受理至作出最终判决或决议之间)。

关于维持这段审查时间的目的

在诉讼程序中,纪律处分所依靠的有效证据将作为具体被诉犯罪事实的依据。与刑罚方式相比,纪律惩处方式使得纪律法官不再享"司法自治"的原则,他们有时需等待刑事诉讼获得进展,而这尤其体现在当被告检察官对犯罪具体事实提出抗诉之时。

当法院的院长或诉讼受理委员会直接向最高司法委员会提交议案时，便有必要开展一项调查，这项调查不受国家监察部门及司法部门的调查催迫。兹调查将根据 1958 年 12 月 22 日法令的第 52 条实施："在调查过程中，在有被告人与证人的情况下，报告人需了解或使被质疑的司法官了解情况，而这需建立在有一名至少与被质疑法官处于同一等级的法官对其提出质疑的基础上。报告人可完成所有调查行为且指派一名专家。"（下文将陈述委员会对此法令的评议。）

前面所提引起争议的这项权利与欧盟人权保障协议的实施及对合宪性问题的优先考量有关。（请参照 RA2011，131 页及 RA2012，132 页的发展，以及下文内容）

考虑到面对几百件进行中的纪律惩戒诉讼，将产生各自开始的审查时间段，一项新措施将在 2015 年被实行，它旨在建立诉讼的日程，并使可预期的庭审与指派报告人同步进行。特殊情况下，在某些假定条件下，审查时间段内会同时进行刑事诉讼程序与委员会对司法委托的受理，而行政部门或此前并未开展调查(法院院长们及诉讼受理委员会开展的财产法定扣押)，这将迫使报告人进行深入的调查。于是当纪律惩戒案件进行时，亦将出现许多无效的诉讼或辩护理由或抗辩情况。

第二节　关于诉讼程序

A. 诉讼受理委员会将在对被告开展初步诉讼进行审查时提出诉讼程序的问题

法庭上关于被告人诉讼记录的问题。

兹问题将首先在对被告人庭审的听证会上提出。

2014 年间，最高司法委员会的小组们在诉讼中，从纪律方面审查了三项纪律诉讼程序，并最终由 CAR 提交关于起诉被告人的司法委托。

委员会的法官小组与检察官小组在委员会的公开庭审中，首先对被告人听证会的问题表态。

以同样的方法，二小组裁定对被告诉讼所作记录与当事人不符。

检察官小组在首先作出决议后，在其 2014 年 1 月 28 日(参考 75 页)的通告中重申了对上文提及的 1958 年 12 月 22 日法令的 63 条的遵循："被告人若认为在对其司法诉讼过程中，司法官职权使用不妥使其作为纪律惩戒官员的资格值得怀疑时，可向最高司法委员会提出。"这项通告亦强调了对第 52 条法令的尊重："在调查过程中，在有被告人与证人的情况下，报告人需了解或使被质疑的司法官了解情况，而这需建立在有一名至少与被质疑法官处于同一等级的法官对其提出质疑的基础上。报告人可完成所有调查行为且指派一名专家。"

委员会认为："若实施这些法令，则被告人便无法在纪律惩戒诉讼中恢复其当事人应有的地位，而这种地位是其参与纪律调查案件的权利保障。"然而他们亦认为："相反，如果在转交给惩戒委员会的文本中没有一个使人们明确认为将对被告人开展听证的，那么委员会认为有必要使人们了解它所掌握的具体事实，它于是就会主导讨论。"

委员会将其关于证人听证的法律解释付诸实行(最高司法委员会检察官小组，2007 年 7 月 11 日，56 页)，其判定："若报告者自身已充分了解其报告，并已使被告人充分了解情况，委员会将不再认为有必要在现行听证期间进行新的听证。"

法官小组在 2014 年 3 月 20 日对一项决议作出的裁定遭到了抗议，一位被告人要求对其听证的方式应与对证人听证的方式同等，委员会分析考量了他的诉求。

根据惯常实行方法(参考 2006 年 3 月 3 日 S147 项决议)，法官小组通常因为掌握委员会提供的信息而处于有利地位。同样，在 2014 年 3 月 20 日的决议中，法官小组遭到了质疑，委员会便在收到当事人的意见后进行"评估"："对于原告人的听证应该需积极执行，并将使听证人了解情况。"

国务委员会就 1958 年 12 月 22 日法令中未能实现对当事人的诉讼记录与被告人的互相比照提出了质问。

正是由于对其合宪性的质询，国务委员会提出了这个问题，此间出现了一例反对最高司法委员会关于法院决议的诉讼，即上述2014 年 3 月 20 日的上诉。

国务委员会在它 2014 年 11 月 19 日颁布的判决文件 380570 中解决了这个问题。

1958 年 12 月法令的第 51 至第 56 项条例以及第 58 项条例第二段，它们亦是 2010 年 7 月 22 日颁布的对宪法第 65 条适用法律的来源。它们定义了纪律诉讼案件中对司法官的适用诉讼程序，同时，因最高司法委员会向纪律惩戒委员会作出最终决议前，被认为剥夺了被告人针对法院法官提出上诉的权利，以及剥夺了反对纪律惩戒诉讼过程中对当事人所作记录内容提出上诉的权利，所以其遭到了质疑。

国务委员会重申了关于质疑 2010 年 7 月 22 日法律的相关条文已经被宪法委员会在其通过 2010 年 7 月 19 日的 2010-611DC 号决议前审查，关于对组织法的审查，它亦重申宪法委员会应被视为有权力对提交的组织法中每项条文的合宪性作出表决。

其间，委员会认为"对 B 先生的拘留决定是以 X 女士向法院提出的请求嘱托之名义作出的；使拘留行为在按照刑事诉讼法 154 条的精神及内容下实施，它亦规定依法可在任何时候恢复被拘留者的自由"。委员会认为原告人已可根据前文法令 50-3 条，充分地掌握被告人的诉讼记录。

另一份案例促成了 2014 年 7 月 30 日最高司法委员会法官小组的一项决议，委员会审查了诉讼记录部门，认为"A 先生在向最高司法委员会提交最初的法律委托后，其在之后文件中所援引事实的完整性，就需依靠某些假设行为，而它们与有关的司法诉讼规则毫不相关。最终，根据上文 1958 年 12 月 22 日法令中 58-1270 号决议第 50-3 条，这些事实基础不足以向最高司法委员会提交司法委托"。

这两项决议表明最高司法委员会在被告人提交司法委托时，将审查其是否已掌握诉讼记录并可向委员会提交可受理委托，以及诉讼受理委员会的发回件，唯有这样，才不会使待解决的问题失去方向。

B. 合宪性为首要问题

2014年间，委员会首次审查了三个关于合宪性的问题，并促使其在2014年2月20日(S216，S219)与2014年7月9日(S213)作出了两项决议。

宪法61条第1款规定"当一项诉讼正在法庭进行时，如果法律条款触及了宪法保障的自由原则，国务委员会或最高法院应向宪法委员会提交审查，宪法委员会应就其是否符合宪法作出裁决"。

根据对1958年11月7日581067号法令中23-1条关于宪法委员会组织法的实施："在国务委员会或最高法院隶属司法机构中，一项损害宪法保障的人权与自由的法令，其所使用的一切方式都恰可视为不可受理的，并写入专门与明确的文书。"这项法令的232条考虑到如果满足以下条件，司法机构可以不限期对关于将合宪性的优先质询权转予国务委员会作出决议。条件如下：

——受质询的法令在诉讼及诉讼程序中适用，或与起诉的根据一致；

——除非情节改变，它没有与宪法委员会决议的动机及主文方面与宪法取得一致；

——问题具备重要性与严肃性。

第一个问题是在最高司法委员会组织法中缺乏必要主文规定作为法官小组代主席的最高法院法官可被取代。下述条款体现了此问题："当依照法令第101条、102条及组织法94100第14条施行存在困难时，法官们根本无法衡量对于旨在拒绝最高司法委员会任命的代理最高法院院长的提案的后果，而他们在最高司法委员会之前已经先到庭，又如何保障他们在一个公正的法庭中行使公正的权职呢？而公正的法庭则是1789年人权宣言所保障的(任何社会都不能对权利有绝对的保障，既不能完全保障分权与制衡，亦不能完全保障宪法)。"

最高司法委员会认为，在其2014年2月20日决议中，裁定第13条、第14条、第101条、第102条中的法令及1994年2月5日最高司法委员会94-100号组织法修订案已经被宣告与宪法一致，

179

它同样强调在任何案件情况中，"在关于对组织法进行审查的过程中，宪法委员会应被视为有职权对提交的组织法中每项条文的合宪性作出表决；从此时起，除非情节有变，颁布的组织法则应在其完整的前提下，被视为符合宪法，即使宪法委员会在审查中认为该法没有清楚地阐述那些动机受到批评的条文"。委员会此外认为根据"遵守客观公正原则的义务"，不会存在任何情节的改变。关于此，最高委员会提醒道：

——在 2010 年 7 月 19 日决议中，立宪委员会已经明确参照了适用于惩戒委员会的公平原则，并且特别考虑到"通过保留对实施迟延的可适用公平原则要求，这些由宪法 65 条规定的最高司法委员会成员，将在尊重宪法所规定的权利与义务下，参与委员会的商议决策工作"。

——最高司法委员会，其决议模式与法官惩戒委员会相似，是一个对最高法院的司法监察机构；以此身份，公正的原则与最高司法委员会的司法工作是同质的。

——国务委员会，在最高司法委员会作为纪律惩戒委员会作出决议时，作为处理有关决议诉讼的裁决者，正如在有关法官的纪律诉讼案件中遵循公正的原则，其可在重审中运用此原则；特别在 2003 年 6 月 30 日 222160 决议中，通过将有关回避法令应用于诉讼过程中强调了此原则，2007 年 12 月 19 日的 295778 决议中亦再次提到。

关于对合宪性优先质询的第二个问题（2014 年 2 月 20 日决议，S219）则是关于"在相应司法等级的法官纪律惩戒组织前对辩护权的保障"。以下条文提出了这个问题："一旦惩戒委员会或最高司法委员会选定了一名法官，这名法官面对可能的辩诉压力，其自身已不再受任何个人或机构的保障，亦没有作为行动最低资金的补偿，那么此时在作为惩戒委员会行使决议的最高司法委员会前，他的权利在公正的诉讼中及在公正的法庭前的实现又是否有保障呢，而 EDH 协议第 6 条保障了公正的法庭，它同样出自 1789 年人权宣言第 16 条。"

委员会在判定已有成文法令中第 52 条的条款与宪法一致后，

在其 2014 年 2 月 20 日的决议中，审查认为没有情节的变化后，并强调"被告人向最高司法委员会提交的司法委托，其诉讼过程对惩戒委员会开展的诉讼总数不产生重要影响，也不具备表现在之前没有经论证的情节变化的性质；事实上，2012 年惩戒委员会受理的司法委托总数不超过 2005 年、2007 年、2008 年、2009 年、2010 年及 2010 年份的数目，2013 年受理的数目不超过 2005 年，2009 年及 2011 年的数目。"

关于对合宪性优先质询的第三个问题（2014 年 7 月 9 日决议，S213）如下文："在包含司法官地位组织法的 1958 年 12 月 22 日 58-1270 法令中，其第 43 条第一段、第 45 条第一段，以及第 46 条都各自规定了'任何法官任何对职责、荣誉、人格及尊严的违犯，都可视为违反纪律'。这些法令阐述了'对法官适用的纪律惩处'及规定'若一名法官同时受到多个犯罪事实的指控，也只能根据上述条例对他宣判一项惩戒方式。如此，错判的惩戒也只会导致一项不必要的刑罚'。只要上述法令允许惩戒错误可在不建立国际化规范的情况下被宣判产生，允许其可不需经过对事实情况的辨别结果作出删改，允许不管责任减弱或消除的原因而作出惩戒判决，允许毋需对惩戒中错误的要素进行甄别定义，允许对未首先通过刑罚定义决议的刑事诉讼的所依事实进行纪律惩处判决，允许刑罚未通过提前定义的决议便可在纪律惩处判决中被累积宣判，允许停职处分可以被累积宣判并施以刑事处罚而不用尊重比例原则，那么它们是否违背了人权宣言的第 1、第 4、第 5、第 6、第 7、第 8、第 9、第 16 条及宪法第 34 条的相关规定？是否与量刑平等原则，对被告假定无罪原则，刑罚的必要、比例及具体化原则，以及行为人只对自身负责的原则违背？又是否与公正法庭上的权利及辩护权相违背？而这些都是最根本的宪法原则，它们来源于 1789 年的人权宣言以及著名的共和国宪法，同样，它们又是否违背了法律清晰与准确的原则以及司法的安全性与可预测性？"

在 2014 年 7 月 9 日决议中（S213bis），最高司法委员会裁定若"第 43 条第一段、第 45 条第一段及第 46 条第一段中被批评的法令，没有依照 1958 年 11 月 7 日 58-1067 号法令第 23-2 条，被宣告符合于宪法""立宪委员会依照 2010 年 7 月 22 日 2010-830 号组织法中的 21 条对上述 43 条的有效修改，依照 2001 年 6 月 25 日 2001-539 号组织法第 16 条与 2007 年 3 月 5 日 2007-287 号组织法第 15 条对上述 45 条的有效修改，以及依照 2007 年 3 月 5 日 2007-287 号组织法第 15 条对第 46 条的有效修改，则必然意味着立宪委员会在进行修改之时，已经认为原始法令符合宪法了"。

这三个问题在 2014 被提呈至最高司法委员会，但最终，由于其缺乏严谨性，没有被转交给国务委员会。

C. 最高司法委员会受理司法委托前被执行的文件

*请求废除司法委托文件

在 2014 年 3 月 27 日最高司法委员会作出的决议（S211）遭到上诉时，关于废除"上诉法院院长向最高司法委员会交予司法委托"文件的问题便被提呈至委员会，而这主要因为"委托文件的模糊不清"以及"在上诉法院院长提呈司法纪律惩戒委托时，没有提前对 X 女士听证"。

在 2010 年 9 月 29 日 335144 号决议中，国务委员会裁定"司法部部长作为国家官员，尤其作为对自由与公正负责的官员，通过决议向最高司法委员会的法官惩戒小组提交关于尼姆地方法院副院长 M 先生其犯罪事实进行纪律惩处的司法委托，而司法部部长依靠的决议也只不过是最高司法委员会在对被质疑的司法官实施的可能产生惩处判决的诉讼程序中的一个要素；此决议本身也缺乏对法官的司法效力；它表明，此时，预备文件不具备用来实现超越其本身职权限制之上诉的性质"。

在对国务委员会的该法律解释作出审查后，最高司法委员会裁定"上诉法院院长向最高司法委员会法官惩戒小组提交关于 X 女士犯罪事实的司法委托所依照之文件，只是允许最高司法委员会在核验了提交的上诉中与被质疑法官所认为相左的内容后，而对其实施可能之惩处判决的诉讼过程中的一个要素，此时，文件自身也不具备提交有效请求的效能"。

关于总统对最高司法委员会提交司法委托而未对法官听证这一特殊情况，委员会已指出被诉法官"将有可能，在司法委员会受理司法委托前，提交所有有用的观察报告，无论是以书面或是口头形式，这些报告有关预审法庭庭长所作之记录要素并包含预审庭运作信息"。尤其考虑他已经被负责地方法院刑事部门的第一副主席告知了情况，能够收集关于法院运作的观察报告，以及在此情况下，如果其有请求，被诉法官将拥有工会代表的法律身份，委员会认为在所有情况下"现行法令 50-2 条中的时效不会要求上诉法院院长为了司法委托而对法官开展听证"。

最后，委员会指出"在庭审前的调查过程中，X 女士已经充分了解了调查的各项内容及报告人所作之报告；她则可以在提供建议后，于听证期间解释发言及使用任何有效的理由来支持其辩护，因此，在其建议下，她也可对最高司法委员会受理司法委托中的内容要素开展言词辩论"。

＊国家司法监察部门开展的调查

自 2011 年以来，调查的开展条件已周期性地受到了最高司法委员会的批评，批评内容通常包括被诉法官听证中所享援助以及诉讼过程文本的交让。在国务委员会决议的作用下，最高司法委员会对此所作的法律解释也有演变，这种变化在 2013 年的工作报告中有所注释。(2013 报告，第 156 页及后文)

同样，2011 年的工作报告也提到此。在调查阶段，为了排除在不了解辩护权及欧盟人权保障协议 6-1 条情况下所作之理由，国务委员会指出，辩护权在诉讼过程中将始终得到尊重(国务委员会 2011 年 7 月 26 日 332807 号文件)：须在法官了解了所有调查结果，陈述了自调查开始所有的观察记录并拥有完整文件后，听证才能在法官享有获得援助权利的惩戒诉讼期间开展。

这项法律解释实行后，检察官小组在 2011 年 12 月 8 日发布的意见中，排除了因为在行政调查中缺乏援助而不了解尊重辩护权之原则所作的辩论理由。(2011 年报告，第 133 页)

2012 年，最高司法委员会在一起诉讼中再次提到了这个问题，而这次诉讼促使最高司法委员会通过了 2012 年 9 月 20 日决议。委员会在其决议中具体审查了开展行政调查的条件(2012 年报告，第 131 页以下)。在排除了以上所述的辩论理由后，委员会补充道：

"当他在提前的行政调查中已同意惩戒诉讼过程，那么，如果他有意愿，他可以享有切实可行的援助措施。"2012年工作报告(第133页)也指出委员会所作的不是关于辩护权，而是关于其向国家司法监察部门建议的恰当实行措施。

在2013年(报告第156页及以下)，最高司法委员会法官小组被促使再一次关于在行政调查旨在强烈反对法官条件下所作之上诉作出决议。

委员会具体审查了听证开展的条件，强调"不仅因为在最高司法委员会受理对法官上诉的司法委托后，法官拥有其权利且考虑其在接受可用来判决纪律诉讼的事实要素时起决定性作用，国家司法监察部门因此首先受理司法部部长的委托，而后司法部部长再向委员会提交司法委托，鉴于以上，行政调查期间被诉法官听证将允许被诉法官能够对此作准备"。

委员会在2013年7月11日的决议中确认了其记录的具体步骤(参考最高司法委员会2013年报告第159页)。委员会确认三种状况以排除可引发争论的因素，即诉讼过程的复杂巨大性，听证在1天半内的集中性以及被诉法官的健康问题。

最高司法委员会2013年报告中亦提到(2013年报告，第161页)此，而国务委员会之前在2013年6月12日349185号决议中裁定的行政调查条件，而这项决议又是在金融市场监管局受理委托之前通过的，最高司法委员会在此于国务委员会所持立场是相近的。国务委员会提出了开展提前行政调查的原则(在金融市场监管局开展调查期间)，原则要求须在保证不对辩护权造成不可补救的侵害条件下开展调查，最高司法委员会关于纪律惩戒也作出了相同的规定。

最高司法委员会法官小组2014年10月23日决议(S216)确认了关于行政调查期间开展的听证中委员会提供的援助问题，其法律解释不再有改变，但一项关于国务委员会2011年7月26日判决所依路线的分析报告将在此情况下生效。

最高司法委员会同样指出"诉讼过程的文件导致行政调查过程中，X先生在同意对其言词进行重新登记后，了解调查情况，并可以随时修改或补充已经过二次宣读后被记录的笔录；X 先生也可以掌握了解关于其听证及国家司法监察部门在调查期间所作观察报告的其他宣言内容，他也可了解听证的目的"。

根据国务委员会在上述 2011 年 7 月 26 日判决中的措施，委员会认为"一旦最高司法委员会受理司法委托，诉讼程序的文件包含了国家司法监察部门与当事人取得交流后形成的报告，文件的完整性则允许在两个连续报告人开展的调查间以及在听证中，享有援助及可陈述所有在调查中被认为有效的观察记录"。

D. 最高司法委员会的系统诉讼过程

＊委员会在撤销原判后受理的司法委托

在因一宗诉讼促成的 2014 年 10 月 23 日决议中，提及了以下问题：最高司法委员会在国务委员会由于撤销原判而重审后作出决议并再次受理司法部门负责人的司法委托，此时其受理的司法委托是否合规。

因此委员会认为"最高司法委员会是在国务委员会 2012 年 12 月 26 日决议的作用下受理委托而非在于司法部部长的急件；而在纪律惩戒诉讼中，在未执行取消惩戒的决议前而提出的不合规理由同样是无效的"。

＊受理范围

在促成最高司法委员会法官小组 2014 年 10 月 23 日决议(S216)的诉讼中，关于最高司法委员会司法委托受理的范围问题被提出。

国务委员会在 2009 年 10 月 21 日第 312928 号判决中裁定"最高司法委员会在对纪律惩戒作出表决时，只要其尊重辩护权，可合法受理关于被诉法官所有有关行为的司法委托，因此，它不限制其对于司法部部长提交的司法委托中的陈述事实的审查行为，因此，它可审查报告人在调查期间所掌握知识内容的各要素；通过审查这些要素，最高司法委员会将在其对司法委托的权利运用上避免犯错。这项判决确认了国务委员会在 2007 年 7 月 26 日判决(293059 号)以及 2006 年 3 月 15 日判决(276042 号)中对法律的解释。

2014 年 10 月 23 日裁议，遵循了此法律解释，最高司法委员会裁定"最高司法委员会在对纪律惩戒作出表决时，只要其尊重辩护权，可合法受理关于被诉法官所有有关行为的司法委托，因此，它不限制其对于司法部部长提交的司法委托中的陈述事实的审查行为；最高司法委员会可以通过决议，对用来指控法官的犯罪事实进行定性"。

＊报告人的职权

最高司法委员会法官小组 2014 年 3 月 27 日的决议(S211)因一起诉讼促成，决议遭到上诉促使委员会对报告人的职权范围进行表决。

根据 1958 年 12 月 22 日法令第 52 条的实行规定，"在调查过程中，在有被告人与证人的情况下，报告人需了解或使被质疑的司法官了解情况，而这需建立在有一名至少与被质疑法官处于同一等级的法官对其提出质疑的基础上。报告人可完成所有调查行为且指派一名专家"。

委员会指出，报告人指派一名最高法院的顾问将依照此框架：

——其被赋予职责之性质，将包含对被起诉法官所在的预审法庭的运作情况的审查，对实体文案的审查，以及可以获取基本的信息数据；

——其被赋予职务之性质，包含使用在报告人监督下的技术援助对被起诉法官的工作单位进行审查，包含对其预审法庭工作处的审查；

——由最高法院顾问引导的听证，不会以对委员会受理的司法委托中清楚明辨的上诉理由书的分析为基础，它仅根据法令中有关报告人的条款规定，仅接受"关于报告人已实行的工作汇报中不同要素的观察记录"。在听证期间，最高法院顾问明确表示"听证中所用公文之目的，在于在其之后建立最终的报告，并对临时的公文报告作补充"。

对于委员会，"最高法院顾问在调查过程中对报告人的援助，不来源于报告人的权力委托，而最终，根据 X 女士的建议，亦不来源于递交可用来构成司法委托真实性的事实，而只是作为一种技术限制的帮助"。它指出，"此外，这项审查鉴定的执行将充分尊重反对意见及辩护权"。

在回答一项提交的诉讼理由中，委员会此外裁定"最高法院院长既无纪律惩戒的权力，也没有对最高法院的顾问进行正面评价的权力，而顾问不是裁定纪律惩戒的委员会成员"。

在此次诉讼中，报告人还指派了一名预审庭庭长，他的职责是保障最高法院顾问对实体文档的审查工作的"顺利开展"及"注意遵守法律条文，尤其要保障预审的保密性"，这名法官，作为观察员的身份，在最高法院顾问赋予职权的名义下，没有发挥有效的作用。

＊关于报告人开展的听证

在上文提到的2014年10月23日决议中最高司法委员会法官组裁定"1958年12月22日法令的任何一条都不会要求在开展证人听证前，要使被告人获得关于听证原则及内容的信息"。

委员会此外提到，在听证时，被诉法官可向听证要求所有有效证人。

同样，委员会评估认为"上述法令第52条没有规定，报告人要提前使诉法官了解证人听证情况"以及审查认为"报告人实行的所有听证要在被诉法官的准备安排及建议下进行"，被诉法官还可以使用他们的保留权利，要求听证被委员会听取。

＊预审及预审的结束

在2014年10月23日决议中（S216），最高司法委员会裁定了旨在宣告预审及报告人所作报告无效的请求，而这是因为被诉法官没有"收到可使其推断出报告人将终止文件预审的通知意见"，他也没"被充分提醒其拥有创作一份补全诉讼文本的权利"。

最高司法委员会重提了1958年12月22日法令中阐述预审开展的第53条至第56条，委员会认为"这些条例指出，小组主席所指定开展调查的报告人，其所作报告的保留案，在最高司法委员会作出关于纪律惩处的决议前，不会用来终止连续诉讼过程中的预审，预审将持续直到辩论结束"。

委员会重申"正是持续至听证结束的所有连续诉讼程序，体现了对听证中的反对意见的尊重"。

同样，国务委员会在通过上述的 2012 年 12 月 26 日两个决议时，将此立场加入了对未来发展前景的展望与规划中。

关于进行中的刑事诉讼

在上述 2014 年 7 月 24 日遭起诉的决令中，委员会审查了正在进行的刑事诉讼的诉讼理由，原诉人提交了一份移转管辖的请求，"直到 X 先生获得了一份与其相关完整的刑事诉讼过程复印件，以及他因此能充分理解此文件并将它交至委员会，而委员会将在纪律惩戒诉讼框架下为他提供协助，这些是为了保障对欧盟人权保障协议第 6 条对辩护权及实现平等的法律手段的原则之尊重，同样，也是为了保障最根本的自由原则"。

委员会首先裁定了"如果导致 X 先生遭受纪律惩戒诉讼的事实同时引发刑事诉讼介入及司法信息的公开，则向委员会审查过程提交的纪律惩戒文件不能被视为任何刑事诉讼中的文件"，随后指出"报告中的纪律惩戒诉讼过程的支付款项遭到 X 先生的批评，报告以对其司法信息的公开为依据，按规定交阅 X 先生，X 先生拥有在委员会听证期间在报告人前讨论其中条目的权利"。

委员会也提到了被诉法官已经收到了所有纪律惩戒诉讼文件的信息通告，并再次重申他拥有在诉讼过程中享有援助的权利，他在纪律惩戒庭审中享有律师援助的权利，其在庭审中也可要求委员会听取，他拥有反对辩驳所有纪律惩戒文件的权利。

委员会在核验了辩护权已受到了充分的尊重后，鉴于惩戒诉讼及刑事诉讼独立原则，拒绝了移转管辖的请求。

第三节　司法的要素

1. 符合职业道德的司法职权范围

在现行 2011—2015 年的任期即将结束之际，最高司法委员会的惩戒小组已作出 40 多项决议及意见，对于其符合职业道德的司法职权范围的自我质询是有趣的，而 2010 年最高司法委员会对司法权限作出了宣告。（参照上文委员会工作总结第一点）

2007 年 3 月 5 日 2007-287 号组织法第 18 条对 1994 年 2 月 5 日组织法第 20 条作了补充，并对最高司法委员会的总职责作了提前规定。2006 年 6 月 6 日，国会的调查委员会重新制定了一份报告，报告中提出了众多议案，其中就包括在关于法官地位的规定阐述有关其职责及职业道德的法律。(国会 3125 号报告，第 68 条提案)

在对于法官职责透明性的思考最盛之时，在 2006 年，关于制定规范其正确行为作风的法令的时机问题便被提出，它有如下两个目的：保证法官的职责在公民前实现最大限度的透明化，以及使法官充分了解其职业内所享有的权利。

立法机构没有受理这项提案，他们更倾向制定关于符合职业道德规范的职责的法规。

考虑到欧洲环境与国际环境及比较法，显而易见，人们更倾向于前者而非选择关于职业道德的法律。此外，关于职业道德与纪律报告的问题也被提出。

欧洲环境与国际环境——比较法的因素

美国在 20 世纪初开拓了适用于法国的职业道德法规的立法方向，并在 1972 年已制定了被司法职业道德规范委员会遵循的法律。这项举措，在本质上将重点转向惩戒，而它的创立也是与英国传统的断裂，而英国传统更多来源于王而非法，即职责的范围及道德是由国王大臣决定的。

在 1990 年年末，在文化及地理上与美国相似的加拿大，打算提出一个职业道德的规范模式，他们更倾向制定关于法官应努力达到理想状态的各项原则。此外，加拿大在联邦范围内，创建了一个咨询委员会以期为求助的法官提供最好的建议。这项积极有效的措施启发了诸如澳大利亚、菲律宾、以色列及中国香港等国家与地区。

最近，欧洲国家诸如奥地利、德国已经采纳了相似措施。例如，德国便借鉴教育业方面的相似性，作了关于待解答的一系列问题的书面陈述。

这种思考在 2002 年 11 月 19 日欧洲法官咨询委员会发布的 3 号意见中得到了发展。委员会于此意见指出"制定关于职业道德的法律存在着一些难点，尤其它幻想建立所有的法规，涉及那些既不允许也不禁止的行为，情况远非如此简单，它想固定现时期的职业道德规范，但时代却一直在变化。委员会建议，比之编撰法令，准备及发布'关于职业行为的宣言'更应令人期待"。

在制定职业道德法律及建立符合职业道德职责的指导之间的选择，亦催生了报告中关于职业道德及纪律之间的问题。

法官对其职责规范的尊重，事实上，要么靠有关的职业道德进行优先保障，要么靠戒律惩戒的优先问责进行保障。职业道德规范来源于对法官价值观的肯定，来源于定义法官的理想行为作风。相反，纪律惩戒则更着重依靠法规对法官的错误行为进行惩处。

欧洲法官咨询委员会建议，欧洲的模式更适应依照关于有关原则的宣言而非依靠法令建立职业道德规范系统，同样也要为道德决议建立帮助方式。

法国受国外的范例启发认为，建立详尽的"职业道德法律"是不适合的。法国更倾向于最高司法委员会对其符合职业道德的总职责作出规定，并作出总原则的陈述报告。

一般认为法官的职业道德规范不能简化为制定准确的行为规则。相反，它与司法机构在社会中体现的根本价值紧密联系，即独立性与公正性的体现。

如果法官的职业道德直接来源于对公民及被诉人负责的本质价值，那么相应地，职业道德规范也应建立在这基础上。事实上，想确定这些行为准则是困难的，因为法官可能面临法律中没有预见的情况。更好的方法则是在导向原则的框架内，适当减少法官的权力，权力应作为具体情况下行为的参照与指导，并根据具体情况作出解释。依此，职业道德规范便允许法官在相关原则的框架下最大限度地发挥其职权，同时也给了他行为指导。

法官对社会网络的运用，还没有被现有的决议讨论，但它已经为问题提供了一个很好的例证。（参看上文法律第 5 点）

符合职业道德的司法职权范围

自 2010 年来，所有通过的纪律惩戒决议与意见都没有体现司法职责的积极权力，所以它也不能作为允许实施纪律惩戒的权力来源。

现行关于法官的法令是纪律惩戒权力的来源，尤其是第 43 条。

最高司法委员会对此也作出明确的法律解释。此外，委员会在它关于司法官职业道德规范的结论中提到了它，并认为其中缺乏对违反纪律的认识，不能成为司法职责的确切来源。

2. 违反纪律与司法行为

2014年，委员会的法官与检察官小组依据1958年12月22日法令第43条第二段，在其起草书中审查了纪律惩戒诉讼，因此通过适用于宪法第65条的2010年7月22日2010-830号组织法。

根据1958年12月22日法令第43条第一段"被诉法官对任何的职责、荣誉、人格及尊严的违犯，都可视为违反纪律"。第二段规定"法官对最终司法裁决中保障当事人权利之法规的严重及有意识的侵害将构成对职责的违犯之一"。

现行1958年12月22日法令第43条第二段，来源于上述的2010年7月22日法令第21-1条，前者对2007年3月1日DC2007-551DC决议给出了指导意见，在其条文中宪法委员会裁定"法官对保障当事人权利之法规的严重及有意识的侵害，若不在最终司法决议中被认可，其在纪律惩戒范围内被传讯是违宪的"。

宪法委员会因此在其上述决议中裁定(理由7)，"由宪法第62条所保障的司法机构独立性及1789年人权宣言第16条宣告的分权原则，它们没有禁止立法机构了解法官司法行为中的纪律责任，并且考虑到其对保障当事人权利之法规的严重及有意识的侵害便属于此责任范围"。尽管如此，如果此侵害没有提前被最终司法判决通过，这些相同的原则则阻碍了纪律惩戒诉讼的开展。

无论是最高司法委员会还是国务委员会，都可以讨论在纪律惩戒范围内由司法行为可能引出的问题，并且给其划定范围，以及对司法行为作出惩戒。

事实上，司法行为通常属于法律规定的诉讼方式的执行范围，除非在一些假设情况下，对法规的侵害严重性使行为自身变质以致不再具有其形态，那么这样的行为便归属纪律惩戒范围。

因此，最高司法委员会法官小组在其1981年2月8日决议(S44)中裁定"根据根本原则，需保障法官的独立，他们的司法决议的动机及主文只能受法律规定的诉讼方式起诉，司法惩戒机构不能获取其信息"。尽管如此，"当因为相关权威机构或已经裁定的事件，而导致一名法官粗意地或系统地超越了其权力，或其不知自身受理委托的范围，以致他在所有出现的情况下，只能完成一件不相关的司法行为"。

最高司法委员会在 1991 年 6 月 27 日决议(S55)重申"最高司法委员会，同时作为纪律惩戒委员会，不能对法官的司法行为作出任何形式的评价，法官的司法行为来自于他的权力，而为了冲突中当事人的利益，这项权力只能受法律规定的诉讼方式起诉"。尽管如此，委员会认为，在以下情况中，"在 X 夫人的总事实中存在严重的专业内容缺乏；X 夫人表现出对其职责的明显违背，尤其是不重视诉讼过程，以及不关心对她赋予其权力与特权的个人与部门的行为审查的真实性与效率，因此她违背了法官的职责"。

委员会在 1996 年 11 月 6 日决议中(S95)中，重申了 1991 年 6 月 27 日的决议(S55)，其裁定"在现行对 X 女士纪律惩戒诉讼中被宣告的事实包括其反复无常的缺席，并且在某些情况下拒绝履行职务，还包括她对司法任务执行的不负责与拖延。所有的惩戒理由体现在其违背职责、破坏司法官名誉行为上"。

在 2009 年 4 月 24 日决议中(S166)，最高司法委员会重申了这些原则以及上述 1981 年 2 月 8 日决议中的条文："因为宪法保障法官的独立性，他们的司法决议的动机及主文只能受法律规定的诉讼方式起诉；预审法官的预审行为拥有可避免纪律惩戒小组审查的性质；尽管如此，宪法委员会在 2007 年 3 月 1 日 2007-551DC 号决议中重申了这个原则还是有局限性的，它通过一项最终司法决议，旨在建立关于职责缺失的纪律惩戒诉讼的提前审查；此外，当一名法官粗意地或系统地超越了其权力，或其不知自身受理委托的范围，以致他只能完成一个不称职的司法行为，那么，纪律惩戒诉讼将会介入。"

国务委员会在它 1982 年 5 月 5 日 33724 号决议中作出了它的裁定，其认为根据 1958 年 12 月 22 日法令第 43 条，法官对司法委托的法规及职权的反复侵害，并且在最终的司法决议中被最终认可，则构成对其职责的严重与反复违犯，并将使对其的纪律惩处合法。国务委员会因此评定"针对 X 先生所作之有争议判决的诉讼，其已被最终决议，其中事实已成立，则最高司法委员会便可在它的合法评定中决定被告人对司法委托的法规及职权的侵害，构成对其职责的严重与反复违犯且具备被纪律惩戒介入的性质"。

在 2014 年间，根据 1958 年 12 月 22 日法令第 43 条第 2 段中的新规定，法官小组与检察官小组都被要求评价司法官的行为。

根据上述 1958 年 12 月 22 日法令第 43 条第二段及 2014 年 3 月 20 日决议(S210)，最高司法委员会被要求审查清楚明晰的诉讼理由。

法官批评了实行预审过程中拘留的条件，批评的根据为缺乏完善的调查以及对被提交审查者的司法审查方式。

最高司法委员会法官小组首先重申了现行法律中的原则以及 2007 年 3 月 1 日宪法委员会的 DC2007-551DC 决议中的 7 号理由，以此裁定"最高司法委员会只能在由于权威和或已被最终裁定之事件，认定法官构成对当事人权利的严重及有意识地侵害，才能对法官的司法行为进行评价；在此情况以外，考虑到当事人在诉讼中的权益，来源于法官权力的司法行为将只能被法律规定的诉讼方式起诉"。

正是在这样的条件下，委员会强调"对于实行拘留措施的理由，预审法庭关于其监督下的司法机构官员的拘留决定与延期的条件都不能作出不合法的判定；关于在拘留期间缺乏对照，预审法庭在 2010 年 6 月 1 日文书中认为，如果对照是必要的，他们则应在之后的庭审中被贯彻落实"。

鉴于以上原则，最高司法委员会法官小组关于对被诉法官拘留的决议来自于法律规定的诉讼方式且裁定方式必须合法。关于批评诉讼，它以相似的方式建立在司法信息展开的基础上。

最高司法委员会最终裁定"拘留措施及预审诉讼实行的条件不属于纪律惩戒行为范畴"。

关于司法审查采取的措施也与上述情况相同，委员会一方面认为"这些措施已经在多次重审中被审查，并且已被预审法官及预审法庭审查，在某些情况下，亦被最高法院审查"。另一方面他们认为"在所有的诉讼情况中,原告人要么根据刑法 140 条采纳诉讼方式,要么对 X 女士的决议上诉,要么直接向预审法庭提交司法委托"。

在 2014 年间,最高司法委员会检察官小组在 2014 年 1 月 28 日建议(第 75 页)运用了这些原则。

共和国的法官与检察官们受到了指责,"因其使调查者做出的国家机构审查在 42 天的时间内才通过,并在接线员的帮助下以详尽的方法区分及审查所有收到的诉讼,包括相关记者传媒的个人或专门热线所收到的短信。而这是对最终决议中赋予当事人之权利根本保障的法规的有意与严重的侵犯"。

在对理由的每一条进行审查后,司法官小组首先重申了现行法律中第 43 条第二段的法令,指出:"将从 2007 年 3 月 1 日 DC2007-551DC 决议中得出结论。"

委员会因此裁定"最高司法委员会只能在由于权威和已被最终裁定之事件中认为法官对当事人权利的严重及有意识的侵害无论如何都不能被视为司法行为的这种情况下,才能对其诉诸纪律惩戒"。

关于此意见应强调两条说明:

——根据宪法第 66 条,参照宪法委员会有关司法机构的法律解释,委员会把保护司法行为的问题归于对保障个人自由的任务之一。

同样,最高司法委员会检察官小组重申了司法界的统一原则,裁定"包括法院与检察院的法国司法部门,它通过与公共职业道德相符的原则,并依此原则根据宪法第 66 条,保障对个人自由的尊重,而对检察司法行为的保护,也建立在此原则上"。

这份草拟中的意见,遭到了 2011 年 12 月 8 日(第 67 页)意见的指责,最高司法委员会检察官小组在谈到检察宣言中的自由问题时,在其中重申了保障个人自由的合宪性要求,并裁定"原则上强调检察官应该在任何情况下遵守宪法对保障个人自由的解释"。

最高司法委员会最后强调了法官应遵循的公共职业道德原则。依最高司法委员会法律解释给出的新参照,提到了属于法官与检察官的公共职业道德。这份参照不但是为了巩固司法界对宪法保障的个人自由的遵守,还为了使其普遍遵循公共职业道德。

——委员会提到了"检察官在履行职务时应遵循的独立原则"。

如果检察官根据1958年12月22日法令第5条遵循等级从属原则,他在履行职务中是独立的。

同样对于最高司法委员会检察官小组,"根据检察官履行职务平等原则而生的对司法行为的保护,关系到对我们民主的根本保障与在具体实行中保障公正性的义务,以及关系到在法律框架下掌握决定调查行为自由的共和国检察官,其仅依靠良知而作出的公诉"。

参照公正性的原则,委员会从1993年7月25日2013-669号法律中得出指导意见,其着重修改了刑事诉讼法第31条,这其中规定"检察官根据其遵循的公正原则,执行公诉并请求法律作用"。

在重申1958年12月22日法令第43条第二段的运用范围后,最高司法委员会对以下各步骤作出了裁定:

——最终司法决议中认定的对于诉讼法规的侵害,通过最终决议,撤销了已组织对记者电话展开调查的请求,而导致了最终决议认可的对诉讼法规的侵害。

——诉讼法规保障当事人的权利以及涉及出版自由的原则及对记者行业的保护原则。

——认可对诉讼法规侵害具有严重性质的条件如下"委员会认为,在所有诉讼情况中,法官严重忽视了调查行为需要遵循的比例原则,而这属于对记者行业的根本保障,同样也受法律及欧洲法律解释的保护,并且因为2010年1月20日的司法部通知要求检察官注意2010年1月4日法律中新的法令,不能忽视上述法律及其解释中的条款"。

——对保障当事人根本权利的诉讼法规之侵害的故意性质及严重性质的审查。

委员会关于此审查了两个方面:一方面为对有关保护记者业信息来源的保密性的2010年1月4日2010-1号法律的阐释,另一方面为上诉法院检察官所发挥的作用。

　　关于第一点，被诉法官提出了其存在的不确定性，根据上述 2010 年 1 月 4 日法律的解释，当电话及短信中的详细记录被整理，"这时我认为，我们将处于一个相对新而模糊的司法领域"。他还提出了巴黎上诉法院的预审庭颁布了判决，允许这类调查。

　　在此方面，"委员会指出如果对被批评的调查行为的唯一法律解释为被提及的法律解释，那么欧洲人权法院的上述法律解释将不得不使 X 先生知悉 2010 年 1 月 4 日法律以及其应用通告，以此开展更符合比例原则的调查"。

　　最高司法委员会通过此理由强调，尤其当关系到个人自由时，还应使欧洲的法令占主导或法官是否还有必要承认与遵守其法律解释。这点理由与检察官发挥的对个人自由的保障作用相联系。这样的情况下，共和国检察官，除了被引用的预审庭的法律解释，还要考虑欧洲人权法院所作法律解释的运用前景。上述理由附带重申了负责欧洲公共权利的法官也是国家法官。

　　关于第二点，委员会根据被诉法官决定的调查，审查了检察长的诉讼，其依据现行 1958 年 12 月 22 日法令第 43 条第二段，其中规定"考虑检察官等级从属关系的职责评判他的违规"。

　　对国家检察官发挥的作用审查使得最高司法委员会检察官小组重申了 2008 年 7 月 18 日意见(第 58 页)中的原则："若检察院组织形式所依照及检察官所遵循的上述法令第 5 条所记录之等级原则，赋予了检察长组织预审之权力，那么同样，这也是其职责的来源，包括审查已收到的或由检察院所转交的信息。"

　　从刑事案件及特赦的领导部门出发，"委员会分析了检察官的职权，其认为由 X 先生安排的调查行为自然不会在确定其不合法后，获得检察长在上诉法院的回应，也不会获得刑事案件及特赦的领导部门的回应，但却可以获得检察长报告接收人的回应。"

　　这样的评定与委员会在 2008 年 7 月 18 日意见(第 58 页)中执行的审查相近，在审查中委员会中指出"发予检察官的行政报告，本身不会引发任何对信息完善的请求，而 2001 年 6 月 26 日、9 月 7 日及 12 月 21 日的报告包含不能证实其中评语的诉讼文件，一份完整的文件才能随形势变化永久有效"。委员会因此裁定"诉讼过程的任何时候，检察长及刑事案件与特赦的领导部门在了解文件文件内容后，都不能要求共和国检察官注意他们的报告与相关之文件的差别，也不能要求削弱他们的预审权力"。

通过特殊的方式，2014 年 1 月 28 日意见(第 75 页)与 2008 年 7 月 18 日(第 58 页)意见将关于上诉法院检察长的作用与职责考虑的要素加入了 2013 年 7 月 25 日 2013-669 号法令，后者是有关司法部部长和检察官在刑事部门与公诉领域的作用。这些意见强调了上诉法院检察长作为专家及第一审中检察官的司法陪同人所发挥的作用。检察长不仅处于"优先掌握信息"的等级地位：他同时负有分析与鉴定的职责，并负有巩固司法计划中第一审检察官作出的裁议的职责。

关于这点，共和国检察官将因其行政报告的不足被控违背司法官忠诚，这些忠诚关涉所有司法官，尤其关于现行法令第 5 条所强制要求的遵循等级从属框架的检察官。

委员会在此方面评定"对于委员会，关于重要阶段的两份报告不足以定性为检察长的信息不充分的理由陈述，因此，当检察长没有获知完善的信息，可请求更精确的补充，并且，当不能从预审中得出共和国检察官有意使检察长犯错，这些不足以定性为对保持忠诚义务的违背"。

注释：这些因素构成对 35 号建议"巩固检察长对上诉法官的支持"与对最高法院中前任检察长所主持的公诉委员会的现代化的支持。委员会写道"正因为给了其发职权作用以支撑，检察长才能发出一个广泛的合法请求"。

最终，关于对有意违背行为的评定，根据 1958 年 12 月 22 日法令第 43 条第二段，最高司法委员会检察官小组裁定"X 先生在近期颁布之文本规定的敏感领域，其仓促行事是应该受批评的。由于没有在实施调查行为与对维护记者信息源的保密性之间维持必要的平衡，X 先生犯了一个严重的评价错误，尽管如此，仍然不能定性其构成法官对最终决议确认的保障当事人之权利的有意侵犯"。

对于最高司法委员会检察官小组而言，定性检察官对当事人权利的违背为有意，须以确立与证明其故意侵犯这条法令为前提。如果最高司法委员会认为共和国检察官采取的措施较为仓促且犯了严重的错误，这依然不能构成有意的特征。

3. 2014 年中对违职违规的惩罚

A. 滥用职权

2012 年的工作报告在 2012 年 4 月 16 日决议(S198)的注释中，已经提及了滥用权力的问题。(2012 年报告，第 143—145 页)。

在 2004 年 10 月 29 日决议中(S136)，委员会提出了绝对禁止所有法官干预其没有权责的诉讼，尤其鉴于所有法官都须维持忠诚与正直的义务，故不能干预有关其同事或司法助手的诉讼。

2014 年间，最高司法委员会对于滥用职权的问题作了三次决议。

在 2014 年 1 月 28 日建议中(第 76 页)，一名检察官由于以下行为被批评：他交给了一名律师通过其职务便利盖上共和国检察官印章并具备相应抬头的信件，其在信件中以副检察长身份证实商业法庭的判决对于已裁决的内容具有权威性并将必须被执行。这封信是在一起外事司法活动中写成的。

委员会首先指出了这名法官超越了其职权，因为"X 先生不具备发布这样一封证明信件的职权，并且其更是为外事司法活动而作出"。随后裁定"X 先生由于为律师撰写了此具有检察抬头及共和国检察官印章的信件，他超越了职权并构成渎职"。因此"由于滥用职权及间接干涉外事司法，其违背了保障公正的义务"且"违背了对他的上级共和国检察官保持忠诚的义务"。

在 2014 年 9 月 30 日的意见中，最高司法委员会考虑到了在法官以共和国副检察官的身份介入一起关于个人行为合法问题的省级行政诉讼中所产生的违纪问题。

最高司法委员会法官小组裁定"其以法官身份介入关于请求个人行为合法的行政诉讼中，僭越了职权且产生了与其职权不相干的结果，X 先生违背了对 X 省机构的保持忠诚及正直的义务，也违背了其职内的忠诚。X 先生的行为构成滥用职权，并是对其作为法官的义务的违背"。

在 2014 年 12 月 19 日的意见中(第 80 页)，最高司法委员会检察官小组关于犯罪记录 1 号公报的问题作出了表决。被诉法官被指责传了犯罪记录 1 号通报中有关其不负责相关诉讼的当事人的信息的内容。

如果委员会在意见的条文中认为具体理由还不能成立,那么他重申道"根据刑事诉讼法第 774 条,1 号通报只能传达至司法机构以及惩戒部门的档案室,并且这一传达要处于刑事安排措施的审查框架下。最高委员会有必要重申在任何诉讼情况中对此类信息传达的限制,因为这是由对个人自由的必要保障所决定的,它要求所有的法官保障 1 号通报中的提案及结论只会在严格履行职权的前提下由司法机构的成员获悉"。

委员会非常希望能重提关于传达犯罪记录 1 号通报传达的妥善实行方法,并使其成为司法机构保障个人自由的职权的一节。

这项法律解释被写入先前的意见及决议中的前瞻节。

1997 年 5 月 30 日,最高司法委员会检察官小组裁定"X 先生承认其通过职权之便,在与妻子分居后,完整复印了妻子拥有的小孩出生证且同样获取了犯罪记录 1 号通报,因此 X 先生违背了正直的原则,并为达到私人目的使用了法律赋予他的权力"。

在 2002 年 1 月 9 日决议中(S121),最高司法委员会法官小组提到"在 V 地方法院的预审庭法官前,依照系统信息展开的调查,指出 X 先生向共济会领导人传达了信息,而他是这其中关于判决的刑事诉讼信息处的成员,他旨在吸引候选人参加这个组织;牵涉大约 30 名谋求入会者,他制作了一份名为 1 号通报的犯罪记录完整清单,而这些内容只有司法部门可以接收,这些通过电话传真的请求就被错误地归入了他被扣押的文档,而若有指示,这些请求将为反对他的争诉起作用;最后,为了使某人完成组织入会的文件,他让他人将另一份犯罪记录 1 号通报交给了共济会"。委员会认为,"X 先生擅自使用其职务权力,以期达到个人及与其职责不相干的目的"。

在 2014 年 12 月 19 日决议(S219)中,最高司法委员会法官小组特别对一名作为上诉法院的顾问法官展开了调查,此名法官"在私人事务中通过利用职权以便与共和国法官沟通,意图达到与一名同伴进入宪兵部门以及在似乎不足以引发调查的短期内查看部门已制定的审查资料的目的，其利用顾问职权及作为重罪法庭庭长的权力干涉上诉法院的管辖范围"。

除了以上事实，委员会指出另有两点考虑值得注意：

——委员会强调，职内的法官，若其对诉讼不负责，便不能发挥任何特权干涉司法部门的诉讼。委员会因此裁定"法官的职务不包括授予任何介入司法诉讼的长官权力；法官对在其职责外的事务及对其不负责的诉讼，应该审慎行使权力，不得干涉其个人不负责的事务"及"法官在其权责外，对介入诉讼的请求是与其职内义务不相符的"。

关于此，最高司法委员会法官小组通过重申 2012 年 4 月 16 日决议（S198），强调了它的法律解释。对以上情况，最高司法委员会法官小组评定"此名法官利用其司法法官身份僭越职权，以个人目的谋取宪兵部门对其朋友的刑事诉讼的信息，其构成滥用职权，没有对宪兵机关保持忠诚正直，并侵害了调查的保密性"。

最高司法委员会保留了典型紧急情况假设下的处理方法。在这种情况中，若情形特殊，被诉法官有必要进行立即紧急的干预。

最高司法委员会没有立即搁置此观点且补充道，这种情况下，诉讼过程不会产生事实，X 先生以帮助处于危险中的当事人之名义，或以刑事诉讼法中关于逮捕刑事犯罪及现行犯罪的嫌疑人之法律所赋予的权力为名义，实施立即紧急及无法延期之干预。这种情况下，最高司法委员会法官小组会参照典型紧急情况假设下的处理方法，以掌握对处于危险中个人的援助及对现行犯罪的委托。

——此外，被诉法官为了介入其职责外的诉讼，请求获得警告发布人的身份使其能宣告一个属于种族歧视或社会歧视的情况。

最高司法委员会法官小组认为应该重视这个问题，裁定"如果作为公民的法官，拥有依法向当局通知所有情况的义务，在这样的假设下，他应该依照其法官职责，秉持审慎正直的原则，适当采取措施"。

如此，根据欧洲人权法院的法律解释，警告发布人的身份适用于法官，委员会重申法官的言行表现就应该与其职业道德及义务相符。

在对该情况的事实叙述的分析条文中,委员会认为,"根据欧洲人权法院的法律解释,X先生所请求的警告发布人身份使其在此情况下不能申请的行为合法化"。

B. 诉讼过程的迟延

1. 预审的迟延

在2013年2月21日决议中指出了此问题,2013年工作报告(第167—170页)关于此取得了新的进展,其中重新提到了委员会对此的法律解释,涉及1991年6月27日决议(S55),1991年12月12日决议(S57),2004年1月30日决议(S130)以及2010年11月18日决议(S18)。

大体上,关于预审法官的职责义务,委员会的法律解释考虑到了被认可的迟延诉讼的数目、迟延的反复与持久性、上级的反应、监督警告以及法官所在法庭的职责。

最高司法委员会法官小组,在2014年3月20日决议中(S210),在如下假设中运用了这些原则:当涉及一起孤立诉讼中被认可的迟延或者法庭特别对待之案件及其上级对此缺乏有效的重视的情况时,法官不会被惩处。

因此,在重申"预审法官应在由所受理案件困难程度所决定及其职务所赋予的职责范围内,注意处理传讯或预审文件,尤其注意其中不合法的迟延"的原则后,最高司法委员会强调"X女士被认可的不作为只建立在孤立的诉讼中且要在根据总形势及情节而定"。这些情况包括在与卢旺达有关的诉讼中,X女士所在的法庭对案件有特别重要之职责以及其上级缺乏对情况的有效重视。

作为回应,在2014年3月27日被上诉的决议中(S211),最高司法委员会法官小组根据其确定的适用此情况的法律解释惩处了一名法官。

最高司法委员会重申了"预审法官,应在由所受理案件困难程度所决定及其职务所赋予的职责范围内,注意处理传讯或预审文件,尤其注意其中不合法的迟延"。指出"尽管依照其职权展开了一些措施与观察报告,并有监督警告,但X女士所在的预审法庭所受理的长久及反复的延时，尤其对于司法传讯过程产生了公诉在时效性上的拖延。尽管 2010 年及 2011 情况有所改善且当时纪律惩戒诉讼已经介入，但 2013 年再度恶化"。

因此，当预审法官面临迟延情况时，委员会便留意审查"它不涉及符合情况的迟延、孤立的诉讼以及负责的司法上级已采取了适用的措施"。

最终，在该起惩戒中，迟延的反复性及长久性被认定，尽管该名法官已采取了措施，但最高司法委员会还是惩戒了该法官，因其"违背了对被告人的保持正直的法官义务及尽力履行职务的义务"。

2. 民事决议的迟延

2013 年工作报告（第 164—167 页）在此问题上获得了一些进展，并对 2013 年 2 月 21 日被上诉的决议（S205）以及 2013 年 7 月 11 日决议作出了注释。

根据最高司法委员会的法律解释，委员会指出了迟延持久、反复且上级缺乏对上诉应有的重视，而该法官肩负一般职责，便对法官的迟延作出了纪律惩戒。迟延构成所有法官对被告人应履行的正直义务的违背以及对尽职解释法律义务的违背。

在 2014 年 10 月 23 日决议中（被上诉，S216），最高司法委员会运用了这些原则对一名法官实施纪律惩戒，指出"尽管 X 女士的上级给出了指示，但处理的迟延仍然在 2007 年持续了整整一年，并且另一方面它与 2008 年间法官直接负责的一起诉讼有关；这些迟延遭到了控诉，尤其遭到律师公会会长及司法执达处主席的控诉"。委员会此外提到"处理的迟延导致审议的迟延，并介入了不能保障司法传讯的情况"。

对于委员会，该法官"对完成其职责义务再三怠慢渎职，其不顾上级警告在重要时间内没有严格对待组织工作；其行为损害了司法界的形象"。委员会单独注重审查了"文件中的任何细节都不能确立 X 先生可以拥有不符其工作的职责"。

3. 其他诉讼中的迟延

对于刑事命令

在 2014 年 10 月 23 日决议中，最高司法委员会法官小组对刑事命令中的迟延作出了裁定。

"因自共和国检察官提交附带请求以来，该法官在签署 2008 年 12 月 3 日及 4 日的第 42 条法令之前，拖延从 2007 年 5 月 25 日至 2008 年 10 月 15 日超过一年之久，而其目的是获得时效性。"故而，该法官遭到了指控。

该法官为其辩护道，相关诉讼在通告他时已经有迟延。最高司法委员会法官小组指出"作为预审庭的高级法官，根据其对法庭的义务及严格履行职务的义务"，即应保障刑事法令的保留及其合法展开。

委员会此外指出"在未对时效性做更基本调查的情况下，该法官在刑事命令上签名，故没有履行法官的审查义务并违背了他的司法职务"。

法官行为

1. 法官任期前的行为

在 2014 年，最高司法委员会检察官小组检查了一名法官的行为，其中包括他作为法官任期前的行为，这项程序引发了 2014 年 6 月 24 日意见的发布(第 78 页)。

根据行政司法解释，最高司法委员会可以根据其任期前行为对一名法官进行惩处。

因此，Odent 主席在其行政诉讼过程(Fasc 6，纪律惩戒权力的行使，p. 2125，1981 年版)中，就明确了"对于公务员，以往的法律解释使行政机构有权力考虑他们在进入公共服务部门前的犯罪行为，以及只要这些犯罪行为在公务员候选前或被任命前发生且在候选时或入职时被行政部门所忽视，那么根据犯罪行为的严重性，他们将不能行使公共服务职权，行政机构可以将他们除名"。

因此最高司法委员会在 2009 年 10 月 13 日(第 62 页)发布意见将一名任职前犯有性侵犯罪行为的法官撤职。

2012 年 9 月 18 日(第 70 页)(2013 年工作报告第 141 页)，最高司法委员会检察官小组因为其先前的犯罪行为惩戒了一名法官，尽管决议发布时他仍是一名助理，而决议正是在任命其为正式法官的前一日发布的。

在 2014 年 6 月 24 日意见中，最高司法委员会检察官小组运用这些原则惩处了一名法官。这名法官曾经担任过律师，在其成为法官前曾经欠下一笔债务，这笔债务规模巨大而引发律师行业纪律惩戒诉讼及辖区内检察院的司法财产清算程序，而他曾在此法院完成了预实习期并处理了债权人的民事诉讼。这名法官是在直接诉讼中隐瞒了这些情况，并在其被正式传讯的司法及纪律庭审中也没有对此说明。

最高司法委员会检察官小组因此裁定"在这样的条件下，该法官在直接诉讼中隐瞒其情况且没有通知晋升委员会，也没有通知其负责人，这样的行为已构成对维护法官的尊严及忠诚的违背"以及"他的行为与法官的义务不相符且性质严重，对司法机构的信誉及形象造成损害。如果这些行为在该法官递交入职申请时被发现，则极有可能会阻止其进入法官界"。

2. 预审法官的行为

2013 年工作报告（报告第 170 页）在对 2013 年 2 月 21 日决议作出注释时，在预审法官行为问题上作出了一些发展。最高司法委员会法官小组重申了一项原则，根据此原则"在预审法官裁决的一场对质中，要注意避免从对质前便已产生的印象中得出结论"。

在这场诉讼中，预审法官在对质中发表了观点，他认为由于诉讼行为处在预审对诉讼开放审理的框架下，这些诉讼行为是无效的。

涉及一般情况下法官有关被告人的行为，就有必要重申委员会在 2012 年工作报告中提到的法律解释。（报告第 153 页，尤其涉及司法领导人方面）

在这种情况下，最高司法委员会法官小组便可在 2012 年 10 月 17 日决议中重申"这名庭长违背了保障判决公正的义务，这意味着他不能带有偏见及过于绝对化，而这义务是每名法官尤其是地方法院高层应遵循的"。

在一件导致通过 2014 年 3 月 20 日决议（S210）的诉讼中，最高司法委员会法官小组指控一名法官"在审讯中的言词表现得极其强硬"。

且不考虑这些具体性还未成立的言词，最高司法委员会法官小组还须对预审法官对宣报所做的另一节言词作出裁议，而这些报告是关于对拘留过程中警察行为的调查。实际上，预审法官在调查后将警察比作"盖世太保"，这将可能受到刑事起诉。

最高司法委员会法官小组提醒道"在行使职权中，所有法官都要对被诉人保持正直的态度并要避免违背法官尊严，同样也要避免言词带有偏见或过于绝对化"。委员会裁定"受批评的言词不构成 X 女士对 E 女士的维持正直之义务的违背，也不构成对其完成司法职权中的庄严性的违背；事实上，这个盖世太保——恐惧、专制、酷刑与勒索的代名词——的比喻在此种情况下可以说明，法官发出这种具有实现可能的评论与比喻是为达到教导的目的"。

这项法律解释使人们想到最高司法委员会检察官小组在导致 2011 年 12 月 8 日意见（第 67 页）的诉讼中所作的法律解释，2011 年工作报告对此意见作了注释（2011 年报告，第 134 页及以下）。检察官在他的附带请求中使用了"盖世太保"的词语来形容警察违反刑法的行为，但他在庭审中发挥检察官的职权。

且不考虑检察官在庭审中的言论自由问题（参照 2011 年工作报告，第 134—142 页），在这项意见中，最高司法委员会检察官小组考虑到了言词"旨在批评个人行为，而不是直接批评行使职权的个人或其所属专业组织团队中的个人"，具有教育意义。

在所有的诉讼情况中，最高司法委员会强调了保持审慎及正直的义务的重要性。法官批评这些行为被视为了达到教育目的。因此，考虑到这些言词不构成违反纪律，最高司法委员会法官在 2013 年 2 月 21 日决议（S205）中指出，这种言词是不恰当的，在 2011 年 12 月 8 日意见中指出，这种言词是不恰当与愚蠢的。

3. 法官缺勤问题

最高司法委员会检察官小组，在 2014 年 1 月 28 日意见中（第 76 页）中，审查了一名法官长期缺勤且试图掩盖其缺勤行为的情况。

这名法官不承认其经常缺勤且他特别支持制定允许将信息传达至他住所的规定，但在国家司法监察部门组织调查框架下的数次听证中，都确定了其经常缺勤的行为，并且这些听证最后认定该法官通过"使办公室保持开放，电脑和灯都处于工作状态，以及在他的扶手椅上放置一件衣服使同事和档案室人员认为其在勤，并检察院中隐瞒其长时间的缺勤"。

2012 年工作报告（第 149—151 页）已经提到了涉及司法部门领导人缺勤问题的法律解释。最高司法委员会法官小组 1969 年 3 月 3 日决议（S6）特别提及了此问题，其中强调"司法部门领导人尤其要注意履行出勤的义务及发挥模范作用"。

4. 法官在庭审中的行为

＊法官在庭审中的守时问题

在 2014 年 10 月 23 日决议中，最高司法委员会法官小组批评了一名法官经常在其组织或出席的庭审中迟到，并强调了他的守时义务。

委员会认为，法官对其主持的庭审的迟到行为，构成对被告人、司法助理以及公务员履行正直义务的违背。

＊法官在庭审前的行为

庭审的准备工作

在一项导致发布 2014 年 1 月 28 日意见（第 76 页）的诉讼中，最高司法委员会惩戒了一名法官，这名法官被指控"没有准备或没有充分准备庭审中的文件"。

该法官承认其"对于单独一名法官负责的庭审，他没有准备文件，对于集体负责的庭审，他则满足于那些他已经撰好最终公诉状的文件"。

对于委员会，这些行为已经构成对法官职位庄严的违背，以及对被告人、其他法官及司法公务员的保持正直之义务的违背。此外，这种行为还损害了公正的形象与司法部门的信誉。

＊庭审中的态度

在引起 2014 年 1 月 28 日意见的诉讼中，该法官还被指控"其行为无礼放肆，因为他在庭审过程中表现出不加掩饰的漠然态度"。

根据证人的公开证言，"该法官将他的手提电脑带至庭审中并长时间使用电脑而对庭审漠不关心""并提出了已经向他回答过了的问题且他的干预行为表现出了对文件要素的不理解"，并"使用手机发送短信"。

对于委员会"这些行为要素都可以构成 X 先生对其职务庄严性的违背，损害了司法公正的形象与司法部门的信誉，以及对其所负责的被告人、其他法官及司法公务员的保持正直之义务的违背"。

5. 法官使用社交网络的问题

在 2014 年，法官小组与检察官小组对被诉法官在其中使用社交网络的诉讼进行了审查。

这些诉讼导致通过了最高司法委员会法官小组的 2014 年 4 月 30 日决议（S214）与检察官小组 4 月 29 日意见（第 77 页）。

两名法官被指控在重罪法庭的庭审期间使用推特公开交流信息，而他们法院的法官在庭审中担任陪审员，检察官则担任代理检察长一职。他们在既没通过任何刑事判决也没通过任何民事判决的情况下，通过私下沟通交流使信息进入公共传媒。

最高司法委员会法官小组与检察官小组在 2014 年 4 月 30 日决议中（S122）以及 2014 年 4 月 29 日意见中（第 77 页），强调了法官享有言论自由权，但同时也应遵守其法官职位的特殊义务的原则。

因此最高司法委员会法官小组认为"法官拥有的公民言论自由权，无论其实现形式为何，其使用原则都应与对法官职责及义务的尊重相符"以及"对社交网络的使用，即使使用化名，也不能越出法官的义务与职责，尤其是不能违反诉讼开展期间对被告人保持中立公正的义务；更何况这些被传播的信息可以被司法机构外的人群即刻阅览，并且传播者及传播的情节都可以被确定，那么这种使用行为是不恰当的"。

最高司法委员会检察官小组认为，"检察官拥有的公民言论自由权，无论其实现形式为何，其使用原则都应与对法官职责及职业道德的尊重相符""某些社交网络所允许的所谓匿名机制，不能够使检察官可以逾越其作为法官的义务与职责，尤其是违背诉讼开展期间对被告人保持中立公正的义务"。

委员会的两个小组应履行司法官审慎的职责与义务，并遵循公正性、中立性原则。事实上，这两名法官交换信息的行为，反映了他们作为法官与检察官之间的勾结串通行为。

对此，2011 年工作报告关于法官的审慎行使职责问题取得了巨大进展（第 138—142 页）（参照上文第 8 点中的法律解释）

因此，最高司法委员会法官小组认为，"X 先生由于与重罪法庭代理检察长的私下勾结行为，违背了遵守中立与公正的义务；他损害了被告人对司法裁决的信任，导致检察院提交上诉并根据既有后果开展新的诉讼"。

对于最高司法委员会检察官小组，"X 先生向重罪法庭的陪审员传递信息，保持私下联系，其违背了检察院法官应遵循的维护中立与公正的义务。""因此，他损害了被告人对司法裁决的信任，这导致检察院提起上诉，不得不迫使当事人与证人再经历场难以忍受的刑事犯罪庭审，同样也对司法行政部门造成了恶劣影响。"

尽管如此，两者间的不同在于检察官在庭审间使用了社交网络，而法院法官则没有。

因此，对于法官，最高司法委员会法官小组指出"前三条信息的内容，提到了掐死重罪法庭庭长与谋杀书记官，这构成其对保持庄严及正直的义务的违背；而将其放到社交网络上，幽默地请求对这些信息的内容进行评判的行为是非常不恰当的，尤其当它涉及重罪法庭的庭审"；而关于"第四条信息：两个小时前到现在，我什么都没听。该信息内容说明其对庭审的放肆无礼与厌烦态度，损害了司法公正的形象及司法部门的信誉"。最高司法委员会法官小组裁定"X 先生对社交网络的使用与其义务与职责不相符，并违反了纪律"。尽管如此，为了评定一项惩处方式，以便对其进行惩处并记入档案，最高司法委员会法官小组则要考虑到那些还不足以证明 X 先生在庭审间发送了信息且其已经知道了被监控信息内容的事实因素。

关于检察官，最高司法委员会的检察官小组则指出"X 先生在重罪法庭庭审前及庭审时在社交网络上交流信息构成对审慎及保持庄严义务的违背，而这些被传播的信息可以被司法机构外的人群即刻阅览且传播者及传播的情节都可以被确定"。委员会评定认为

"在庭审开始时或期间使用社交网络，明显与检察官义务不符"。

关于社交网络在庭审间的使用情节，反映了最高司法委员会检察官小组实施了更为严厉的惩处，即调职。

除了违背公正性与中立性，最高司法委员会检察官小组还指出这些情节尤其在于信息的内容，并考虑到"以幽默的方式在社交网络上求证信息内容的行为是不恰当的，尤其当它涉及重罪法庭的庭审""此行为已构成对法官应有的严肃性及专业性义务的违背且法官在庭审中应该集中注意力于辩论"。

委员会重视了一些信息中的"侮辱性内容"以及对一名证人的"与法官身份明显不相符的厚颜无耻"。

最后，有必要重新强调庭审时保持尊严的特别要求，最高司法委员会在作以下裁定时提到了这个要求"根据1958年12月22日法令第6条，所有司法官在他们获得第一个职位或进入公共服务领域前，便已准备好宣誓'将以一个庄严与忠诚的司法官身份行事'，而庭审中尤其要求保持庄严"。

最终，关于对社交网络的使用，委员会的小组提醒道："司法官与所有公民一样，根据言论自由原则可以使用社交网络，但其使用应与司法官的特殊职责义务相匹配。"

显然，在庭审中使用社交网络严格上是与其职务不相符的。在此保障了两点利益，第一点即对司法官的专注、注意力的集中、庄严及正直的要求，使其不能在庭审时使用社交网络。第二点即防止公众舆论影响司法官的正直性与中立性。

委员会在这项决议与意见中没有处理关于司法官使用社交网络的更广泛一般的问题。司法官可以在匿名的掩护下，在其身份不被辨识的情况下，传播一些他们职权下的文件。

对此，委员会的两小组郑重提醒，所有司法官的言论自由都要与他们公正与中立的义务相符。对于最高司法委员会，"某些社交网络所允许的所谓匿名机制不能够使法官可以逾越其作为法官的义务与职责，尤其是诉讼开展期间对被告人保持中立公正的义务"。

即使匿名理论上可以使司法官不被识别身份，但这个理由并不能允许他不持有更谨慎的态度。因此最好的方法是所有司法官不在社交网络上传播他们职权下的文件。

6. 关于检察官专业技术的评估

在 2014 年 1 月 28 日的意见中（第 76 页），最高司法委员会检察官小组对关于信件缺乏条理分类的不当技术处理方式以及最终公诉书的低质量这些诉讼理由作出了裁决。

如果这个问题在司法行为的框架内（参考上文 2），那么在这种情况下，对司法官的指责在于他们缺乏专业性。

因此，这名检察官被指责"他在对信件的处理技术上，利用现成的具有他签名的法令汇编集，日期也与对信件要求的处理日期不相符，方式笨拙且分类缺乏条理"。这名检察官承认了其撰写的签有其姓名及日期的汇编集中分类缺乏条理且没有已经分类的判决理由，而他将其复印了几份，并通过只加入简单的已分类的理由便将其运用到诉讼中。

而关于最终公诉书的低质量问题，该检察官被指责"在'最终公诉书'的作用下，通过系统的方法，重建了一些有严重缺陷的文件，而这些文件是通过并列那些调查者报告综述中的事实与那些缺乏主动性和分析从'想当然'中得出的定性而撰写组成的"。

在这位检察官 6 个月里撰写的 56 份公诉书中，有 16 份被认为没有体现其发挥能动性的义务。

对于委员会，这些过失构成对司法官义务的违背并损害了公正司法的形象与司法部门的信誉。

7. 司法官与司法助理的关系

在导致通过 2014 年 1 月 28 日意见的诉讼中（第 75 页），一名共和国检察官被指责："对两名国家司法监察部门的公务员施压并要求其部门领导干预这两名公务员。"

这项意见与最高司法委员会法官小组 2004 年 10 月 29 日决议相近（S136），在这项决议中，"一名法官由于在其对一名政府成员的司法裁判中，使一名支持他的律师介入法庭中的律师团，以便获得职位的晋升"。

对于委员会，"这些举措违反了 1935 年 1 月 10 日法令第 2 条，此法令禁止任何有利法官的干预，除非是由其上级发出，此外对干预其庭内诉讼的司法助理,该法官发挥的权威性与独立性也被削弱。""法官在此对自身独立性的放弃是与其法官尊严相悖的"。

这种情况下,该共和国检察官的两种行为遭到指责:

——一方面,他在办公室召见了调查者们,向他们指出,与他们在诉讼中所登记的相反,既不是他也不是他的助手要求调查者去调查并去获得一条由记者提供的短信内容。

委员会在其意见中认为,"该共和国检察官通过正当的方式与调查者们组织了这场会谈,从中了解诉讼开展的观察报告。这种举措在刑事诉讼法中有严格记录,它允许共和国检察官领导司法警察"。亦可从中得出"在这样的会议中撰写批评报告以旨在批评调查者的失职以期达到教育目的是一种恰当有效的措施,如有必要,则在司法警察部门官员的评估下进行"。

关于对恰当有效措施的观察考量,最高司法委员会检察官小组的目的与上述 2011 年 12 月 8 日意见(第 67 页)中的相同。在后者中最高司法委员会检察官小组评定诉讼的重要性可以确定共和国检察官或共和国检察官助理(发挥司法警察部门的调查追踪作用)成为检察官。

——另一方面,其在预审时期的施加压力及请求行为。

该共和国检察官被指控向两名警察部门的公务员施压,让他们作为预审法官的援助证人,首先向预审法庭提出撤销诉讼的请求,而这尤其遭到了民事当事人的质疑。

该检察官解释道他并非直接与两名警务公务员联系,而是通过其上级观察这两位作为援助证人且拥有上诉执行权的公务员是否"已准备好使用他们的权利向预审法庭提交上诉"。

对于委员会,"共和国检察官向司法警察部门上级官员提交请求,以期能在有关其个人的司法预审中获得以官员名义而采取的有利措施,这导致了其司法地位与其对此发挥的权威性之间的混乱,这样的事实构成过失行为"。

"尽管如此,委员会考虑到法官强烈注意到这触犯刑事诉讼法第 6-1 条的公开预审的情节及其希望确认这种非法性,并且一方面考虑到 X 先生所采取的措施,都只是让预审法官延期了一审中的审讯，而没有向预审法庭提交确定此非法性的委托，则可认为 X 先生在这种情况下已别无他法，只能以不恰当的方式求助于司法警察部门的官员来确定诉讼中的非法性。""这种情况下，委员会认为这些事实虽然构成其过失，但不能使一项纪律惩处生效。"

虽然委员会根据具体情况没有宣判戒律惩戒，但是他强调了司法官的行为失当。

8. 法官审慎行使权力的义务

在导致通过 2014 年 1 月 28 日意见（第 75 页）的诉讼中，一名司法官被指控通过出版界发表了其公共宣告，这与他共和国检察官的身份与职责不相符。

在 2011 年工作报告中（报告 2011，第 137—140 页），关于司法官审慎行使权力的问题取得了进展。

1958 年 12 月 22 日法令第 10 条首两段中规定"在司法领域任何的政治商议都是禁止的"以及"法官不可有任何对共和国政府的组织形式及原则的敌视表现，同样不可有任何与其职务所要求的审慎不相符的政治言论"。

检察官惩戒委员会在 1975 年 1 月 28 日意见中，考虑到"如果这不是迫使法官遵循惯例且损害法官自由，它实则更多是禁止法官的极端言论以及防止危害对其职务的尊重与信任"。（参照 1976 年 4 月 12 日意见，第 7 页）

在 1987 年 10 月 9 日意见中（第 13 页），检察官惩戒委员会补充道审慎使用权力的义务是"由于对能否避免对法官公正及中立的质疑的担忧；这涉及对被告人的担保"。尽管如此，这个原则下还是有一些与法官身份相关的例外。例如在 1987 年 10 月 9 日意见中就陈述道"审慎行使权力的义务不能用来使法官保持缄默或因循守旧，但因通过其特别的效能使其与司法官的根本特征——独立取得一致"。

在导致通过 2014 年 1 月 28 日意见（第 75 页）的诉讼中，这名共和国检察官因此被指责向媒体泄露了国家监察部门关于其附带请求的调查及之后的司法决议，通过出版界发表了其公共宣告，这与他共和国检察官的身份与职责不相符。

最高司法委员会检察官小组在其法律解释中重申道:"1958 年 12 月 22 日 58-1270 号法令载有司法官地位组织法,并赋予法官审慎使用权力的义务,它不是强迫法官保持缄默,而是禁止过激的表现与不公正、极端或有意挑衅的言论以及那些能损害被告人对其尊重与信任的批评。"

委员会在此方面强调:"司法官作为司法的主持者,若要表达其观点,就应审慎并使用恰当的方式,这是为了履行其公正中立的义务,也是为了保障公共部门的高效运行。"

对于委员会"该司法官借助其共和国检察官的身份,通过出版界来维护自身的刑事辩护是不恰当的。如果 X 先生以共和国检察官身份向公共出版发表的言词不过激,并且不含有极端、不公正与挑衅的成分,则这样的举措不构成对审慎用权义务的违背"。

9. 法官个人生活作风

＊廉正问题

2012 年工作报告中提到了委员会对于廉正义务的法律解释(报告 2012,第 141—143 页)。

在导致通过 2014 年 1 月 28 日意见的诉讼中,最高司法委员会检察官小组对一名检察官遭受的指控作出了裁决。该检察官被指控捏造了向国家税务部门的申报,委员会裁定"这些事实构成其身为司法官所作出的不能被容许的行为,严重违反了廉正的义务。他对税务部门造假的行为损害了公正的形象与司法部门的信誉"。

＊违反廉正及经常光顾娱乐场所

在另一场导致通过 2014 年 9 月 30 日意见的诉讼中(第 79 页),最高司法委员会检察官小组对"一名检察官在娱乐场所中非法占有一张有商品价值的票券、使用有偿的器械以及在此之后缺席其上级的预审"作出了裁决。

在导致通过 2012 年 12 月 10 日意见的诉讼中(参照报告 2012,第 141 页),委员会首次提到了法官进出娱乐场所的问题。

最高司法委员会检察官小组因此裁定"检察官超出其经济能力地经常出入其法庭辖区内的娱乐场所并沉湎其中,则构成其对职务庄严性的违背"。

但上述诉讼情况有着明显的不同，因检察官被控非法占有了一张娱乐票券。

委员会指出其检察官身份已被娱乐场所人员获知，裁定"如果从诉讼文件中得出 X 先生没有有意利用其检察官身份，但由于其检察官身份已经被娱乐场所雇员所知，并且 X 先生在向庭审解释中不否认，是他的一个朋友使雇员得知其身份的"。因此委员会认为："X 先生的行为不廉正，侵犯了法官的庄严性，违背了法官的义务。"

关于法官经常光顾娱乐场所的廉洁问题，委员会此外指出："X 先生经常性光顾其任职的法庭辖区内的娱乐场所且其在庭审中声明，这种光顾对其是一种治疗方法。经常出入娱乐场所，即使本身不具备违反纪律的性质，但对于委员会来说，在这种情况下这种行为是不当的。"

在诉讼中，委员会首次认为法官经常出入其法庭辖区内娱乐场所的行为是不当的。

*违背庄严与性犯罪

在 2014 年，最高司法委员会法官小组审查了两起诉讼，被诉法官同时因性犯罪而被起诉，这两起诉讼导致了 2014 年 7 月 24 日被起诉的决议(S213)及 2014 年 9 月 25 日的决议(S215)。

纪律惩戒诉讼较于刑事诉讼的独立性已被最高司法委员会的法律解释多次确定了。因此在刑事裁判未最终通过时便可宣判纪律惩处。

因此，国务委员会在 2009 年 5 月 27 日的判决中(310493 号)裁定"纪律惩戒诉讼独立于刑事诉讼，这种情况包括当由于相同的犯罪事实两种诉讼都介入时，纪律惩戒权力所赋予的权威不可以无视无罪推定的原则，它可以不需等待最终的刑事判决而宣判惩处措施"。

国务委员会之前在 2005 年 10 月 26 日判决(278224 号)中便已指出"纪律惩戒诉讼独立于刑事诉讼，这种情况包括当由于相同的犯罪事实两种诉讼都介入时，纪律惩戒权力所赋予的权威不可以无视无罪推定的原则，它可以不需等待最终的刑事判决而宣判惩处措施"。

对于国务委员会,没有必要在等待刑事判决时延缓判决。根据 2004 年 7 月 28 日判决中的内容"申请人已被保证刑事诉讼,不会迫使最高司法委员会在最终判决之前,延缓对法官的犯罪事实的裁决"。

委员会的小组已经多次对司法官的纪律惩戒诉讼作了审查,而这些纪律惩戒诉讼是根据其性犯罪的事实,并引起了刑事诉讼及对其革职。

因此在导致通过 2009 年 10 月 23 日意见(第 62 页)的情况中,一名检察官被调查因其涉嫌在其任期前发生的强奸与性侵犯罪行并持有内含未成年人的淫秽影音资料,委员会裁定"X 先生与法官荣誉相悖的行为,构成尤为严重对庄严与公正的损害,违背了其法官义务;根据这些行为的性质,它们给司法部门的形象带来了长期严重的恶劣影响;如果这些行为在 1997 年 10 月 16 日 X 法官请求入职时被发现,将不会允许其进入司法界"。对于委员会,"X 先生对司法荣誉犯下重罪;有必要永远禁止其进入任何公共服务部门"。

而导致 2006 年 2 月 7 日革职决议的另一情况,一名儿童法庭的法官反复多次以搜身的借口,将到其办公室的未成年人引导到档案室,并强迫他们脱衣,最高司法委员会法官小组裁定"这名法官的行为,严重损害了未成年人对司法的道德及庄严的信任,构成对法官庄严与荣誉的严重违犯;这样的行为深刻损害了司法公正的权威以及人们对司法公正的信任"。

在其法律解释中,委员会注意到了法官在犯罪时可能的辨识力变化,在其没有辨识力的情况下,委员会不会宣布惩处措施。

因此最高司法委员会认为,不管提到的事实严重性如何,在最高司法委员会面前,被宣布为无能力对同样的行为承担刑事责任的法官,都不能因违纪而受到惩处,因此,最高司法委员会称"不会对其宣布纪律惩戒"(最高司法委员会,2005 年 9 月 27 日,S140),另外,在一起产生了 2000 年 4 月 19 日的决议(S108)的诉讼程序中,鉴定结论已经很明显,"不应继续进行违纪惩戒,法官被判定为对受到指责的行为无承担责任能力"。

最高司法委员会检察院 2007 年 7 月 11 日发表通知(P57)表达了同样的意思。

关于判断力下降的问题，在 2012 年 4 月 19 日的裁决(S199)中，最高司法委员会对司法官尤其是其在处于醉酒状态时的态度作出裁决，当时他作为陪审员坐在那里，最高司法委员会提出"精神鉴定的结论申明 X 先生当时处于酒醉抑郁的状态，并且所有麻烦都证实我们应该将之视为判断力下降但未完全失去且对言语和行为的控制力和掌握能力下降"，鉴于这种情况，最高司法委员会决定，宣布允许停止其职权的惩处。

在 2014 年 7 月 24 日的上诉裁决(S213)中，最高司法委员会运用这些原则，对法官的态度作出裁决，这一态度被指责"在网上论坛会上，煽动 12 岁或 13 岁的年轻女孩进行性方面的对话，并要求她们在摄像头面前脱衣服"。

最高司法委员会认为，"X 先生的不良行为有损名誉，属于特别严重的不顾尊严和无礼的行为。其行为与法官的身份和职责不符，甚至与他工作之外未采取工作手段所犯的错误不符；从根本上来说，这些不良行为严重和持续损害着司法机构的信誉和形象"。

鉴于 X 先生的精神测试，最高司法委员会总结为一个事实"由于存在神经功能紊乱和造成情绪下降的职业疲劳综合征，所以其做出此行为是由影响其判断力的精神障碍造成的"，同时，根据同一专家的鉴定指出，"如果在超负荷工作中法官再次行使类似职权，那么他目前仍然很危险"。

考虑到这种情况和职业背景，最高司法委员会并未宣布法令第457 条预测的最高撤职惩戒，只是认为"X 先生的行径必须令他被禁止行使一切司法职权，并且考虑到精神鉴定的因素，应宣布对他进行停止其职权的惩戒"。

在 2014 年 9 月 25 日的裁决(S215)中，最高司法委员会运用了同样的原则。在这起案件中，法官被严重指责在每个公众都可以看到的网站上公布了一张自己阴茎勃起的照片，甚至与一名 14 岁的年轻女孩(尽管她实际有 17 岁了)联系并问她是不是处女，提议她看自己的裸照和通过摄像机看他的裸体，而且发生性关系或者即使没有性关系也"以其他方式找乐子……比如抚摸、接吻"。

对于最高司法委员会，"X 先生的不良行为有损名誉，属于特别严重的不顾尊严和无礼的行为，与法官的身份和职责不符；从根本上来说，这些不良行为严重和持续损害着司法机构的信誉和形象"。

尽管如此，最高司法委员会还是提出精神鉴定报告强调的判断力下降问题，就像 2014 年 7 月 24 日上诉的案件(S213)那样，认为"X 先生的行为必须令他被禁止行使一切司法职权，并且考虑到医疗鉴定报告，不应宣布对他进行撤职处理，只是停止其职权"。

第四节　职业道德和纪律方面最高司法委员会的劝告

对最高司法委员会改革的未来思考中关于法官职业道德和纪律的问题，可能面临一下改进：

第一小节　职业道德

关于最高司法委员会 1994 年 2 月 15 日 94-100 号组织法第 20 条，其前身是 2010 年 7 月 22 日的组织法，后者"起草并公布一份法官职业道德义务手册"。

这份手册于 2010 年 6 月起草并公布，根据司法官行为依靠的基本价值观主题结构，它涉及很多属于司法职业道德的具体情况。这份手册再次被要求阅览并得以实行。其实，社会和组织的演变迫使最高司法委员会对其内容进行定期的检查。

几年前，几种新而未被感知的情况没有被提及，尤其是法官以个人名义利用社交网，由被告对法官期待的客观公正进行延伸发展而来。其他方面要求更加深化，例如，对于检察官来说，对上级忠诚的义务需要参考刑事诉讼条文的演变。

职业道德义务手册的发表属于全部机构权限(组织法第 20-2 条)

手册刚被发表时，最高司法委员会并没有将手册运用到诉讼程序中，因为讯问持续有效，至于支持宪法委员会 2010 年 7 月 19 日的决定对 1994 年 2 月 5 日组织法第 20-2 条进行了审查，该条款允许最高司法委员会所有机构在最终未经司法部部长委托的情况下，"宣布关于法官职业道德的问题"，这些条款不承认《宪法》第 65 条第 8 项（《宪法》2010-611DC，2010 年 7 月 19 日，Considérant 15，2010 年 7 月 23 日法兰西共和国官方报，13583 期，第四篇，Rec. 148 页）。手册的定期运用能让它成为最高司法委员会审理关于法官职业道德问题案件的依据吗？最高司法委员会认为不是这么回事，而且它应定期发起这种应用。

此外，最高司法委员会提出组织法立法人员的意愿，职业道德义务手册只是一个向导而非一部真正的职业道德法。这个问题在 2010 年 7 月 22 日关于法律的议会讨论中提到过。总的来说，可以证明没有任何手册可以像它这样被推荐为惩戒裁决和通告中法律的直接来源。

因此，这部手册还只是一部职业道德建议文集，它监督法官的职业行为，但它不是义务的形式来源。对义务的不了解属于违纪过失，义务的定义和形式在 1958 年 12 月 22 日的法令第 43 条有提到，由违纪裁决者最高司法委员会的机构解释。

第二小节　责任

——法官违纪的文件经审查确认后，对当事人发出警告（法令第 44 条）是很罕见的（自 1992 年组织法生效起每年不超过 15 次）。通过提交给最高司法委员会的个人文件，在行使其提名职权和审查违纪诉究时，最高司法委员会得发出为期 3 年才得以撤销记录的警告。

很遗憾，最高司法委员会的主席并不会优先使用这一基础的纪律性措施，因其目的在于教育和预防。

其实，完成对法官的评估，强调其严重的职业不足或是个人行为的偏差，警告的优势在于只是归档时才临时有效（三年时间内），而且是一种对司法官可能松懈的预防与保护。

——为了保护其独立性，司法官不应对直接诉讼负责，因为这些诉讼可能是针对他们的。因此产生了一种特殊的体制，即对于司法过失而言，该体制归其为国家的责任而非司法官的责任。这是根据国务院确信的判例来确认这一点的。

　　独立性的增加应致使责任加重。这一问题在国家被最高司法委员会(民事最高司法委员会、行政最高司法委员会、欧洲最高司法委员会)和委员会(拘留补偿)指责的时候根据司法官个人的过失而提出，并运用于司法服务。

　　国家方面，1958 年 12 月 22 日的法令第 48-1 条指出"针对司法官的行为，国内或国际司法的裁定指责法国政府行使司法运作的缺陷，均由司法部部长转送至上诉法院院长"而且"相关司法官以同样的形式被告知"。这个条款让司法部部长和上诉法院院长在指控相关法官不守职业义务时，有违纪控诉的义务。

　　在审查提交的个人文件时，如果不考虑司法公共服务的整体运转，为了更好地了解有关情况，实际上由上诉法院院长告知最高司法委员会这些司法决定是很好的。

　　第三小节　纪律

　　对法官和检察官地位进行的分类，导致在纪律方面惩处检察官的权利由司法部部长收回，司法部部长有进行司法追究的权力，并把司法追究交给最高司法委员会处理，最高司法委员会则对法官行使这种权力。检察官惩戒小组因此一直是一个负责向部长发布通知的简易委员会，就像对于最高司法委员会一样，该惩戒小组也有全部惩戒裁判权。

　　作为这一改革的补充，最高司法委员会思考转归国务委员会的职权旨在了解反对纪律决议的上诉。司法官惩戒的技术特性与司法官享有国家公共职权权力特殊地位，就像区分行政和司法权力的宪法原则那样，法官可以像作出这类裁决的最高司法委员会那样指定最高司法委员会的全会吗?

　　——另一方面，当司法部部长或最高司法委员会主席委托它进行违纪追究时，最高司法委员会应要求司法监察委员会在案件报告人进行调查的范围内展开调查。由司法部部长发起，这样的调查在司法追究前就已经可以开展，在这种情况中，报告和调查明细须转交给最高司法委员会。这种情况发生得相当频繁。但如果情况不是这样，特别是当委托来自于最高司法委员会主席时，司法监察委员会的介入对于审理好这一案件必不可少。然而，在条文目前的状态下，只有司法部部长能委托监察委员会。出于尊重最高司法委员会的独立性，考虑到其利益，最高司法委员会可以直接要求监察委员会在它委托审理的违纪案件的审理范围内展开调查，只需通知司法部部长。

尽管如此，这项提案提出了司法监察委员会成员的地位问题，他们的地位直接取决于司法部部长和监察员的独立性，这种独立性是当他被指派展开这类调查时应该表现的，这类调查对最高司法委员会违纪诉讼程序的良好运作必不可少。鉴于最高司法委员会求助于司法监察委员会，这一可能性预示着：按照章程，监察委员会所有具备司法官资格的成员无论如何都能经最高司法委员会一致提名。也有可能，某些监察员是最高司法委员会内部临时调动其职位的目标，这种可能在监察委员会规定的章程中"抽签权"的形式下得以承认，因而被调职的监察员享有对于总理绝对的独立性。

不管案件情况如何，最高司法委员会展开真正调查的缺失属于最高司法委员会很关心的事情，因为某些违纪惩戒案件的预审期限异常长，该期限因缺乏报告支持而停滞不前，报告人完成预审前未采取必要手段迅速达到目的。

此外，每次审理中，预先落实"诉讼程序日志"是让人撰写处理违纪诉讼程序的期限(cf. 112 页)

——最高司法委员会纪律方面的判例无疑有利于确定法官的职业道德，而且为了汇报他以前的违纪活动并完成其教育使命，该使命在于让法官了解他们身份的具体要求，最高司法委员会借助相关文件和研究，起草并发表了 1959 年至 2005 年以内的违纪裁决汇编。自 2010 年起，所有违纪裁决和警告用匿名的方式根据主题("基本义务")排列在最高司法委员会的网站上，其介绍的主题已被受理。

最高司法委员会的秘书长使其现实化，自 2011 年起，他担任惩戒委员会的秘书。每年公布在网站上的最高司法委员会公布的司法报告中还有裁决和警告评论。最高司法委员会很满意这些进展，指出会将其视为根本使命之一，并继续散布这些信息。

——关于报告人参与惩戒小组的合议问题，国务委员会(CE,

2007 年 12 月 12 日，293301 号)认为，鉴于授予报告人的职权，他参与最高司法委员会合议既不会不承认普遍公正原则，也不会不接受《欧洲人权和基本自由公约》第 6 条的要求(cf，欧洲人权最高司法委员会，第五节，req32976/04，梅里戈，法国)。另一起案件中，关于医生行业的惩戒，国务委员会最近认为，在合宪性的优先问题上，报告人出席全国医生惩戒机构审判庭这一事实本身对宪法的要求并无损害(CE，2014 年 11 月 3 日，359701 号)。

　　行政法官的回复由宪法委员会法官确定。在关于兽医惩戒相关法律条文的合宪性优先问题上，(《宪法》，2011-199，合宪性优先问题，2011 年 11 月 25 日，宪法 13，2011 年 11 月 26 日法兰西共和国官方报，p.20016，第 73 篇，Rec.555 页)，最高司法委员会认为，兽医惩戒委员会的成员进行了惩戒诉究或是完成了预审公文，就不能出席审判庭。

　　最高司法委员会认为这项决议使国务委员会的判例失效且自此以后采纳该规则。根据这一规则，未来，当惩戒小组在报告人完成预审文件的范围内进行合议时，被指派为报告人的最高司法委员会成员不再出席惩戒小组的审判。

　　报告人缺席合议会使合议成员难以核实庭审上和报告人争辩的信息，因为报告人充分了解并明确文件内容。

　　尽管如此，最高司法委员会并不认为报告人需要再回到这起诉讼上，就如当前确定的那样，这会加重交给报告人的任务。

　　最高司法委员会的各组织有机会证明，司法部部长着手进行的诉究关乎与病理情况联系如此紧密的事实，以致于我们对其随后的措施是否贴切犹疑不决，甚至认为措施根本不适合这一案件；情况就是这样，当法官犯了不应该的职业过失时，他便被证实遭受病理问题的困扰(精神问题、情绪低下、酒瘾……)

　　而且，情况发生前，采取预防、协助和辅助措施是很紧急的，要么由全国医疗委员会准予其长期病假，要么申请临时中止其职权或最高司法委员会委托的纪律方面的职务。

　　这一条款多次被提到，落实中需要得到上诉最高司法委员会主席的支持，主席最后由医生和社会女福利员协助。

即使 2011 年起的司法报告这样做了，最高司法委员会也只能对于 2007 年 3 月 5 日的 2007-287 号法令第 26 条、1958 年 12 月 22 日的法令第 69 条预计的条款仍未得到落实感到很遗憾。

其实，运用这条新条款，"当法官的健康状况与其职权不符时，司法部部长委托全国医疗委员会准予其病假、长病假或长假。等待医疗委员会通知的过程中，最高司法委员会审理小组意见一致后，应中止当事人的职权"。

2012 年 2 月 13 日 2012-208 号组织法预计"不管是司法部部长还是司法官，在全国救助医疗委员会面前都可以质疑全国医疗委员会的通知"。

这一天，不管最高司法委员会的多次请求，法令第 69 条最后一项中预见的运用法令一直没有得以颁布。

考虑到其追求的利益，最高司法委员会感叹这种情况令人费解，最高司法委员会成员要求这一条款应该在最佳期限内生效。

第四小节　法官职业道德商议团

以前的年度报告证明由每个法官完善其职业道德义务合适度的必要性，但这些职业道德在职业道德手册中不被承认，通过支配一个咨询机构来预先回答问卷，问卷可能是关于他自己职业道德方面的。这个法官职业道德商议团根据现任最高司法委员会的意愿于任期结束后应第一时间被构想，并以实验的名义用很灵活的方式创立，且并无明文题献。

尽管坐落于负责供应物质需求的最高司法委员会所在地，这一机构也将完全独立于最高司法委员会，并且可以允许机构内任何成员行使职权。构成这一机构的人员的招聘将由最高司法委员会进行，人员不可以是在职法官，特别是最高司法委员会以前的成员。考虑到他们特殊的竞争力，这一团体将根据需要向外部职业人员借助技术咨询。

2015 年 1 月 22 日，最高司法委员会指派布鲁诺·柯特先生担任这一机构的主席，他是最高司法委员会重罪法庭的荣誉庭长和国际刑事最高司法委员会的前法官。

最高司法委员会因此坚持让这一机构快速创立，尤其是总统将把推荐给最高司法委员会建立内部规章制度和机构成员作为使命，机构成员的任期为四年。

他们的职权是志愿的；只补偿其职业费用。

不管是对于咨询法官的身份还是对于咨询目的，成员中的每个人都将坚持履行严格的保密义务。职业道德咨询服务受理的执行将没有形式，而且应回应一切紧急需求。最后，电话号码和电子信箱将由法官支配。

每一次要求都将转告给总统或由他指派的成员，目的在于紧急情况下代替他。如果由法官提交的问题可以直接收到他的回答（简单的问题或是他已经回答过的问题），或者如果适合发起团体商议时，总统和他的替代者将给予好评。

在匿名情况下，其发出的通知将会被扩散，尤其是在司法机构内部，目的在于引发对行为准则和职业道德的思考以及让预防措施有效。该咨询机构每年向最高司法委员会作关于其活动的年度报告。

附录四　2015 年法国司法报告有关司法官惩戒的部分(第四章)

工作

在职权终结之前，前任任职成员要专心于受理已经提交给最高司法委员会审理的所有诉讼案卷。2015 年 1 月，法官惩戒委员会提出四项决议，检察官小组提出两项决议。新任职者因此享有一个良好形势。然而由司法部部长于 2014 年 7 月传达的两份材料不得不因新任汇报法官的指定成为职位变动的目标。

2015 年，司法部部长把四份诉讼案卷提交最高司法委员会审理。其中两份属于法官小组的管辖范围，分别涉及审判法官和陪审法官。另外两份属于检察官小组的管辖范围，分别控诉两位不同代理检察长。此外，CAR 还审理了一份控告副总统的诉讼案卷。2015 年 8 月 11 日，检察官小组最终宣布受理临时禁止活动的请求。由于最高司法委员会在 2014 年工作报告中列出大量观察报告，惩戒小组组长特别关注诉讼审理期限，同时还建立了诉讼日志。该方法准许检察官小组在司法部部长审理九个月后审查与庭审中检察官代表的发言相关的卷宗材料。

然而出现了两个阻碍彻底审查某些案卷的难点。第一个难点来源于案卷中存在于最高司法委员会所审理的事实和正在进行中的刑事诉讼之间的联系。前任职者所强调过的第二个难点在于召集法定人数以判决由 CAR 提交给最高司法委员会审理的事实。由于客观公正原则要求最高司法委员会委员以及在审判小组法官兼任，结果除了五位成员之外，其他成员尤其因为现在或曾经和被控诉司法官由于共事而被要求回避，那么该困难不管多么不切实际都将变成现实。

失职惩戒

2015 年

司法官在个人事务中的行为

在 2015 年 1 月 21 日的决议中，法官惩戒委员会提出"司法官身份的义务既不具有也不赋予任何全面干预不受其审理的诉讼的权力……"因此，司法官除了行使职权和受理其所负责的诉讼案卷之外，应该履行谨慎的义务。

这些情况是受指责的：把司法官身份作为后盾，违背老年人的利益或意志强制其离开所就诊的医疗机构；以此为目标，揭示医院负责人被证明出对治安部门、检察官、医生协会和捍卫诊疗医生和老年人协会的态度；对后者施加压力以让他相信她他非法监禁，并通过他亲自撰写的凭证，以其名义提出一场他一无所知的法律诉讼；最后，请求与其所负责诉讼不相关的人员的犯罪记录的1号保释单。

最高司法委员会指出，诸类事实表现出了对谨慎和正直义务的不履行，更广泛地说，表现出对司法官身份相关义务的不履行。这有损司法形象及司法信誉且涉嫌滥用司法官身份的职权。

因此，它属于惩处以个人目的使用司法官身份行为的决议范围。在上述情况中，法律诉讼的提起被认为是不履行正直义务，法官纪律惩戒小组在2012年1月9日的决议中对表现了不履行谨慎和正直义务且与诉讼无关的1号犯罪记录单的请求作出审判。

根据1958年12月22日的58-1270法令的第45章第6条，国务委员会否决了违背最高司法委员会所提出的同意当事人停止行使职权的决议和共和国总统所提出的把当事人从执行该决议的司法官中除名的法令的滥用职权上诉。

司法机构负责人的模范性义务

在司法部部长审理对某司法机关前庭长的控诉时，一方面控告其因为在行政财务管理中缺少严谨而差点牵涉到所负责的司法工作，另一方面控告其没有对他所经常主持的法庭及司法机关保持必要距离。法官惩戒委员会明确指出1958年12月22日的法令的第43条内容适用司法负责人。

由此指出应该以特别严格的方式来衡量受理该类诉讼的司法官的义务，因为职责要求司法官敏锐地感受到个人专有责任，首要责任在于保持一个认真、公正和尊重他人的司法形象，即司法辅助人员、司法官和司法公务员有义务公平对待应受审判者。

考虑到当事人由于没有履行应遵循法规的义务以及组织、监管其所负责的司法机关在预算实施方面的义务而失职造成财务管理方面的损失，最高司法委员会判定，从人们有义务履行其本人和其职权所归给他的责任的角度来看，该失职属于司法机构负责人的严重失职。

另外，根据上述要求，纪律惩戒小组还审查了当事人在指定和求助法庭及法院陪审员的过程中的行为以及其在涉及所交往或认识的人的诉讼中没有回避的控告。最高司法委员会认为，虽然不应由他评估该司法官主持的各法院所作出裁决的含义，但在司法部部长所援引的两项诉讼中，有两项诉讼的审判条件确定了好几名司法官和讼务律师打算对法院的公正性提出质疑，这些条件足以反映该法官没有履行公正义务和模范性特殊义务。

最高司法委员会判定该司法负责人没有履行每位法官尤其是有法院最高职位法官的强制义务，即注意保证应受审判者得到公正的判决。公正的判决意味着不存在偏见和先入为主的行为。

由于该司法官的失职对司法机构的信誉所造成的损害，对发布解除在诉讼期间得以解职的当事人的名誉头衔特权的通告提供了充足理由。

司法机构形象和信誉的损害

司法部部长将一位初审法官几年来所表现出来的酒瘾造成的职业后果提交给法官惩戒委员审理。尤其控告该法官以无法出席轻罪法庭的状态出席法庭，醉酒使该法官对工作逐渐漠不关心，并由于纵酒，其把责任转移给书记官，使得其成为受醉酒支配行为的判决目标。

结果当事人不力争否认庭审事故、刑事判决和"浪费书记室时间"的工作损害，却希望确认导致事故的背景，强调当时他在该段时期中遭受到离婚、职业倦怠以及儿子悲惨失踪导致的沮丧心境的困扰。

最高司法委员会考虑到了这些因素，此外没有接受司法部部长所引用的"往日很大的"酒瘾的事实的存在。

不管这些情况多么悲惨，都不能否认事实上的由不履行身份义务和职业义务所构成的严重性特点，同样，其也没有履行强加给每位法官的尊严义务以及司法官、司法公务员的庄重义务。由于对司法机构的形象和信誉造成损害，这些纪律过失向对该司法官宣布处以解职惩戒提供了充足理由。

司法官在庭审中的言论自由

最高司法委员会对由女司法部部长所提交的检察官在庭审中发表言论的惩戒认定作出意见。

在声称审查流动艺术家归属于群体的诉讼标的事实是典型的同时，用种族主义和歧视措辞表达的当事人是受控诉的。要指出最高司法委员会通过新闻和一篇针对控告相关司法官的网络日志所发起的媒体活动来警告司法部部长。

通过 2015 年 10 月 13 日的通告，检察官纪律惩戒小组认为，群体归属和作为专属于该群体的一种生活方式所表现的轻罪行为之间联系的建立具有一种客观歧视的特点。上一份通告指出如果按照刑事诉讼法第 33 条和法定条规的第 5 条，庭上言论是自由的，"然而为了检察官在庭审中发言时的利益，该原则不构成豁免权"。同时还指出，尽职的司法官"尤其应尊重应受审判者和其管辖内的应受审判者的尊严"。

表现出对某一群体成员有所偏袒的受控告的事实，因此被认定为没有履行庄重义务和不尽职。

此外，考虑到相关司法官所公认的品质，最高司法委员会发布公告指出应该声明将对当事人的惩戒记入案卷。事实上，该措施由女司法部部长采取。

检察官的公正义务

惩戒委员会的检察官小组明确了每个司法官在职权行使中所坚守的公正义务的形式，该要求在与司法部部长和检察官在刑事政策和公诉执行方面的职权相关的 2013 年 7 月 25 日 2013-669 法律中被提出，并写入到刑事诉讼法第 31 条。

两任司法部部长把控诉屡次没有履行谨慎、公正和服从义务并为了在受理两件关于作为其亲属的应受审理人的商事诉讼之时担任检察官的诉讼提交给该惩戒小组审理。

在这种情况下，如果最高司法委员会认为被揭露的事实不能表示共和国检察长没有履行正直义务的特点，如果它排除一部分不充分的理由，尤其关于由当事人之一和被控告的司法官所维持的亲属关系的具体性，指出该司法官为了"海运发货组织"在 2011 年 12 月到 2013 年 1 月期间和雇主交流了 101 通电话并以检察官代表名义参加一个与其妻子的雇主所经营公司的破产管理相关的商事法庭的两场移交庭审，故其构成对其谨慎和公正义务的不履行。

事实上，最高司法委员会认为，如果当事人确实无法回避第一次庭审，那么，其提前被通知的下一次庭审不该再出现这样的情况，原本他可以采取一切有效措施不以检察官身份出席。

当第二次庭审不只引起移转还导致宣告公司破产管理和指定诉讼机关的时候，惩戒小组建议司法部部长剥夺在诉讼期间行使退休权的该司法官的荣誉头衔的公告便成为必要。

司法官在私人生活中的行为

在 2015 年 1 月 21 日的决议中，法官惩戒委员会指出司法官必须注意不要在职业范围外损害其所展示出的法官职位的形象。

如果借款没有附带上任何关于偿还方式的字据和将偿还金额数的凭证，甚至被借款者是在司法官行使职权的司法机关中正进行预审的刑事诉讼中被告者的亲属，那么，司法官请求借款重大金额的行为是受控诉的。

在上述背景下以及即使其财务情况明显负债累累，其向普通邻居的借款也不断增多，但是该司法官还是在一个对其职位家喻户晓且规模不大的城市中频繁地借款。

最高司法委员会指出，该态度把他置于一个玩忽职守且有明显依赖性的局面中，他的这种态度毫无疑问地危害到司法机构的形象和信誉。

最高司法委员会在同一判决中指出司法官愿意会见一个其一年前宣布控诉判决的人，并因"财务诉讼"慷慨地对他给出司法建议，然而这个人不属于他的亲友，最后，该司法官还接见该人的代理人。同一时期，他同样在一个被认为有必要回避的涉及此人的轻罪法庭上出席。

最高司法委员会认为该态度是严重不尽职的表现，尤其是不够审慎和公正，因此判定剥夺在惩戒诉讼期间退休的该司法官的荣誉头衔。

职业能力不足

在 2015 年 1 月 21 日的判决中，法官惩戒委员会对决议动机不足或缺乏动机进行处罚，即使惩罚被要求明确保留很长一段时期。

对该案而言，由监察团所记录的文件的分析建立了一个自它建立以来就由司法官执行的恒定做法，即不就罪行和既定刑罚论证刑事判决，以及甚至在当这些决议遭到上诉的时候，也局限于通过信息技术软件自动生成特别简短的动机类型。

尽管由于不遵守刑事诉讼法第 485 条，在决议所招致的司法风险评估中提出了保留该做法，该司法官仍维持该项做法，鼓励改善做法的上诉法庭庭长甚至正式地通知要撤销这些决议中有关该损害的其中一条。

然而该态度继续维持已产生了引起被激励人员的知识兴趣的决议。

最高司法委员会强调了对该司法官如此系统违背当事人权利重要保证的诉讼规则，其主要表现为构成违纪特征之严重不负责任和长时间的职业能力不足。

诉讼问题

延期执行和正在进行中的刑事诉讼

2015 年，由于正在进行中的刑事诉讼，最高司法委员会受理了两次向惩戒小组申请延期执行的请求。

其中一个申请人提出惩戒理由与刑事控诉之间存在紧密联系，另一个则提出其没有持有作为其辩护的决定性因素的归档于预审档案的文件。

在指出"当刑事审判的裁定对预审或司法机构良好管理的质量有益时，最高司法委员会能够决定延期执行直至作出裁定"之后，法官惩戒委员会决定在任一上述情况下，不延期执行而是继续审理所受理的案件。

由此，法官惩戒委员会指出，归档于惩戒档案中的文件不足以对最高司法委员会所受理的诉讼作出判决，以及在第二种情况中，作为司法部门利益的司法机构的良好管理证实了所受理的诉讼需要刻不容缓地审理。

最高司法委员会因此再次重申两次诉讼的独立性原则。

在诉讼期间即将退休

按照 1958 年 12 月 22 日的法令的第 77 条的最后一项规定，如果司法官在即将退休的时候成为惩戒诉讼的目标，那么其不能在惩戒诉讼结束之前享有荣誉头衔，惩戒小组的决议会否决其荣誉头衔，并在最高司法委员会法官小组的公告之后，宣告退休开始于该诉讼结束两个月之后以及期间行使检察官或法官职权。

重要的是一个唯一的推测，即法官小组只向受理机关发布关于惩戒处罚审判法官的公告。这同时是法律程序上的形式问题，两个小组只能提出限制个人终身职务的唯一惩罚。

在 2015 年 1 月的三类审判中，最高司法委员会遇到了审判法官在受司法部部长审理后不久行使其退休权的情况。由于该事件，现任职者在议长的提议下建立了能预测该情况的诉讼日志，确定了一个从汇报法官审理起开始记录案件的精确进度表。

惩戒诉讼和医疗困难

当惩戒诉讼的标的事实至少部分地登记在医疗档案的时候，最高司法委员会会定时地根据这种方式陈述对其审理几率的保留量。近几年来，惩戒小组系统地惩罚了司法官因酗酒导致其不尽职所犯的错误，然而惩戒小组强调诸此情况能够归于 1958 年 12 月 22 日法令的第 69 条的第 1 项所规定的条文管辖范围内，该条文产生于 2007 年 3 月 5 日的 2007-287 法律的第 26 条，并被 2012 年 2 月 13 日的 2012-208 组织法所修改。

条文陈述"当司法官的健康状况不能满足其职权的行使，司法部部长会借助国家医疗委员会以授予短期或长期病假。在等待国家医疗委员会通知期间，司法部部长能够在最高司法委员会惩戒小组通告之后暂停当事人职务"。

2015 年，法官惩戒委员会对此作出裁定，并像 2013 年之时那样对裁定当日没有实施法令的干预，这些组织条文始终无法实施，十分令人遗憾。

宣布于 2012 年的该条文最终根据 2016 年 2 月 26 日 2016-213 法令开始生效,它确定了国家医疗委员会和国家医疗上诉委员会的组织、构成和作用,并明确规定在等待国家医疗委员会通知期间,司法部在最高司法委员会惩戒小组的一致通告之后暂停当事人职务。

如果条文没有对最高司法委员会在任何确切期限内的干预行为进行限定,该诉讼的必然结果将属于强制某一反应作用的诉讼敏捷度中。然而该要求附带着被写入组织法的诉讼担保,根据担保,涉事法官需要被告知最高司法委员会惩戒小组将审查停职请求的日期、所公认的其了解档案的权利、被惩戒小组理解的可能性,以及由此让医生和其选择的人听到的可能性。

参 考 文 献

（一）图书著作

[1]金邦贵主编：《法国司法制度》，法律出版社 2008 年版。

[2]魏武：《法德检察制度》，中国检察出版社 2008 年版。

[3][法]皮埃尔·特鲁仕主编：《法国司法制度》，丁伟译，北京大学出版社 2012 年版。

[4]最高人民法院中国应用法学研究所编、韩苏琳主编：《英美德法四国司法制度概况》，人民法院出版社 2008 年版。

[5]程春明：《司法权及其配置：理论语境、中英法式样及国际趋势》，中国法制出版社 2009 年版。

[6]徐昕主编：《法国司法前言（专号）》，厦门大学出版社 2013 年版。

[7][英]杰奎琳·霍奇森：《法国刑事司法——侦查与起诉的比较研究》，张小玲、汪海燕译，中国政法大学出版社 2012 年版。

[8]怀效锋主编：《法官行为与职业伦理》，法律出版社 2006 年版。

[9]怀效锋主编：《司法惩戒与保障》，法律出版社 2006 年版。

[10][法]罗伯斯比尔：《革命法制与审判》，商务印书馆 1965 年版。

[11][英]柏克：《法国革命论》，商务印书馆 1998 年版。

[12][法]托尔维尔：《旧制度与大革命》，商务印书馆 1992 年版。

[13]最高人民法院司法改革领导小组办公室编著：《〈最高人民法院关于完善人民法院司法责任制的若干意见〉读本》，人民法院出版社 2015 年版。

（二）报刊

[1]金邦贵：《别具特色的法国司法责任制度》，载《检察日报》

2007 年 7 月 16 日第 04 版。

[2]骆兰兰、金福平:《法国:31 个月培训初任司法官——访法国国家司法官学校副校长罗尼珂·玛尔贝克女士》,载《检察日报》2007 年 5 月 28 日第 04 版。

[3]武功:《法国的司法改革》,载《检察日报》2000 年 7 月 17 日第 03 版。

[4]郭培英:《法国法官:"坐着的司法官"》,载《检察日报》2007 年 12 月 24 日第 04 版。

[5]魏武:《法国检察官:为何叫"站着的司法官"》,载《检察日报》2007 年 1 月 8 日第 04 版。

[6]施鹏鹏、谢鹏程:《法国有一套严格的司法官惩戒程序》,载《检察日报》2015 年 1 月 20 日第 03 版。

[7]程俐:《改革:贯穿法国司法制度发展历程》,载《检察日报》2007 年 7 月 23 日第 04 版。

[8]陈丽莉:《我在法国作见习司法官》,载《法制日报》2007 年 7 月 8 日第 08 版。

[9]王新环:《犹如圣杯的法国司法官》,载《检察日报》2009 年 8 月 13 日第 03 版。

（三）期刊

[1]肖军、刘静坤:《从乌特罗案看法国预审法官制度改革》,载《中国检察官》2012 年第 8 期。

[2]宋建潮、耿景仪、熊选国:《德国、法国司法制度之比较》,载《人民司法》2000 年第 3 期。

[3]钱弘道、姜斌:《法国二元论司法的正当性分析——法国最高法院审议模式的考察与启示》,载《国外社会科学》2014 年第 2 期。

[4]Luis Muniz-Argüelles and Migdalia Fraticelli-Torres, Selection and Training of Judges in Spain, France, West Germany, and England, 8 B. C. Int'l & Comp. L. Rev. 1 (1985).

[5]张莉:《法国行政司法赔偿的责任归属与归责原则》,载《华东政法大学学报》2012 年第 6 期。

[6]卞宜良、林学华:《法国检察官业绩考评与晋升制度评析》,载《人民检察》2015年第23期。

[7]法国最高司法委员会:《法国人与法国司法——重塑司法公信力》,巢志雄、田庄译,载《司法》第8辑(2013)。

[8]孙琴、刘俊:《法国司法官考评制度及其适用》,载《人民检察》2013年第7期。

[9]刘新魁:《法国司法官制度的特点及启示》,载《中国法学》2002年第5期。

[10]吴玲:《法国司法体制》,载《中国司法》2005年第6期。

[11]刘新魁、陈海光:《法国司法制度的特色与发展》,载《法律适用》2004年第7期。

[12]张莉:《公务员纪律惩戒及其司法救济:法国经验评析》,载《行政法论丛》第13卷。

[13]《国际司法对话:法国司法制度和检法及检警关系》,载《中国检察官》2008年第1期。

[14]张莉:《行政裁量指示的司法控制——法国经验评析》,载《国家行政学院学报》2012年第1期。

[15][法]米海伊·戴尔玛斯-玛蒂:《检察院,法国刑事司法改革的关键》,载《法学杂志》2011年第9期。

[16][英]杰奎琳·霍奇森:《警察、检察官与预审法官:法国司法监督的理论与实践》,朱奎彬、廖耘平译,载《中国刑事法杂志》2010年第2期。

[17]程乃胜:《论法国司法制度现代化》,载《法制现代化研究》(第十二卷)2009年。

[18]杜苏:《司法独立的黎明 法国古典司法体制诸问题研究》,载《中外法学》2013年第1期。

[19]谢鹏程:《论检察官独立与检察一体》,载《法学杂志》2003年第3期。

[20]庞冠群:《莫普司法改革与法国旧制度的崩溃》,载《世界历史》2007年第3期。

[21]孙万胜:《启迪与借鉴:从法国司法制度看中国司法改革》,

载《法律适用》2003 年第 4 期。

[22]陈瑞华：《司法权的性质——以刑事司法为范例的分析》，载《法学研究》2000 年第 5 期。

[23]徐霄飞：《司法在宪制变革中的角色与司法政治的兴起——来自法国的经验与启示》，载《甘肃行政学院学报》2013 年第 4 期。